Werner Flick
Kurt Kowalsky

für Jonas und Catharina

Werner Flick
Kurt Kowalsky

Kleine Fluchten aus dem Staatsdienst

Auf dem Landweg nach Nepal und Indien

Geschichten
einer ungewöhnlichen Abenteuerreise

HUBERT W. HOLZINGER VERLAG

www.holzinger-verlag.de

Titelbild: Werner Flick, Berlin
Rückseite: Hubert Holzinger, Berlin
Printed in Germany 1998
ISBN 3-926 396-54-7
DM 19,80

Auf dem Gang hörte ich Gepolter, ein lautes mehrzeiliges Fluchen verbunden mit meinem Namen, dann schlugen Türen, und alles war ruhig. Ich lehnte mich wieder zurück, verschränkte meine Beine und linste über meine rechte, schwarz polierte Schuhspitze. RWE Stämme stand bei 64,40, BASF bei 84,05.
Der Börsenkurs von Siemens hätte mich noch interessiert, da sprang die Tür auf. Daß der Typ nicht anklopfte, war ich gewöhnt; daß ich ihn nicht kommen hörte, muß daran gelegen haben, daß er sich angeschlichen hatte.
»Erwischt!« rief er aus.
Ich setzte mich aufrecht, rückte mit dem Stuhl an meinen Schreibtisch heran.
»Bitte?«
»Erwischt, Flick, geben Sie's zu.«
»Bei was?«
»Reden Sie nicht, Sie haben eben geschlafen. Das habe ich genau gesehen.«
Langsam nahm ich meine halbrunde Brille von der Nase, drehte sie an einem der Bügel einmal um ihre Achse und zeigte in Richtung meines Besuchers, dann fragte ich gelassen: »Schlafen Sie mit aufgesetzter Lesebrille?«
Einen kurzen Moment rang er nach Worten, schüttelte dabei heftig seinen dicken Kopf, und seine feisten Wangen wabelten gewaltig: »Ich schlafe nicht! Ich habe ja auch keine dieser halben Brillen, unten zum Lesen und oben zum Schlafen.«
Ich war sprachlos. Er nutzte diesen Umstand: »Tja, Flick, ich habe Sie jedenfalls durchschaut.«
So lehnte ich mich wieder zurück, biß in das Horn des Brillenbügels und schüttelte grinsend den Kopf. »Noch was?«
»...durchschaut«, wiederholte er sich und brüllte rückwärts zur Tür gehend: »Und merken Sie sich eins, Flick: Organisationsleiter gibt es wie Sand am Meer. Ich setze Sie an die frische Luft, dann können Sie sich in die lange Schlange der Betriebswirte beim Arbeitsamt einreihen.«
Die Tür schlug zu, daß die Scheiben klirrten.
Ich rollte zurück, verschränkte wieder meine Beine und lugte unter den Schreibtisch: BASF war jetzt bei 84,80, auch Siemens hatte angezogen. ›So ist's recht‹, dachte ich, ›noch 2,80 DM anziehen, und meine Verkaufsoptionen lassen sich realisieren.‹
Gerade wollte ich nochmals überschlagen, wie viele Hunderter das aus-

machte, da klingelte das Telefon.
»Flick.«
»Mensch, Werner, daß ich dich noch erwische, dachte schon, du wärst zur Pause.«
Ich sah auf die Uhr: »Ist noch fünf Minuten hin. Was gibt's denn so Brisantes?«
»Wir müssen unbedingt für fünftausend Fiat Stämme dazukaufen...«
»Als Optionen?«
»Quatsch, die kosten doch nur 'ne Mark ung'rad. Aber glaube mir, eine ganz heiße Kiste bahnt sich da an.«
»Deine heißen Kisten kenne ich bereits. Am Schluß pumpst du bei mir das Geld, und ich schaue in die Röhre.«
»Mensch, Werner, wir sind doch Kumpel. Glaub mir, die Sache mit den Siemens-Optionen läuft nie. Fiat! Fiat ist der...«
»...Flop. Hans, ich kenne deine heißen Kisten. Das fing bereits in der Schule an und brachte schlechte Noten. Eigentlich egal, nur heute kostet's Geld - mein Geld.«
»Ich habe dir immer jeden Pfennig zurückbezahlt«, murmelte Hans vorsichtig und ergänzte dann: »Na ja, bis auf die zweitausend für die Chemiepapiere. Aber noch ist nicht aller Tage abend.«
»Und die Hälfte der Siemens-Optionen?«
»Mensch, Werner, das wird schon, und meine Hälfte kannst du dir dann gleich vom Gewinn abziehen.«
Ich mußte lachen: »So kann ich auch spekulieren, mit fremdem Geld.«
Die fünf Minuten waren um: »Kommst du rüber zum Italiener?«
»Ich weiß nicht. Ich habe da...«
»Ich bezahle die Pizza.«
»Mensch, Werner, du bist eben doch ein richtiger Kumpel.«
Mit der Schuhspitze drückte ich den Knopf des TV-Gerätes unter meinem Schreibtisch, rückte an dem Bürocontainer - auf daß er das TV-Gerät ein wenig verberge -, stand auf, nahm mein Jackett von der ledernen Lehne meines Bürostuhls und machte, daß ich aus dem Büro kam.
Zwei Aktendeckel hatte mein Chef in der Hand, als er mit mir an der Schwelle zur Bürotür zusammenstieß.
»Herr Flick!« Er sah auf die Uhr.
Ich sagte: »Jetzt ist Pause, Herr Direktor« und ließ ihn stehen.
Er bellte: »Ich setze Sie an die Luft, Organisationsleiter gibt's wie Sand am Meer...«

Das italienische Restaurant lag nur ein paar Schritte von meinem Arbeitsplatz entfernt. Hans, der am Fehrbelliner Platz in einem Amt arbeitete, hatte etwas länger zu gehen, war aber bereits in der Pizzeria und studierte die Speisekarte.
Als der Kellner die Getränkebestellung aufnehmen wollte, bestellte Hans das Essen gleich mit: »Also, ein Bier für mich und diese Familienpizza Montenegro grande mit viel Käse.«
Nun gut, dachte ich, er hat mich wohl nicht gefragt, aber was soll's, und bestellte mir nur noch etwas zum Trinken.
»Italien ist die Zukunft Europas«, meinte Hans und bedankte sich für das Bier, das schneller kam, als man es einschenken konnte.
»Für was?«
»Für die Wirtschaft«, ließ Hans nicht locker.
»Ja, ja. Pizzen und Spaghetti gibt's in der Wirtschaft und am Imbiß.«
»Du weißt genau, wie ich das meine.« Hans schmollte und wechselte abrupt das Thema: »Noch eine heiße Sache habe ich da ausgegraben...«
Er sah sich verstohlen um, lehnte sich zu mir herüber und flüsterte etwas. Flüstern an sich hat einen ambivalenten Charakter: Flüstert man so leise, daß es niemand hört, hört es der, der es hören soll, meist auch nicht. Flüstert man jedoch lauter, so daß es jeder versteht, braucht man nicht zu flüstern.
»Was, bitte?« fragte ich laut und kam ihm etwas entgegen.
»Rinder nach Libyen«, verstand ich.
Ich zog meinen Kopf zurück, denn ich haßte dieses Tuscheln. »So ein Quark, die fressen da nur Lamm und Fisch.«
»Das spielt doch keine Rolle, was die fressen. Laß sie doch essen, was sie wollen.«
»Wenn das keine Rolle spielt. Warum brauchen sie dann die Dinger?«
»Na, zum Anschauen oder so. Ist doch auch egal. Für ein Kilo kriegst du jedenfalls fast das Doppelte, wie du hier bezahlst.«
Ich blies in die hohlen Wangen, dann äffte ich, indem ich die Luft wieder auspustete: »›Deutsche Lufthansa, Ihre Bordkarten bitte.‹ ›Ach bitte schön, können Sie hier schon mal meine Bordkarte nehmen, in der VIP-Loge steht noch etwas Gepäck von uns. Nur eine Kleinigkeit von einigen Zentnern.‹ Du glaubst doch nicht im Ernst, daß man so etwas durch den Zoll schmuggeln kann?«
Hans schüttelte den Kopf: »Auf dem Landweg natürlich, in deinem Wohnmobil.«

»Du meinst in einem Lastwagen?«
»Ja, einen Lastwagen können wir auch nehmen. Den bauen wir um, was denkst du, wieviel da reinpaßt!«
Ich stellte mir vor, wie Hans und ich mit dem Wohnmobil Richtung Libyen fuhren. Hinten mit einem Ochsen im Schlafgemach.
Gefragt habe ich: »Was kostet denn das Kilo?«
»Zweihundertneunzig Mark. Kriegen wir dort leicht für dreihundertneunzig an den Mann.«
»Seit wann kostet ein Kilo Rindfleisch zweihundertneunzig Mark?« murmelte ich ungläubig. Da kam die Pizza.
Hans schob sie sich auf seinen Platz und stach das Riesending in der Mitte an. Noch dachte ich, er wollte sie brüderlich teilen.
»Ißt du nichts?« Hans schob sich den ersten Bissen in den Mund.
Ich lachte, glaubte, er scherzte.
Doch das war wohl gar kein Spaß, Hans hatte das Montenegro-Familien-Pizza-Rad doch tatsächlich für sich allein bestellt.
Langsam schüttelte ich den Kopf, kapierte endlich und winkte nach dem Kellner: »Ein Omelett mit Schinken, bitte.«
»Und das fällt nicht auf«, sagte er jetzt unvermittelt. »Wir bauen in das Wohnmobil oder den umgebauten Unimog doppelte Wände ein...«
»...um dahinter einen Ochsen zu verstecken? Du Blödmann!«
»Was für einen Ochsen?«
»Was weiß ich, du bist doch der Erfinder dieser Schnapsidee.«
»Ich?« fragte mein Schulfreund mit vollem Mund.
»Na, wer wollte denn Rinder nach Libyen verkaufen? Du doch!«
»Das ist mir neu. Nach Libyen, sagst du? Keine schlechte Idee, die Agrarproduktion...«
»Halt ein, du verbeamteter Knecht ohne gültige Papiere«, schnaufte ich.
»Wovon hast du denn nun die ganze Zeit geredet?«
»Frittata con prosciutto!« meinte der Kellner.
»Danke«, sagte ich und ließ Hans nicht aus den Augen.
»Silber nach Indien«, fing der wieder an zu flüstern.
»Nach Indien?« fragte ich ungläubig.
»Sehr wohl, nach Indien. Glaube mir, du kommst mit mehr Geld zurück, als du für die Fahrt brauchst.« Hans vertilgte triumphierend das letzte Achtel seiner Familienpizza.
Ich verspürte in mir den Drang, ihm mein Omelett um die Ohren zu klatschen, sagte aber statt dessen: »Hör mal zu, du Vielfraß. Ich fahre

vielleicht noch mit einem Ochsen im Wohnmobil nach Libyen, ich fahre jedoch auf keinen Fall und für nichts und gute Worte nach Indien. Weder mit einem Rindviech wie dir noch mit Silberkrügen aus der Pfandleihe. Hast du das verstanden?«
»Herr Ober«, rief Hans, »mein Kumpel möchte zahlen.«

»Alles muß man selber machen«, beschwerte sich Ilse bei ihrer besten Freundin.
»Wem sagst du das. Gestern erst hat mein Hans die ganze Wohnung gesaugt. Und rate mal, wer den Staubsauger wieder versorgen mußte?«
»Ja, ist doch immer das gleiche...«
»Ich natürlich. Er hat einfach alles stehen- und liegenlassen. Ich komme ins Wohnzimmer und hätte mir beinahe die Beine gebrochen.«
»Meinst du, meiner würde nur einmal etwas wegräumen? Nur einmal!«
Ilse zündete sich eine Zigarette an, streifte ihre Schuhe von den Füßen und legte die Beine auf die Couch.
»Na ja, ich weiß schon, wie ich ihn kriege...«
»Wie denn?«
»Na, du weißt schon. Die Kerle wollen doch immer, und...«
»Wie immer?«
»Mensch Ilse, bist'e schwer von Begriff?«
»Sag nur, deiner will immer.« Ilse setzte sich kerzengerade.
»Na ja, da kriege ich eben wieder einmal meine Migräne. Was denkst du, wie das wirkt. Nach drei Tagen frißt der mir aus der Hand.«
»Meiner nicht. Dem würde das gar nicht auffallen«, resignierte Ilse und fiel wieder in eine bequeme Sitzposition.
»Einfach machen, Ilse. Du wirst sehen, das wirkt.«
»Da bestrafst du dich ja selbst«, überlegte sie, »und mit dem Jungen klappt das bei mir ja sowieso nicht.«
Nun verstand die beste Freundin nicht richtig: »Du treibst es mit dem Jungen?«
»Wie?«
»Hast du doch gerade gesagt...«
»Was denkst du denn von mir? Der Junge läßt doch auch alles liegen.«
Die beste Freundin lachte: »Entschuldigung, mein Schatz. War nicht böse gemeint. Wie alt ist Markus denn jetzt?«
»Elf, der käme nun auf die Oberschule. Aber ich weiß ja nicht, ob der Vater mich nun in Ruhe läßt.«

»Ach ja, Markus ist ja gar nicht von Werner. Wie verstehen die sich denn?«
»Geht so. Am liebsten würde ich ihn zur Oma in den Schwarzwald geben...«
»Meinst du wirklich?«
»Ja, bei meiner Mutter hat er es besser als hier in Berlin. Schau dir doch den ganzen Dreck auf der Straße an. Und diese Ausländer...«
»Vorsichtig! Du hast doch selbst von einem Türken ein Kind.«
»Ashok ist nicht Türke, sondern Pakistani. Und ich meine ja nicht die Ausländer allgemein, sondern die Rauschgifthändler und das ganze kriminelle Gelumpe.« Ilse entsorgte ihre Zigarettenkippe im Aschenbecher, drückte auf den umgebogenen Filter, sagte: »Ich wüßte schon, was ich mit diesem Gesindel machen würde«, drückte fester und fester mit dem Daumen... Die Zigarette war schon längst aus. »Ich wüßte, was ich mit denen machen würde.«
»Ich hatte dich aber gleich vor diesem Türken gewarnt«, meinte nun die beste Freundin, »aber du wußtest es ja besser.«
»Was kann ich dafür, wenn der nicht aufpaßt?«
»Pah, wenn Männer aufpassen, du Dummchen«, mußte sich nun Ilse anhören.
»Immerhin ist Ashok Mediziner und kein hergelaufener Rauschgifthändler...«
»Ach, ein Edelausländer...«
»Ein Mediziner muß sich doch in solchen Sachen auskennen.«
»Ja, ja«, giftete die Gesprächspartnerin, »der kannte sich aus. Das sieht man ja an Markus.«
»Du bist eine böse Hexe«, schimpfte Ilse, »wenn du nicht immer mit dem Eimer verhütet hättest, hättest du bereits einen Stall voller Kinder...«
»Gerade einmal habe ich abgetrieben«, unterbrach die beste Freundin, »von wegen mit dem Eimer verhütet...«
Es klingelte, und Ilse mußte den Zank unterbrechen: »Es hat geklingelt, das wird Markus sein.«
»Hat der denn keinen Schlüssel?«
»Eigentlich schon. Vielleicht hat er ihn vergessen. Ich rufe nachher noch mal an.«
»Tschüs, Ilseschatz.«
»Tschüs, du Hexe.«
Ilse schwang sich auf, schlüpfte in ihre Schuhe und rannte, um an die Tür zu kommen.

Ohne nachzufragen, drückte die Frau den elektrischen Türöffner und machte die Wohnungstür einen Spalt auf. Dann beeilte sich die Mutter, in die Küche zu kommen. Kam das Kind nach Hause, hatte es nämlich Hunger.
Die Nachmittagssonne drückte ihre Strahlen durch das angekippte, einflügelige Küchenfenster der Neubauwohnung. Daß Markus bei diesem schönen Wetter so früh aus dem Schwimmbad kam, war ungewöhnlich. Aber was wußte sie, was jetzt wieder Neues auf der Tagesordnung stand. Die Frau öffnete den Kühlschrank, um nachzusehen, was sie dem Kind an Brotbelag anbieten könnte. Da hörte sie die Fahrstuhltür und gleich darauf die wenigen Schritte bis zum Türabschluß.
»Mach die Tür zu. Und hänge deine nassen Sachen gleich auf den Balkon.« Es war noch etwas Corned Beef da, Markus aß das für sein Leben gern. Ihr war diese Wurst als Kind immer zu salzig gewesen, sie mochte sie bis heute nicht. »Du wirst Hunger haben!?« rief sie aus der Küche.
»Nach dir. Ich habe übrigens keine nassen Sachen.«
Ilse zuckte zusammen. Der kleine Teller mit der darauf liegenden, noch eingepackten Wurst entglitt ihren Händen.
»Du?!« Die Frau stellte sich schützend hinter die immer noch offene Kühlschranktür, zog diese wie ein Schild an sich.
»Es war offen«, grinste der braungebrannte Mann, und das goldene Amulett auf seiner behaarten Brust glänzte im freien V des großzügig geöffneten Hemdes.
»Verschwinde«, sagte Ilse, doch ihre Stimme klang unsicher und verzagt.
»Wie kannst du sagen ›verschwinde‹ - zu deinem Mann!? Was ist das für ein Spiel?« Er war einen Schritt nach vorne in die schmale Küche getreten, versperrte jetzt die offene Küchentür mit seinem Körper.
Ilses Drang, sich im Kühlschrank zu verstecken oder einfach wegzurennen, ließ nach; zu ausweglos war die Situation. »Du bist nicht mehr mein Mann. Wir sind seit einem Jahr geschieden.«
»Die Scheidung war ungültig. Du gehörst mir und der Junge auch.«
Die Frau löste sich vom Kühlschrank, drückte die Tür zu und ging langsam rückwärts in Richtung Fenster.
Er kam auf sie zu, griff nach ihr: »Was gehst du rückwärts wie ein junges Pferd? Hast du Angst vor deinem eigenen Mann?«
Ilse schüttelte den Kopf: »Du mußt gehen, Werner kommt gleich.«
»Wer ist dieser *Wärner*?« verzerrte er den Namen absichtlich, sie immer

noch am Arm festhaltend.
»Du weißt schon.«
»Sei froh, daß ich es nicht weiß. Sonst würde ich wahnsinnig.« Bei den letzten Worten funkelten seine dunklen Augen, und sein Griff wurde fester.
»Aua, du tust mir weh.«
»Du blonde Hure«, sagte er, doch sein Griff lockerte sich, »wo ist Markus?«
»Nicht hier. Er ist ins Ferienlager an die Ostsee gefahren«, log die Mutter.
Er lächelte. Sie kannte dieses Lächeln zu gut, wußte, daß er ihr weit überlegen war, und dies nicht nur im Denken und Kombinieren: »Warum lügst du mich an? Eben noch sollte Markus seine nassen Badesachen auf den Balkon bringen, und jetzt ist er an die Ostsee gefahren.«
»Ja, ehrlich, Markus ist nicht hier«, beteuerte sie und wandte den Kopf ab, um Ashok nicht in die Augen sehen zu müssen. Der Mann ließ sie los. Ilse drängte sich an ihm vorbei, bückte sich und hob die Wurst und den Teller auf, der den Sturz heil überlebt hatte.
»Frauen«, bemerkte er zu ihr hinunterblickend, wollte noch etwas sagen, schüttelte dann aber nur den Kopf.
Ilse packte die Wurst wieder in den Kühlschrank. Er war inzwischen ins Wohnzimmer vorausgegangen, setzte sich unaufgefordert in einen der beigefarbenen Sessel. Die Frau versuchte, sich zu arrangieren, rief: »Kann ich dir etwas anbieten?«
Er rief zurück: »Du weißt, was ich will. Komm wieder zurück.«
»Ich komme ja«, antwortete sie. Ashok schüttelte den Kopf, er wußte, sie hatte ihn wieder einmal nicht verstanden.

Ilse schenkte sich ein Glas Grapefruitsaft ein und setzte sich zu ihrem ehemaligen Mann an den niedrigen Tisch inmitten der Sitzgruppe. Immer wieder blickte sie nervös auf ihre Uhr, dann auf ihn.
Ashok vermutete lauernd: »Du willst nicht, daß man mich hier sieht?«
Ilse sagte nichts, suchte nach ihren Zigaretten.
»Rauch nicht so viel.« Er schmiß ihr die Packung zu, die neben dem Telefon gelegen hatte. Die Frau nickte dankend. Als die Zigarette brannte, sagte sie: »Du mußt jetzt gehen.«
Er reagierte nicht. Lange saßen sie so, mieden es, daß sich ihre Blicke trafen. Für die Frau wurde das Schweigen immer unerträglicher, deshalb

ergriff sie noch einmal die Initiative: »Sei doch vernünftig, es hat doch mit uns keinen Sinn.«
Ashok reagierte nicht. Ilse zog nervös an ihrem Glimmstengel. Nicht enden wollende Minuten verstrichen. Und, als würde man in dieser Stille jedes Gefühl für laut und leise verlieren, unterbrach jetzt seine überlaute Stimme das pochende Ticken der Wanduhr: »Schlafe mit mir!«
»Nein, laß mich.«
»Noch einmal, zum Abschluß.« Ruckartig erhob er sich, streckte seine Hand aus: »Komm, zieh dich aus.«
»Ashok, bitte laß mich«, flehte die Frau, »es hat doch keinen Sinn.«
Er kniff die Augen zu schmalen Schlitzen zusammen, dann flüsterte er leise: »Mein Vertrag am Klinikum ist ausgelaufen. Sie verlängern ihn nicht. Ich gehe zurück nach Pakistan - in meine Heimat.«
Ilse saß immer noch wie erstarrt vor dem übermächtigen Mann, dann hörte sie ihn sagen: »Wenn ich dich nicht bekomme, nehme ich mir Markus.«
»Bitte nicht«, flüsterte Ilse.
»Ein Junge muß beim Vater bleiben, das ist Gesetz!«
Ilse hatte nicht die Kraft zu widersprechen.

Niemand, der es nicht wußte, hätte meine Freundin auf dreiunddreißig geschätzt. Da ich sowieso fast zehn Jahre älter war, empfand ich den stets geschätzten Altersunterschied von ungefähr zwanzig Jahren als etwas peinlich. Tief in mir regte sich jedoch etwas, das sich genau darauf mächtig etwas einbildete. ›Das hast du nicht nötig‹, sagte ich mir, ›du brauchst keine junge Freundin, hinter der du dich verstecken kannst.‹ Doch das nützte nichts. Besonders auch deshalb, weil zwischen Ilse und mir längst nicht alles so harmonisch verlief, wie man es sich in den ersten Monaten des Verliebtseins erträumt hatte. Deshalb waren wir nicht zusammengezogen, und deshalb hatte jeder seine eigene Wohnung behalten.
So kam ich oft, wenn Markus schon im Bett war, zu Besuch. Der Sohn akzeptierte mich wohl, ließ mich aber spüren, daß ich nicht zur Familie gehörte.
Vielleicht war es so das Beste. Würden Ilse und ich uns eines Tages trennen, wäre der Junge nicht einer neuerlichen Zerreißprobe ausgesetzt. Das alles waren jedoch nur meine Gedanken. Über die wichtigen Dinge unterhielten wir uns nämlich nie, dafür über Banalitäten jeglicher Art.

»Nochmals herzlichen Glückwunsch zum Geburtstag.« Ich drückte ihr den mitgebrachten Blumenstrauß in die Hand und sie an mich, dann gab ich ihr einen zärtlichen Kuß.
»Du spinnst, mir so viele Blumen zu kaufen. Danke.« Auf dem Weg zur Küche entfernte sie das Papier: »Schau mal, Markus, was Werner mitgebracht hat.«
»Und ich kriege nichts«, klagte dieser.
»Ich habe ja auch Geburtstag.«
»Stimmt gar nicht«, meckerte der Junge, »das war schon am Mittwoch.«
»Nun, nachfeiern darf man, nur davor bringt es Unglück.«
»Happy birthday«, strahlte Markus, »und morgen feiern wir meinen elften Geburtstag nach.« Der Junge war aufgesprungen, hüpfte mir ausgelassen entgegen.
»Das geht nicht«, sagte die Mutter, die die Blumen ins Wasser gestellt hatte, »du hattest schon Geburtstag.«
»Aber keine Nachfeier!«
»Red keinen Unsinn.«
»Das ist ungerecht.« Natürlich machte das Kind nur Quatsch, doch das Gespräch nahm bereits einen angespannten Verlauf.
»Wir könnten ja meinen Geburtstag nachfeiern«, bemerkte ich mit todernstem Gesicht und zog aus der Jackentasche eine Tüte Gummibärchen.
»Ahh!« das Kind machte große Augen, »sind die für mich?« Er griff nach der Tüte, ich zog sie weg.
»Wenn Werner seinen Geburtstag nachfeiern darf, warum dann nicht ich?« schmollte er.
»Werner feiert doch meinen Geburtstag.« Ilse zupfte immer noch an den Blumen: »Die sind wunderschön. Schau doch mal.«
Ich schaute hin. Nur einen Augenblick, da hatte Markus die Chance genützt, und die Tüte mit den Gummibärchen war entschwunden.
»Happy birthday«, rief er, während er triumphierend die Bärchentüte in der Luft schwang und sich beeilte, daß sich der Abstand zwischen uns vergrößerte.
»Die werden jetzt aber nicht gegessen«, reglementierte die Mutter, und ich fragte mich, ob dieser Satz eventuell genetisch vorbestimmt war, denn ich hatte genau solches auch immer von meiner Mutter gehört.
»Ich mache uns eine Kleinigkeit zu essen«, sagte Ilse und wollte in die Küche verschwinden.
»Darf ich fernsehen?« nutzte der Sohn die Beschäftigungslücke.

»Nein, du hast gestern bereits den ganzen Tag in die Röhre geglotzt. Jetzt ist Werner hier, da kannst du ihm ja ein bißchen Gesellschaft leisten.« Dann klappte die Küchentür.
»So ist das«, bemerkte ich in Richtung des Jungen, »jetzt hat sie mir das Fernsehen auch verboten.«
»Du darfst doch«, widersprach er listig, »dir hat sie es nicht verboten.«
»Aber dann mußt du wegschauen, wenn es etwas zu sehen gibt.«
»Großes Indianerehrenwort«, schwor Markus und hatte die Fernbedienung bereits in der Hand: »Darf ich?«
»Natürlich nicht. Gib her, du hast Fernsehverbot.«
Fünf Minuten ging diese Konstellation gut, dann erschien die Mutter mit vorwurfsvollem Gesicht: »Ich finde das ganz schön beschissen.«
»Ich schaue gar nicht hin. Und Werner hast du das Fernsehen ja nicht verboten«, freute sich der Junge über die Situation.
Ilse verstand das nicht und griff nach der Fernbedienung.
»Ich wollte mir doch nur kurz die Tagesschau ansehen«, versuchte ich zu beschwichtigen.
»Niemand sieht sich was an.« Sie drückte auf den Knopf der Fernbedienung und sagte dann spitz: »Das ist mein Geburtstag und mein Fernseher.«
Von der heftigen Reaktion überrascht, beschwichtigte ich: »Ilsele, mein Liebling, mach doch kein Drama daraus.«
Wütend sah sie mich an, dann schrie sie: »Und nenne mich vor dem Kind nicht Ilsele.«
»Nichts darf man«, sagte das Kind, nun den Tränen nahe.
»Mit dir diskutiere ich erst gar nicht«, schmetterte sie jetzt ihrem Sohn zu, »und morgen ist das Kino gestrichen.«
»Aber Ilse«, ich streckte meine Hand in ihre Richtung, »der Junge kann doch nichts dafür. Das war meine Schuld...«
Sie beruhigte sich nicht. Hatte mich wohl gar nicht gehört, nicht hören wollen, zeigte auf den Jungen und befahl: »Ab in dein Zimmer!«
Wütend erhob dieser sich von der Couch, stampfte mit dem Fuß auf und wehrte sich mit tränenerstickter Stimme: »Aber bei Papa kuschst du! Der darf hier alles machen!«
Eisiges Schweigen im Raum, rücksichtslos trampelte Markus über das Polstermöbel in Richtung seiner Zimmertür, öffnete diese und schrie zornig: »Und pennen tust du auch wieder mit ihm!« Dann knallte die Tür hinter ihm ins Schloß.

Mit zitternden Fingern gab meine Freundin ihrer Zigarette Feuer. Ich erwartete eine Reaktion, eine Erklärung. Doch sie beachtete mich nicht einmal. Plötzlich entdeckte ich tiefe Falten auf ihrem sonst so jugendlichen Gesicht. ›Nein‹, dachte ich, ›man kann doch in so kurzer Zeit nicht um Jahre altern.‹ Wie wild zog sie an ihrem Glimmstengel. Ich sagte: »Rauchen macht alt.«
Sie pustete den Rauch in meine Richtung, sah durch mich hindurch. ›Irgendwie stinken ihre Zigaretten verbrannt‹, schoß es mir durch den Kopf. »Laß uns darüber reden«, empfahl ich leise, jedes Wort abwägend. Keine Antwort. Dann sagte ich: »Das ist nicht gut, wenn du mit dem Jungen so verfährst.«
»Verfährst, verfährst«, äffte sie mich nach. »Was weißt du denn, wie man verfährt?«
Im Rauchen war sie Weltmeister, im Kochen hatte sie allerdings ihre Grenzen, denn aus der Küche kam beißender Qualm.
»Irgendwie brennt es«, bemerkte ich die von mir entdeckte neue Situation und tat der verdächtigten Zigarettenindustrie Abbitte.
Ilse sprang auf, schmiß mit Schwung die brennende Zigarettenkippe in den Aschenbecher und stürzte zur Küchentür. Der Glimmstengel verlor das Übergewicht und kullerte auf die Auslegware. Ich versuchte, die brenzlige Situation zu retten, stieß mir den Kopf am Couchtisch, machte die Zigarette aus und rieb mir den angeschlagenen Schädel.
»Verdammt«, hörte ich Ilse aus der Küche fluchen. Ich stand auf, ging zum Zimmer von Markus. Nachdem er auf mein Klopfen nicht reagierte, drückte ich vorsichtig die Klinke herunter, öffnete die Tür. Der Junge saß auf seinem Bett, mit dem Rücken zu mir, drehte sich nicht um.
Ich setzte mich zu ihm, legte den Arm um seine Schulter: »Wird schon wieder werden.«
Er wehrte meine Umarmung ab: »Nichts wird, gar nichts. Und du bist an allem schuld.«
»Aber Markus«, sagte ich.
»Laß mich in Ruhe«, trotzte er, »ich gehe mit meinem Vater nach Pakistan.«
»Wie kommst du denn darauf?«
»So eben.«
»Pakistan ist weit weg«, meinte ich und hoffte, daß ich die Mauer zwischen uns überwinden konnte.
Er sagte: »Da werde ich in der Schule wenigstens nicht gehänselt und als

Neger beschimpft.«
Ich war schockiert: »Weiß das deine Mutter?«
»Wen interessiert das schon?«
»Deine Mutter liebt dich doch...«
»Laß mich in Ruhe«, schrie das Kind jetzt.
Zögernd stand ich auf, ging zur Tür.
»Es ist besser, du gehst jetzt.« Das war Ilse.
Ich ging auf sie zu, sie wandte sich ab.
»Verschwinde«, sagte sie leise.
»Happy birthday«, murmelte ich und ging.

Meine Großmutter hatte immer gesagt: »Wenn einer stirbt, sterben drei.« Nun, sie war eine weise Frau, aber bisher war ja noch niemand gestorben.
Betrachtete man jedoch die letzte Auseinandersetzung mit Ilse als Tod dieser Beziehung, so war die Frage berechtigt, welche Beziehung als nächste absterben würde. Natürlich hatte ich schon einige Male versucht, Ilse anzurufen, aber es war laufend besetzt gewesen.
Während die von mir verschmähten Fiat-Aktien Groschen um Groschen in die Höhe kletterten, verspürten unsere Siemens-Papiere einen Sog nach unten, was für Hans und mich auf jeden Fall Verlust bedeutete, denn wir hatten ja nur die Verkaufsoptionen, die unbarmherzig verfallen würden.
Zäh begannen sich die ersten Arbeitsstunden der beginnenden Woche hinzuziehen. Mein vorgesetzter Direktor pflegte seine Neurose in gewohnter Weise und drohte bei jedem Treffen damit, mich an die frische Luft zu setzen. Da er befürchtete, ich würde seine Bilanzfälschungen an den Vorsitzenden des Aufsichtsrates melden, blieb es natürlich bei diesen leeren Drohungen.
Würde er mich kündigen, würde ich Arbeitslosengeld bekommen. Schmiß ich jedoch die Arbeit, so bekäme ich erst mal eine Sperre. Das wollte ich vermeiden. Ich hatte einen guten Draht zu den jungen Assistenten, die den Vorsitzenden des Aufsichtsrates mit Insider-Informationen versorgten, trotzdem scheute ich mich davor, meinen fetten Direktor jetzt bei ihnen anzuschwärzen. Seine Angst war schließlich meine Macht.
Mißtrauisch hatte er mein Aufgabengebiet immer mehr beschnitten. Eigentlich hätte ich einen roten Kopf bekommen müssen, beim Anblick meiner Gehaltsabrechnung. Doch die schwarzen Zahlen waren in einer derartigen Größenordnung, daß sie mir jegliche Schamgefühle verbaten.

Aus Langeweile schrieb ich einen Brief an Ilse, dann an den Papst in Rom, dann einen Beschwerdebrief an die UNO-Menschenrechtskommission, in dem ich mich darüber beklagte, daß durch Nichtstun mein Recht auf Arbeit verletzt würde. Und da weder das Telefon klingelte noch sich auf dem unterm Schreibtisch flimmernden Fernsehgerät etwas Entscheidendes bewegte, schrieb ich auch gleich meine eigene Kündigung.
Der Brief an Ilse erschien mir zu devot, immerhin hatte sie sich daneben benommen, und es erschien mir unangebracht, jetzt zu Kreuze zu kriechen.
Dem Brief an den Vatikan fehlte die Anrede. Ich kam mir ein wenig blöd vor, einen erwachsenen Menschen mit »Seine Heiligkeit« anzureden. Hans hatte gemeint, ich solle schreiben: »Geliebter Vater.« Das war natürlich alles Quatsch, und ich versenkte das Schreiben mitsamt dem Brief an die UNO im Reißwolf. Nur die Kündigung falzte ich ordentlich und steckte sie in meine Brieftasche. Zufrieden lehnte ich mich wieder zurück und linste nach unten auf die Börsentafel des Fernsehgerätes. Siemens war nun um beinahe 10% gefallen - schlimmer konnte es eigentlich nicht kommen.
Da ich nicht bereit war, meinem Kumpel Hans eine neuerliche Familienpizza zu spendieren, trafen wir uns in dieser Woche nur einmal zufällig an einem Imbißstand. Sein Vorschlag, doch jetzt endlich Fiat-Aktien zu kaufen, scheiterte daran, daß wir erstens eine Menge Geld an diese dem Untergang geweihten Optionen gebunden hatten und zweitens, daß er offensichtlich keine müde Mark in der Tasche hatte.
Als ich ihm dies so klar sagte, wechselte er sofort das Thema und fing mit seiner Indien-Silber-Connection an. Eine Schnapsidee, wie ich meinte. Im nachbörslichen Verkehr hatten sich unsere Aktien wieder ein wenig stabilisiert, doch der Start ins Wochenende gab keinen Anlaß zum Optimismus.

Wenn du denkst, du bist allein, mache deine Nägel rein. Die waren aber sauber, und so beschloß ich, in althergebrachter deutscher Manier mein Auto zu putzen, und machte mich Samstag sehr früh an die Arbeit. Genauer gesagt, nahm ich einen Gartenschlauch und spritzte mein Wohnmobil kalt ab. Das Shampoonieren ersparte ich mir, weil diese Straßenrandwäschen eigentlich verboten sind. Nachdem ich auch innen etwas Staub gewischt und für klar Schiff gesorgt hatte, setzte ich mich

ans Steuer und tat so, als würde ich fahren. Fehlte nur noch, daß ich dabei »brumm, brumm« imitierte, aber dies ließ ich dann doch bleiben.
»Darf ich auch mal?« fragte der kleine Junge meines Nachbarn.
»Selbstverständlich, komm hoch.«
Der Kleine kletterte zu mir nach oben, setzte sich auf meinen Schoß.
»Brumm, brumm, brumm...«, fing er an loszubrausen und drehte mit seinen kleinen Händen mit voller Kraft am großen, schwergängigen Lenkrad.
»Mein Papa kann auch Auto fahren«, informierte er mich, »aber richtig!«
»So!?«
»Warum fährst du denn nicht richtig?«
Ich lachte: »Ich fahre doch richtig.«
Der Steppke schüttelte kräftig seinen hellblonden Kopf: »Nein, du sitzt nur da und machst brumm, brumm. Das dürfen nur Kinder machen.«
»Ich habe doch gar nicht brumm, brumm gemacht.«
»Doch, hast du«, behauptete der Kleine.
»Weißt du«, versuchte ich ihm zu erklären, »wenn ich mit dem großen Auto durch die Stadt fahre, dann ist nachher mein schöner Parkplatz weg.«
»Das ist doch doof. Beim Fahren braucht man überhaupt keinen Parkplatz.«
»Ja, aber wenn man wieder zurückkommt.«
»Mein Papa hat ein viel größeres Auto und findet immer einen Parkplatz«, protzte jetzt der Knabe und drückte den Knopf der Warnblinkanlage.
»So?«
»Ja, so eins.« Der Junge zeigte mit seinen kurzen Fingern aus dem Fenster. Tatsächlich, dieses Auto war entschieden größer, es war ein gelber, doppelstöckiger Bus der Berliner Verkehrsbetriebe.
»Oh«, sagte ich, »da hast du natürlich recht.«
»Brumm, brumm«, machte das Busfahrerkind, doch dann rief die Mutter.
»Eberhard!?«
Ich lehnte mich aus der geöffneten Fahrertür: »Der ist bei mir, Frau Schröder.«
»Ach, Herr Flick, guten Morgen. Der Kleene soll hoch kommen«, rief sie aus dem zweiten Stock auf die Straße hinunter.

»Ich schicke ihn hoch«, lachte ich.
»Herr Flick?«
»Ja?«
»Es geht mich ja nichts an, aber bei Ihnen klingelt schon den ganzen Morgen das Telefon.«
»Keine Ahnung, wer das sein kann«, rief ich zurück, »aber ich bin hier fertig und komme jetzt sowieso nach oben.«
»Schönen Tag noch.«
»Ja, Ihnen auch.«
»Komm, Eberhard, wir beide müssen jetzt unsere Stadtrundfahrt unterbrechen.«

Als ich oben in meiner Wohnung angekommen war, klingelte das Telefon nicht mehr. Am liebsten hätte ich das sonnige Wochenende benutzt, um planlos irgendwo durch Deutschland zu fahren, nur schaffte ich es nicht, den sprichwörtlichen inneren Schweinehund zu überwinden.
Während der Kaffee in der Maschine durchtuckerte, blätterte ich lustlos die Zeitung durch und begann schließlich das Kreuzworträtsel zu lösen: Randgebirge am Oberrhein mit 11 Buchstaben? Fängt ja gut an. Da soll es Leute geben, die so ein Kreuzworträtsel schneller ausfüllen, als sie einen Brief schreiben. Ich gehörte offensichtlich nicht dazu.
Als ich mir dann die erste Tasse des frisch gebrühten Kaffees eingegossen hatte, klingelte das Telefon.
Ilse war dran. Sie eröffnete das Gespräch mit einem »Na, du?«
Ich sagte: »Ach, daß du dich auch wieder meldest.«
»Du hättest dich doch auch melden können.«
»Habe ich mindestens dreimal versucht, es war immer besetzt.«
»Wie geht es dir?« fragte sie säuselnd und gab sich offensichtlich Mühe, den ganzen Ärger vergessen zu machen.
»Ich müßte dich fragen, denn ich habe ja keinen grundlosen Streit vom Zaun gebrochen.«
»Entschuldigung«, meinte sie verlegen.
Ich brachte es nicht fertig, einfach zu sagen: »Angenommen, Schwamm drüber.«
Nicht ihre Worte hatten sich bei mir eingeprägt, sondern ihr tiefer Groll, der vor einer Woche aus ihren Augen gesprochen hatte. Er machten mir deutlich, daß sie eigentlich mit sich und der Welt unzufrieden war, so auch mit mir.

Doch ich kannte unsere Gespräche in diese Richtung. Stellte ich die erste diesbezügliche Frage, kam von ihr nur Schweigen oder die Antwort: »Ich weiß nicht.«
»Sag mir doch mal ein Randgebirge am Oberrhein mit 11 Buchstaben«, versuchte ich unser Schweigen zu durchbrechen.
Sie antwortete: »Ich weiß nicht.«
»Aha«, meinte ich, »dann ist ja wieder alles beim alten.«
»Warum nicht?« tat sie unschuldig.
»Wie geht es deinem Sohn?«
»Gut, daß du es ansprichst. Er hat jetzt Ferien, und ich habe mit meiner Mutter gesprochen, ob sie ihn in den Ferien nehmen will. Du weißt ja, die beiden sind ein Herz und eine Seele. Am liebsten würde Markus doch nur bei der Oma bleiben.«
»Du hast Ärger mit deinem ehemaligen Mann«, insistierte ich beiläufig.
»Eigentlich nicht«, log sie, »er geht zurück in seine Heimat. Das ist weit weg.«
»Und so lange er hier ist, befürchtest du, er raube dir den Jungen«, ergänzte ich.
Doch sie wich aus: »Ashok ist kein Räuber.«
»Aber ein pakistanischer Vater.«
Schweigen.
Ich sagte dann: »Mit der Gesprächskultur, die du an den Tag legst, muß ja jede Beziehung in Zank und Streit enden.«
Schweigen.
Getreidesorte mit sechs Buchstaben? »Weizen.«
»Was ist los?« bekam Ilse den Mund auf.
»Nichts. Ich löse gerade ein Kreuzworträtsel.«
»Kannst du mir einen Gefallen tun?«
»Was denn?«
»Sag erst ja oder nein.«
Ich schüttelte den Kopf: »Das ist doch Kinderkram. Sag, was du willst, und ich sage, ob ich bereit bin, dir zu helfen.«
»Fährst du Markus in den Schwarzwald zu meiner Mutter?«
»Schwarzwald! Das hätte mir auch selbst einfallen können«, jubelte ich über das Elf-Buchstaben-Wort.
»Tust du mir den Gefallen?«
»Wann will er denn fahren?«
»Ich weiß nicht. Du mußt ja Montag wieder arbeiten.«

»Na, dann los«, ich faltete die Zeitung zusammen und gab mir einen kräftigen Ruck, »mach das Kind fertig, in einer Stunde bin ich da und hole ihn ab.«
Schwarzwald, genau elf Buchstaben und genau das richtige Reiseziel für ein schräges Wochenende wie dieses.

Die Spritztour in den Schwarzwald war nach Plan verlaufen. Enkel Markus war seiner Oma in den Arm gefallen, und es schien so, daß fürs erste alles gut war.
Ilse war nicht mitgefahren, und ich war darüber auch nicht traurig. Mit Markus hatte ich mich auf der Fahrt bestens verstanden. Heikle Themen vermied der Junge, und ich wollte mich nicht aufdrängen.

Am Montagmorgen fuhr ich dann mit dem Wohnmobil auf den Parkplatz meines Arbeitgebers.
Der Pförtner kam aus seinem Häuschen gestürmt: »He, Sie, hier können Sie nicht campen.«
Ich stieg aus: »Muß hier leider arbeiten.«
»Sie, Herr Flick, Entschuldigung, konnte ja nicht wissen, daß Sie mit so einem riesigen Ding ankommen.«
»Schon gut«, lachte ich, »dann geben Sie mal auf diesen Direktionswagen schön acht, und ich mache, daß ich da reinkomme.«
Ich tippte mir symbolisch an die nicht vorhandene Mütze. Der Mann salutierte, und seine von der Wachgesellschaft gestellte Phantasieuniform machte den Eindruck, als stünde hier ein Luftwaffenoffizier Erster Klasse.
Ja, bei den kleinen Arbeitern und Angestellten der Firma war ich noch wer: Mitglied des Managements, Organisationsleiter.
Oben aber, in meinem Büro war ich nur ein kleiner Aktienspekulant, der seine Entscheidungen unterm Schreibtisch treffen mußte und damit beschäftigt war, die Angstbisse seines zuständigen Direktors abzuwehren.
Ich durchschritt das verwaiste Büro, in dem früher einmal meine Sekretärin saß, öffnete meine gepolsterte Bürotür und nahm hinter dem Schreibtisch Platz.
»Post?« fragte ich mich selbst.
»Nein, Herr Flick. Wir haben auch in diesem Monat keine Post bekommen«, murmelte ich mir zu.
»Soll ich Ihnen einen Kaffee kochen, oder möchten Sie heute morgen einen kleinen Pikkolo trinken?«

»Wo denken Sie hin«, tat ich empört und drehte mich mit Schwung in meinem schwarzen, wuchtigen Bürostuhl, »so früh am Morgen Alkohol, das ist gefährlich.«
Ich stand auf und setzte meine Kaffeemaschine in Gang. Dann bückte ich mich, öffnete den Kühlschrank und befreite eines der winzigen Sektfläschchen aus ihrem düsteren Verlies.
»Möchte die hübsche Sekretärin ein halbes Gläschen mittrinken?«
Ich legte den Kopf schief, schaute fragend zur Wand und antwortete mir mit hoher Stimme: »Aber nicht doch, Herr Organisationsoberrat ohne Verwendung, Sie wollen mich wohl verführen.«
Vor lauter Quatsch hätte ich beinahe das Wichtigste vergessen: Ich angelte mit dem Fuß nach meinem Fernsehgerät und schaltete es ein.
Die Börse öffnete erst in einer Stunde, und ich konnte bis dahin noch auf ein Wunder hoffen. Wurden dann den ganzen Morgen die nackten Tatsachen übertragen, so erübrigte sich das Ding mit der Hoffnung.
Heißer Kaffee und prickelnd kühler Sekt ist wie Eis mit heißen Himbeeren. »Prost«, sagte ich zu mir und staunte nicht schlecht, wie wenig doch in so einem kleinen Pikkolofläschchen drin und wieviel Kaffee dagegen noch übrig war.
In Anbetracht dieser gewaltigen Menge an Kaffee blieb mir nichts anderes übrig, als noch so ein kleines Fläschchen aus dem Kühlschrank zu befreien.
»Prost, Herr Flick, mit Ihnen trinke ich am liebsten«, sagte ich, da klingelte das Telefon.
»Wo warst du denn?« fragte Hans am anderen Ende der Leitung.
»Du suchtest wohl jemand, der dich ausgehalten hätte?«
»Na ja, wenn du nicht reden willst. Ich jedenfalls habe eine gute Nachricht. Eine sehr gute sogar.«
Ich trank noch einen Schluck: »...die wäre?«
»Die suchen hier händeringend einen Organisator mit praktischen Erfahrungen in der Betriebsabrechnung.«
Ich zuckte mit den Schultern: »Was habe ich damit zu tun?«
Hans lachte: »Du suchst doch schon lange eine unterbezahlte Stelle mit viel Arbeit.«
»Das ist mir neu. Mich drückt hier wohl die Langweile, aber es geht mir bereits vor dem Frühstück so gut, daß ich wohl heute abend mit dem Taxi nach Hause fahren muß. Prost, Hans.«
»Mann, dir kann man auch nichts recht machen. Jetzt habe ich schon

dem Windmann erzählt, was für ein fähiges Bürschchen ich aus dem Zylinder zaubern kann, und nun diese Enttäuschung.«
Ich lehnte mich wieder zurück, damit ich den Fernseher nicht aus den Augen verlor: »Möchte mal wissen, wie du auf diese Schnapsidee kommst. Hätte ich hier nicht diesen gut bezahlten, hochgelobten Aktivjob - ha, ha, ha -, dann wäre Schluß mit unseren Spekulationsgeschäften...«
»Ja, ja«, sagte Hans.
»...hast du denn noch nicht gemerkt, daß man als Beamter nur dann vom Kindergeld leben und das Gehalt sparen kann, wenn man auch Kinder hat?«
»Ja, ja, ist ja gut.«
»Eben, dann mache hier keine unseriösen Vermittlungsversuche. Ich bin doch nicht bescheuert und gebe diesen Job auf, darauf warten hier doch alle.«
»Ja, nur - wie sage ich das jetzt dem Windmann, der verläßt sich doch auf mich.«
»Ich kann dich ein Gebet lehren.«
»Sei ruhig«, er wehrte sich.
Ich ließ nicht locker: »O Herr, gebe mir die übermenschliche Kraft, meinen Mund so lange zu halten, bis das Gehirn eingeschaltet ist. Prost, du Pfeife.«
»Mensch, Werner, das ist gar nicht lustig. Kannste nicht mal für ein paar Wochen zu uns kommen, ich steh doch beim Windmann im Wort.«
»Ich glaube, du hast noch einige Prozente Restalkohol im Blut.«
Er sagte: »Mensch, Werner, was mache ich denn nun?«
Ich mußte lachen: »Laß es uns in der Mittagspause beim Italiener besprechen.«
»Ja«, Hoffnung flammte in ihm auf, »bis Anfang des Monats haben wir ja auch noch Zeit.«
»Hans!« versuchte ich, meinen früheren Schulkameraden wachzurütteln. »Du bist ein Spinner. Sage das deinem Senatsrat, und er wird dir vergeben. Es bleibt ihm ja auch nichts anderes übrig. Du bist Beamter auf Lebenszeit.«
Ich legte den Hörer auf die Gabel und entschloß mich, die Blumen zu gießen. Zwei Kakteen waren bereits eingegangen, nein, sie sind nicht verdurstet, sondern ersoffen, weil ich einer der wenigen Beschäftigungen, die mir noch geblieben waren, zu oft nachging.
Gerade stellte ich fest, daß ein weiterer Kaktus unten zu faulen begann,

da sah ich, daß der linke Aktenschrank mit der Hängeregistratur irgendwie schief stand. Oder täuschte ich mich? Ein Lot müßte man haben. Ich suchte im Schreibtisch nach einem langen Stück Faden. Keiner zu finden.

Vielleicht konnten mir die Damen unten in der Finanzbuchhaltung aushelfen. Ich verließ also meinen Arbeitsplatz und lief über den Flur zum Fahrstuhl.

Bald darauf kam ich mit einer Rolle schwarzen Zwirns zurück. Auch leichtsinnig, dachte ich noch, als ich mein Büro wieder betrat, die beiden Pikkolofläschchen hatte ich nämlich einfach auf dem Schreibtisch stehen lassen.

Ich schnitt etwa drei Meter von dem Zwirn ab, verknüpfte das eine Ende mit meinem hochglänzenden Aktenlocher, bestieg einen Stuhl und ließ das improvisierte Lot am vermeintlich schiefen Schrank herunterbaumeln. Also, eigentlich konnte man überhaupt nichts erkennen, stand man oben auf dem Stuhl. Stieg man aber von diesem, so konnte man das Lot nicht halten. Zudem ließ sich wegen des sperrigen Lochers der Bindfaden nicht an der senkrechten Aktenschrankkante anlegen. Trotzdem, ich glaubte festgestellt zu haben, daß der ganze Schrank sich um mindestens einen Zentimeter nach rechts neigte, nicht im Wasser stand, wie dies die Zimmerleute ausdrücken. Das Telefon klingelte. Warum konnten diese Apparate nicht dann klingeln, wenn man davor saß? Ich ließ mein Lot fallen, sprang vom Stuhl, klopfte mir die staubigen Hände ab und eilte zum Schreibtisch.

»Flick.«

Aufgelegt. Wird schon wieder anrufen, dachte ich. Ich zerschnitt eine Registerpappe und falzte mir einen kleinen Papierkeil, um ihn unter den Schrank zu schieben. Das mit dem Keil funktionierte wohl theoretisch, nur der Schrank war zu schwer, um ihn allein ankippen zu können.

Ich trank noch einen Schluck Sekt, überlegte kurz, was zu tun wäre, und machte mich in Anbetracht der Tatsache, daß fast 40 Wochenstunden noch vor mir lagen, daran, den riesigen Schrank auszuräumen. Bei dieser Gelegenheit konnte man ja auch gleich die Akten sortieren.

Platz hatte ich genügend, und bald schon stapelten sich die roten, blauen und grünen Aktendeckel auf dem mausgrauen Bodenbelag meines Büros.

Ausgeräumt war relativ schnell. Der Sekt beflügelte mein Organisationstalent und regte meine Schaffenskraft an. Ich trank also noch ein Gläs-

chen und schmiß die beiden leeren Flaschen in den Papierkorb.
»Um Gottes willen, Herr Flick«, erschrak das Mädchen von der innerbetrieblichen Poststelle, die zweimal am Tag bei mir reinschaute, um nichts zu bringen und - natürlich - auch nichts zu holen. »Wie sieht's denn bei Ihnen aus?«
»Muß ja mal einer machen«, erklärte ich auf dem Fußboden sitzend, »zudem hatte sich der Schrank verzogen und stand schief.«
»Das sehen Sie?«
»Ja, für so etwas habe ich einen Blick.«
»Ich bewundere Sie, Herr Flick«, lächelte unsere Christel von der Post, und es war mir ein bißchen peinlich.
»Sie können mir ja Gesellschaft leisten.«
»Au ja. Darf ich?«
Ich wehrte ab: »Da gibt es Ärger mit Ihrem Obermeister.«
»Aber wenn Sie das anordnen, Herr Flick.«
Ich lachte: »Nein, nein, das ist nicht so einfach. Aber Sie können die Zwirnrolle wieder in die Finanzbuchhaltung zurückbringen.«
»Mache ich, würde aber viel lieber Ihnen helfen«, schmollte sie und setzte ihre Tour fort.
Der Vormittag verstrich wie im Flug. Ich hatte nun sämtliche Akten ausgeräumt, und das sonst großflächige Büro erwies sich als zu klein, sämtliche Aktendeckel nach Alphabet horizontal zu sortieren. Gerade wollte ich beginnen, kleine Stapel zu organisieren, als die Tür aufgerissen wurde.
Ruckartig blieb er stehen, der Herr Direktor. Der hatte mir gerade noch gefehlt.
»FLICK!« schrie er unvermittelt, als würde das Haus abbrennen.
Hemdsärmelig saß ich auf dem Boden, machte mir nicht die Mühe, zur Begrüßung aufzustehen.
»Herr Direktor?« sagte ich scheinheilig verwundert, »Sie bemühen sich selbst, mir bei der Neuorganisation meines Aktenschrankes behilflich zu sein?«
»Was machen Sie da?« Wie angewurzelt stand er immer noch in der Tür. »Das ist Sabotage.« Er kapierte nichts. »Sie wollen die Beweise Ihrer Unfähigkeit vernichten.«
Ich war nun doch ein wenig verwundert: »Wie bitte?«
Ohne Rücksicht auf die farbigen Aktendeckel tappte er nun in Richtung meines Schreibtisches. Stand bei R wie »REFA-Berichte« und brüllte:

»Sie sind ein Saboteur, ein Saboteur!«
Ich sagte leise, sehr leise: »Sie sind ein Arschloch, ein Arschloch.«
Sein fettes, aufgedunsenes Gesicht war knallrot. Würde ich nun noch etwas in dieser Richtung bemerken, der Kopf würde platzen.
»Der Schrank stand schief. Ich mußte ihn ausräumen und sortiere nun gleich die Vorgänge neu.« Ich nahm die mich umgebenden Ordner und wollte weitermachen, doch mein Direktor hatte nun völlig den Verstand verloren: »Rühren Sie nichts mehr an.«
Ich machte unbeirrt weiter.
»Ich habe gesagt, Sie sollen nichts anrühren«, schrie er jetzt. Vor meinem Schreibtisch stehend, hasteten seine Hände nach dem Telefon. Der Hörer wurde heruntergerissen, das letzte noch halbvolle Glas meines Sektes fiel um, zerbarst, und sein Inhalt ergoß sich über die stets blank polierte Holzplatte.
Unvermittelt schrie er in den Hörer: »Werkschutz, hören Sie!«
Er wendete sich haßerfüllt in meine Richtung: »Ist Ihr verdammtes Telefon kaputt?«
Ich grinste: »Keine Ahnung, aber Sie müssen vorher wählen.«
Er fluchte etwas Unverständliches, dann schrie er dem Mann am anderen Ende ins Ohr: »Kommen Sie hier hoch, Flicks Büro versiegeln.«
Ich schüttelte langsam den Kopf. Das glaubte mir niemand, der Typ hatte einen derartigen Verfolgungswahn, daß man froh sein könnte, wenn ihn eine entsprechende Heilstätte aufnehmen würde.
Ich stand auf, klopfte mir die Hosenbeine ab. »Was ist denn los? Drehen Sie nun vollends durch?«
»Ruhe, reden Sie kein Wort. Alles, was Sie sagen, kann gegen Sie verwendet werden.«
»Da müssen Sie sich aber eher in acht nehmen.«
Kurz hatte ich den Eindruck, aus seinen Nasenlöchern pustete heißer Dampf. Der Sekt tropfte über die Schreibtischplatte auf meinen Bürostuhl. Offenbar stand das ganze Mobiliar irgendwie schief. Ich sah auf die Uhr, noch fünf Minuten bis zur Pause. Ich würde ihn einfach stehenlassen. Schade, daß ich ihm dies jetzt nicht antun konnte.
Man hörte den Gong der Fahrstuhltür. Zaghaft betrat der mir bereits bekannte junge Mann der Wachgesellschaft in seiner Prachtuniform mein Büro.
»Na endlich. Wie lange dauert das denn, bis Sie hier erscheinen, wenn ich Sie brauche?«

»Ich mußte doch erst die Pförtnerloge abschließen«, erklärte sich der Hilfssheriff.
»Wie ist Ihr Name?« brüllte der Direktor, »ich werde Ihnen zeigen, was Geschwindigkeit ist.«
»Lehmann«, sagte der Wachmann und legte die Hände an die Hosennaht.
»Lehmann, verhaften..., äh, versiegeln Sie dieses Büro.«
»Bitte?« der junge Mann schaute hilfesuchend in meine Richtung.
Dem Herrn Direktor klapperte die Zahnprothese, als er wieder schrie: »Sind Sie taub? Los, versiegeln! Es ist Gefahr im Verzug, Flick hat Hausverbot. Nehmen Sie ihn mit.«
Das nannte man nun freies Unternehmertum. Zögernd tappte nun auch der Uniformierte über meine Aktendeckel. Kam zu mir, der ich immer noch grinsend seitlich meines Schreibtisches stand. Das war ein böser Traum. Ein am Gewinn orientiertes Unternehmen konnte sich solche Possen eigentlich gar nicht leisten. Der Wachmann stand nun unsicher, aber prachtvoll, einen Meter vor mir. Zögerlich wollte er nach mir greifen, mich wohl am Arm packen, Richtung Ausgang führen.
Da hörte auch für mich der Spaß auf.
»Rühren Sie mich nicht an!« zischte ich.
Sein bereits ausgestreckter Arm zuckte zurück.
»Raus hier!« schrie das dicke Direktionsschwein.
Wie in Zeitlupe nahm ich mein Jackett, das wie immer über der Stuhllehne hing, zog es an, faßte mit der rechten Hand in die linke Innentasche und holte meine Brieftasche heraus. Der vor acht Tagen sorgfältig gefalzte Brief war oben etwas geknickt, hatte ein Eselsohr. Ich nahm ihn heraus, steckte die Brieftasche wieder in die Jacke zurück, entfaltete den Brief, suchte eine trockene Stelle auf der Schreibtischplatte und änderte oben rechts handschriftlich das Datum.
»Ich kündige«, hörte ich mich sagen, »sparen Sie sich jegliche weitere Mühe.«
Ohne Kuvert drückte ich dem jungen Mann das Schreiben in die Hand, sah auf meine Armbanduhr: Es war genau zwölf. Mittagspause forever. Ich wartete nicht, bis der Fahrstuhl kam, wollte das Treppenhaus hinunter laufen. Da fiel mir mein geliebtes Fernsehgerät ein. Die beiden standen immer noch regungslos auf meinen Aktendeckeln herum.
»Habe noch etwas vergessen«, sagte ich und bückte mich unter den Schreibtisch. Der Siemens-Kurs hatte sich mächtig erholt. Es bestand

wieder Hoffnung. Ich zog den Stecker, mühte mich, den klobigen Kasten am oben eingelassenen Griff fassen zu können, und drückte die beiden Teleskopantennen in ihre Halterungen zurück.
»Woher kommt dieser Fernsehapparat?« fragte der Direktor kleinlaut, mein Kündigungsschreiben in der Hand haltend.
»Entschuldigung«, sagte ich, denn ich wollte vorbei ins Freie.

Der Vogtbauer hatte es sich auf der Holzbank vor seinem Haus bequem gemacht und suchte mit den Fingern in seinem Tabaksbeutel herum. Kleine Apfelstücke halten den Tabak frisch, stopft man diese jedoch versehentlich in die Pfeife, riecht es beim Rauchen verdächtig nach Bratapfel.
Je klobiger die Finger, desto schwerer ließen sich die Apfelstücke ertasten. Je schlechter die Augen, desto mehr war man auf das Erfühlen angewiesen. Die Finger des Vogtbauern waren aber sehr klobig, seine Augen waren für die Nähe auch nicht viel besser. Aber in der Ferne konnte er jedes Ziegenkitz am Berg des umliegenden Schwarzwaldes ausmachen, jeden Hund vom anderen unterscheiden, den kleinsten Vogel nach seiner Art bestimmen. Ja, für die Ferne waren seine Augen so scharf wie Feldstecher.
Der schwarze Mercedes des Bürgermeisters fuhr unten auf der Bundesstraße in Richtung Wassermühle. Der Vogtbauer sah auf die Kirchturmuhr, es war Mittag. Das hätte der alte Bauer auch »gesehen«, wenn man vor lauter Nebel die Hand nicht vor den Augen sah, denn genau genommen konnte man keines der vier Zifferblätter des Kirchturms von seiner Sitzbank aus erkennen. Der Turm stand nämlich in diagonaler Perspektive zu ihm. Trotzdem, es war jetzt fünf Minuten nach zwölf.
Der Bauer registrierte wohl unbewußt das viertelstündige Schlagen dieser Turmuhr, und die dazwischen liegenden fünfzehn Minuten konnte man ohne weiteres schätzen. Wie er es allerdings schaffte, trotz der neumodischen, zweimaligen jährlichen Umstellung auf Sommer- bzw. Winterzeit jeden Morgen pünktlich um fünf aufzustehen, wußte er selbst nicht. Aber verschlafen hatte er noch nie.
Frieda, seine Frau, würde an dieser Stelle energisch widersprechen. Doch bei diesem einen Mal, das man sich im ganzen Dorf erzählte, da hatte er gar nicht verschlafen, sondern sich im Wochentag geirrt. Denn am Sonntag schlief der Schwarzwaldbauer grundsätzlich eine Stunde länger.
Mit seinen zweiundachtzig Jahren mußte er nicht mehr viel tun. Vor zwei

Jahren hatte er den Hof schweren Herzens seinem Sohn überlassen, war quasi in Rente gegangen. Man mußte eben mit der Zeit gehen. Der landwirtschaftliche Betrieb war verpachtet, sein Sohn, ein Ingenieur, verdiente ja viel mehr Geld in der Stadt als hier, würde er den Hof bewirtschaften. Aber tüchtig war er, sein Sohn. Anders als dieser Taugenichts von Bürgermeister, der das ganze Wochenende wohl Urlaub gemacht hatte und jetzt erst zurückkehrte.
Der Bauer schüttelte den Kopf. Er kannte den Bürgermeister noch als kleinen Jungen. Das waren Flüchtlinge aus Schlesien gewesen, die sich hierher verirrt hatten. In der ersten Zeit waren sie unten im Dorf in der Barackensiedlung untergebracht gewesen. Die ganze Sippe hatte nur darauf gewartet, wieder in die Heimat zurückzukehren. Aber da waren ja die Polen, und so baute man eine provisorische Baracke nach der anderen. So wie das in Bonn mit der Regierung auch war.
Wieder schüttelte der Bauer den Kopf. Also, die Flüchtlinge hier im Dorf wollten gar nicht mehr zurück, auch wenn die Polen dies zugelassen hätten. Die im Dorf hatten es ja alle zu etwas gebracht.
Die Pfeife brannte, und es roch nach gebranntem Apfel. Innerhalb kurzer Zeit würde das Pfeifchen so und so wieder ausgehen, aber das merkte der alte Mann immer erst nach ein paar Stunden.
Was er jedoch merkte, war, daß das Fahrzeug des Bürgermeisters wieder zurückkam.
»Was fährt denn dieser Lumpenseggel von Bürgermeister nun spazieren«, murmelte der Alte, »der soll sich g'scheiter an seinen Schreibtisch hocken und mit dem Regieren anfangen.«
Das Fahrzeug fuhr jetzt von der geteerten Straße ab den Kiesweg hinauf zur alten Steinhof. Die hatte auch schon lange keinen landwirtschaftlichen Betrieb mehr. Ihr verstorbener Mann hatte damals das Bauernhaus noch zur Pension umgebaut, und nun verdiente sie recht und schlecht im Sommer noch ein paar Mark dazu.
Das ganze Frühjahr hatte der Vogtbauer keine Fremden bei der Steinhof gesehen, nur seit gestern spielte ein Junge auf dem Hof, aber der Postbote erzählte, das wäre gar kein Pensionsgast, sondern ihr Enkel.
Wieder schüttelte der alte Mann den Kopf, denn der schwarze Mercedes des Bürgermeisters fuhr nun hinters Haus, anstatt vorne, wie alle andern auch, zu parken. Ja, diesem Sozi von Bürgermeister war nicht zu trauen, und er wollte gar nicht wissen, was da wieder getrieben wurde.
Da der Mann auf der Holzbank nun nichts mehr sehen konnte, wollte er

sich gerade interessanteren Dingen zuwenden, als ein Automotor aufheulte. Die schwarze, schwere Limousine des Bürgermeisters kam wie ein Blitz hinter dem Haus hervorgeschossen, wirbelte gewaltig Staub auf und fuhr schlitternd und schleudernd den Kiesweg hinunter auf die Bundesstraße.
›Himmel sakra...‹, dachte der Pfeifenraucher, ›so schnell hat sich unser Bürgermeister noch nie von der Stelle bewegt. ›Da wird doch nichts passiert sein?‹

»Es ist nun mal passiert«, tröstete mich Hans, »da kann man jetzt auch nichts mehr machen.«
Ich saß mit ihm bei unserem Stamm-Italiener und ärgerte mich, daß ich mich von diesem Direktor so hatte provozieren lassen und selbst kündigte.
»Man darf eben nie einen Brief aus Spaß schreiben«, resümierte ich, »noch nicht einmal die eigene Kündigung.«
»Jetzt mach das Beste daraus«, riet mein Kumpel nicht ohne eigennütziges Interesse, »und komme zu uns.«
Ich trank einen Schluck und schaute ihn groß an.
»Ja«, bestätigte er, »kannst froh sein, daß ich dem Windmann noch nichts gesagt habe.«
»Wer ist denn dieser Windmann?«
»Dein neuer Vorgesetzter!« frohlockte mein Gegenüber. »Habe ich schon alles klar gemacht. Der suchte doch nach einem Organisator.«
Hans faßte über den Tisch, wollte mir auf die Schulter schlagen, schlug jedoch beinahe dem Kellner die silberne Warmhalteplatte aus der Hand.
»'tschuldigung«, ließ er sich nicht beirren, »Mensch, Werner, du bist jetzt unser Mann. Wir sind Kollegen!«
Der Kellner hatte serviert, und ich versuchte, mir umständlich ein Stück Fleisch von der silbernen Schale zu angeln.
»Na, danke schön. Ich habe wohl gerade meinen Job gekündigt und bin jetzt arbeitslos. Aber das nütze ich auch mindestens ein halbes Jahr aus, wenn nicht noch länger.«
»Das kannst du mir doch nicht antun.« Die Stimme von Hans wurde weinerlich, was bei ihm nicht viel zu sagen hatte.
»Jetzt plötzlich ist Indien nicht mehr so weit. Na ja, Indien vielleicht nicht, aber Nepal würde mich schon reizen«, träumte ich vor mich hin.
»Du bist ein Sozialschmarotzer«, echauffierte sich mein Freund. Ich

mußte ihn mit meiner Absage tief getroffen haben, denn er hatte bisher noch keinen Bissen gegessen.
»Wie meinst du das?« stellte ich mich ahnungslos.
»Willst wohl Arbeitslosengeld beantragen? Eventuell sogar auf Kosten der Steuerzahler eine Weltreise machen?«
»Das mußt *du* sagen«, bemerkte ich mit vollem Mund, »ihr Beamten seid es doch, die sich ihr ganzes Leben auf Kosten des Steuerzahlers erfolgreich vor der Arbeit drücken.«
»Das ist ja eine Frechheit.« Hans stieß mit seiner Gabel wie wild auf das in der Schale liegende Fleisch.
»Stimmt doch«, frotzelte ich weiter, »ihr verwaltet euch doch zu 80 Prozent nur selbst, und die restlichen 20 Prozent sind für diese lästigen Bürger bestimmt. Eigentlich müßte es umgekehrt sein. In der Betriebswirtschaft spricht man in diesem Zusammenhang von Effizienz, in der Physik vom Wirkungsgrad. Wahrheiten können also gar keine Frechheiten sein, das schließt sich nämlich aus.«
Verständnislos glotzte mich mein Gegenüber an: »Wie? Was? Wirkungsgrad? Du hast die beiden größten Stücke Fleisch genommen.«
»Ach so«, lachte ich, »ich zahle ja auch.«
Und so war es dann auch.
Etwas verärgert lief Hans in sein Amt zurück und ich in gewohnter Weise zu »meiner« Firma. Glücklicherweise fiel mir dieser Irrweg noch auf, und ich machte auf dem Absatz kehrt zu meinem Wohnmobil, das ich vor dem Restaurant geparkt hatte.
Da ich wußte, daß man erst dann Anspruch auf Arbeitslosengeld hatte, wenn man sich dort persönlich meldete, steuerte ich in Richtung Kochstraße, in der sich das Arbeitsamt IV befand, das für mich zuständig war. Vielleicht wollten sie mir eine Sperre anhängen, weil ich selbst gekündigt hatte.
Zu dieser Verwaltungsmaßnahme hätte ich dann auch noch ein paar Worte zu sagen gehabt. Also ließ ich mich überraschen.
Da an manchen Tagen alles klappt, fand ich auch sofort einen Parkplatz für mein Großraumfahrzeug. Arbeitsämter sind große Gebäude mit langen Gängen, in denen immer und zu jeder Zeit viele Menschen mit einer Wartenummer in der Hand auf irgendwelche Sachbearbeiter warten, die ihnen dann irgendwelche Formulare geben, um die Leute danach wieder auf den Flur zu treiben. Ist das nicht so, so ist das Arbeitsamt geschlossen.

Die Auskunfts- und Beratungsstelle sagte mir Stockwerk und Zimmernummer, wo ich mich zu melden hätte.
Das war gut so, ich hatte ja den ganzen Nachmittag frei und dies jetzt jeden Tag, so daß ich auf alles vorbereitet war.
In dem Stockwerk, das mir der Pförtner genannt hatte, stand kein einziger Mensch auf dem Flur herum. Folgerichtig mußte ich falsch sein. Trotzdem klopfte ich an die gelbliche Glastür des mir zugewiesenen Zimmers.
Nachdem ich nichts hörte, eigentlich sowieso falsch war, betrat ich das Zimmer ohne Aufforderung.
Der Mensch innerhalb des Raumes schrieb, blickte kurz hoch, sagte: »Setzen Sie sich« und schrieb weiter.
Irgendwann sagte er dann: »Moment noch« und verschwand. Er war also beschäftigt, dieser Sachbearbeiter. Käme er nun, so befürchtete ich, nach einer halben Stunde zurück, würde er mich fragen, was ich wünsche, und mir dann womöglich eröffnen, ich wäre im falschen Zimmer. Ich ärgerte mich jetzt schon maßlos und wartete nur darauf, daß dies alles nun so eintraf.
Es kam schlimmer.
Als man sich nach etwa zehn Minuten endlich um mich kümmerte, eröffnete ich das Gespräch mit den Worten: »Flick, ich wollte Arbeitslosengeld beantragen.«
Der Mann auf der anderen Seite war sichtbar entsetzt: »Das ist hier ein Arbeitsamt. Wir vermitteln Arbeitssuchende an offene Stellen. Wir vermitteln Arbeit.«
»Ach was?« platzte es aus mir heraus.
»Ja!« sagte der andere.
»Also, bekommt man kein Geld?« Für mich war diese Bemerkung nur logisch.
Er setzte noch eins drauf: »Nein. Geld gibt's beim Sozialamt. Wir vermitteln Arbeit.«
Ich schlug nun die Beine übereinander, denn ich hatte schon ein wenig das Gefühl, hier eine Darbietung genießen zu können, verschränkte noch die Arme und lehnte mich zurück.
»So«, der Typ fing an zu schreiben. »Was sind Sie von Beruf? Als was haben Sie zuletzt gearbeitet? Wie lange?«
Ich antwortete eher unwillig doch korrekt, wie es meine Art war. Wieder sagte mein zahlungsunwilliger Sachbearbeiter: »Moment« und verschwand.

›Ja, Herr Flick‹, äffte ich ihn in Gedanken nach, ›als graduierter Betriebswirt haben wir zur Zeit keine geeignete Stelle mehr frei. Und Organisationsleiter vermittelt das Arbeitsamt grundsätzlich nicht... Sie wissen hoffentlich, daß Sie verpflichtet sind, jede zumutbare Stelle anzunehmen?‹ Ich würde zaghaft nicken. ›Okay‹, würde er sagen, ›wir haben da einen Halbtagsjob im Hamburger Freihafen und eine Wochenendtätigkeit als Nachtwächter in Bremen.‹
›Oh‹, würde ich zu bedenken geben, ›das ist aber ein bißchen unstet und weit. Meinen Sie nicht?‹
›Herr Flick‹, würde er mich belehren, ›das ist die neue deutsche Beweglichkeit. Wissen Sie eigentlich, wie viele Jobs ein Amerikaner gleichzeitig ausüben muß, nur um sich zu ernähren? Ganz zu schweigen von seiner Familie.‹
›Sehr wohl‹, würde ich ducken, ›ich habe ja ein Wohnmobil, und die Differenz zwischen Verdienst und Benzinkosten werde ich gerne von meinem Ersparten drauflegen.‹
›Sehr gut, Herr Flick, Sie haben das Prinzip verstanden.‹
Na also, was wollte ich mehr.
»So«, sagte er vieldeutig, als er wieder im Zimmer erschien und eine rote Karte auf den Tisch legte, »der Senator für Inneres sucht einen Organisator. Ihr Ansprechpartner ist Herr Senatsrat Windmann.«
Genau so schauen Jäger, wenn sie ein Wildschwein erlegt haben. Genau so! Das hätte mich normalerweise belustigt, doch ich war das Schwein.

Am nächsten Tag war das kleine Schwarzwalddorf davon überzeugt, daß ihr Bürgermeister mit der stattgefundenen Kindesentführung nichts zu tun hatte.
Auch für die Polizei stellte sich die Sachlage nun anders dar, nachdem man die aufgebrachte Bürgermeistersfrau in einer Freiburger Polizeiwache mehrere Stunden vernommen hatte.
Der Bürgermeister selbst wurde auf einem Kongreß in Stuttgart ausfindig gemacht und erst einmal in Handschellen abgeführt. Nachdem jedoch etwa 200 Landräte, Bürgermeister und Politiker ihm ein Alibi verschaffen konnten, ließ man ihn - bereits nach wenigen Stunden - wieder laufen.
Nur der Vogtbauer war immer noch fest davon überzeugt, daß dieser »Lumpenseggel« sich wie alle Politiker wieder einmal erfolgreich aus der Affäre gezogen hatte.

»Was i g'säh hab, hab i g'säh«, gab Vogtbauer zu Protokoll, doch wie alle Beteiligten vermuteten, hatte er nichts gesehen.
Am Nachmittag meldete sich dann Markus telefonisch bei seiner Oma und meinte, er würde nur einen kleinen Ausflug mit seinem Vater machen, käme bald wieder zurück, und man möchte seiner Mutter nichts sagen.
Oma Steinhof bekam deswegen keine grauen Haare mehr, die hatte sie bereits, machte sich aber trotzdem große Sorgen.

Ilse hatte Tränenränder um die Augen, als sie mir im Café Dressler in Berlin gegenüber saß. Der erste Reflex von ihr war, sofort in den Schwarzwald zu fahren, um nach dem Rechten zu sehen.
»Was willst du im Schwarzwald, da ist Markus ja nicht mehr«, sagte ich.
»Aber ich muß mich doch darum kümmern«, widersprach sie.
»Um die polizeilichen Ermittlungen?«
Ilse schüttelte den Kopf: »Ich weiß, daß ich nichts machen kann, das macht mich ja so wuschig.«
Strafrechtlich nannte man dies Kindesentziehung. Dazu müßte man jedoch dem Vater List, Drohung oder Gewalt nachweisen, und sollte er mit Markus einen kleinen Ausflug nach Pakistan gemacht haben, so hatte der deutsche Kaiser sowieso sein Recht verloren. Ich selbst kam zu der Erkenntnis, daß es weitaus gefährlicher war, irgendwo in Berlin falsch zu parken, als ein Kind zu »entführen«. Das sagte ich aber meiner Freundin nicht.
»Ich habe es geahnt«, sagte sie nun zum wiederholten Male, »nur ich dachte, er wäre bei Oma sicher.«
Ich tröstete sie damit, daß der Junge den Vater ja mochte und zumindest nicht in Lebensgefahr schwebte.
Ilse ergänzte: »Die Polizei hat gesagt, er könne Deutschland nicht verlassen, sämtliche Flughäfen würden überwacht werden.«
»Ilsele, mein Liebling, der Schwarzwald ist eben ein unsicheres Pflaster«, versuchte ich sie aufzumuntern, »glaube mir, spätestens zum Schulbeginn ist dein Markus wieder zurück.«
Der Kellner fragte nach, ob wir noch etwas trinken wollten, und wir bestellten uns noch zwei Tassen Kaffee. Ich schüttelte den Kopf: »Der arme Bürgermeister. Kennst du eigentlich diesen Bauern, der ihn beschuldigt hat.«
Ilse lachte gequält: »Der Moosacker, der hat Augen wie ein Adler. Er

kann die Kirchturmuhr bei Nebel sehen und das noch um die Ecke herum.«
Ich blickte auf meine Armbanduhr und sagte: »Quatsch.«
»Nein, wirklich«, glaubte Ilse zu wissen, »als Kind war ich oft bei ihm und habe seinen Geschichten gelauscht. Bis auf die Minute konnte er die Zeit sagen, bis auf die Minute.«
»Ich will nicht streiten«, gab ich klein bei, »als Tatzeuge ist er jedenfalls ungeeignet.«
Ilse schaute mich zweifelnd an: »Vielleicht hat der Bürgermeister ja doch etwas damit zu tun. Der ist nämlich ein Flüchtling, wie Mutter erzählte, da weiß man nie.«
»Genau«, lachte ich, »so wird's sein.«
»Glaubst du nicht?«
»Doch, natürlich.«

Solche mittelschweren Katastrophen wie die mit Markus eignen sich im allgemeinen hervorragend, um von den eigenen Problemen abzulenken. Das heißt, meine Seele hatte nun genügend Gründe, mir zu signalisieren, daß ich mich erst gar nicht bei dieser Senatsdienstelle vorzustellen brauchte, weil ich mich um das Kind meiner Freundin kümmern müßte. Das war natürlich Unsinn, denn noch nicht einmal Ilse hatte eine Ahnung, wo Ashok sich mit dem Jungen herumtrieb.
Zudem konnte ich noch hoffen, daß dieser Windmann meine Bewerbung in den Wind schoß und das Arbeitsamt, wie von mir geplant, Arbeitslosengeld bezahlte.
Zwei Tage darauf, es war ein Donnerstag, hatte ich dann dieses Vorstellungsgespräch. Wo ich mich zu melden hatte, wußte ich durch Hans, der alles daran setzte, mich als Kollegen in sein Amt zu bekommen.
Ich meldete mich also bei der Senatsverwaltung für Inneres am Fehrbelliner Platz. Nachdem Ilse es bereits vor längerer Zeit abgelehnt hatte, meine Hemden zu bügeln, hatte ich mich mit wirklich bügelfreien Shirts eingedeckt. Ein solches schwarzes Sweatshirt hatte ich mir über den Kopf gezogen. Da dies zu einem klassischen Anzug nicht paßte, war ich folgerichtig auch noch mit einer schwarzen Jeans bekleidet - meine dunkle Leinenjacke vervollständigte das Bild.
Der Pförtner mußte wohl gemeint haben, es stände ein Räuber vor ihm, denn er zuckte zusammen, als dieser schwarze Mann vor der Scheibe seiner Loge auftauchte.

»Ich habe einen Termin mit Senatsrat Windmann«, meinte ich gleichgültig, und dann nahm das Schicksal seinen Lauf.
Der Herr Senatsrat hatte offensichtlich viel übrig für schwarzgekleidete Betriebswirte, die mit einer Karte vom Arbeitsamt kamen, denn er begrüßte mich freundlich, fast kollegial.
Natürlich hätte ich diesen Eindruck beinahe von jedem Menschen bekommen müssen, sah ich die Angelegenheit in Relation zu meinem ehemaligen Direktor.
»Kaffee?«
»Gerne, wenn es keine Umstände macht.«
Insgeheim ärgerte ich mich, daß die Sache so gut lief, wir uns wohl auf den ersten Blick sympathisch waren.
»Die Stelle ist auf drei Monate befristet«, eröffnete er das Gespräch und sah mich interessiert an.
»Das ist mir neu. Das hat das Arbeitsamt auch nicht gesagt.«
»Ich sage es Ihnen jetzt«, lachte der Beamte, »wenn die drei Monate vorbei sind, läßt sich der Vertrag in beiderseitigem Einvernehmen verlängern.«
»Um drei Monate?«
»Das muß man dann sehen. Mit einer entsprechenden Beurteilung kann daraus auch eine Festanstellung werden.«
»Ist ja toll«, sprühte ich vor geheuchelter Begeisterung.
Er erkundigte sich, inwieweit ich den fachlichen Anforderungen entsprach, und ob ich mir das neue Tätigkeitsgebiet zutrauen würde.
»Sie sind Angestellter, also kündbar, haben es aber überwiegend mit der Stellenbemessung für Vollblutbeamte zu tun. Wenn ich einmal so sagen darf.«
Ich verstand nicht recht.
Windmann erklärte weiter: »Die Innenverwaltung stellt praktisch den Personalbedarf für alle Senatsverwaltungen und die nachgeordneten Dienststellen fest...«
Er machte eine Kunstpause, vielleicht wollte er mir Zeit lassen, das Verwaltungsdeutsch zu verdauen. »Wir brauchen in Zukunft eine stromlinienförmige outputorientierte Verwaltung. Und dafür brauchen wir Leute, die analytisch denken können...«, er zeigte auf mich, »...und Ahnung von Kostenrechnung haben.«
»Ja, das sind die 20 Prozent«, rutschte es aus mir heraus.
»Was meinen Sie damit?« fragte er höflich lächelnd.

»Entschuldigung, das war eher ein Selbstgespräch.«
War mir das peinlich. Warum konnte ich mein vorlautes Mundwerk nicht halten? Warum konnte dieser freundliche Senatsrat nicht einfach sagen: ›Herr Flick, tut uns leid, aber wir haben bereits so viele Bewerbungen, da sind Sie bestimmt letzter‹?
Dafür sagte er jetzt: »Ja, Herr Flick, die Verwaltung muß mehr für den Bürger da sein. Und nun zu Ihnen, es sind da noch einige Bewerbungen, auch der Personalrat muß noch zustimmen. Aber ich werde alles, was in meiner Macht steht, dafür tun, damit Sie die Stelle bekommen.«
Ich lächelte verlegen: »Das ist doch nicht nötig.«
Er verstand das als gelungenen Spaß, ergänzte: »Trotzdem, ich denke, Sie sind ein Glücksfall für unser Amt.«
Hätte ich nur ein ungebügeltes Hemd angezogen. Doch es war zu spät. Ich wurde meinem zukünftigen Projektleiter vorgestellt, und es braucht an dieser Stelle nicht erwähnt zu werden, daß auch dieser Herr von mir begeistert war.
Jetzt noch auf Arbeitslosengeld zu hoffen, wäre verrückt gewesen. Ich fügte mich der Verdammnis, eine begehrte Arbeitskraft zu sein, und sagte: »Wann, Herr Windmann, kann ich mit einem Bescheid rechnen?«
»Das kann jetzt sehr schnell gehen«, verstärkte dieser meinen aufkommenden Frust.

Als Hans diese Neuigkeiten erfuhr, freute er sich, als hätte er im Lotto gewonnen.
»Mensch, Werner, wir sind ein Team, das Geschichte schreibt«, jubelte er.
Ich sagte: »Ich könnte auf diese Geschichte verzichten.«
Nach einer Woche hatte sich in puncto Markus-Entführung nichts getan, das Kind blieb verschwunden. Ilse, die nur halbtags arbeitete, bekam Schwierigkeiten mit ihrem Chef, weil sich der Streß auf ihre Arbeitsmoral auswirkte.
Ich dagegen bekam einen Brief vom »Der Senator für Inneres Berlin« und unterschrieb am Ende der Woche den Arbeitsvertrag für Anfang der Woche.

»Markus, wie geht es dir heute?«
Der Junge sah zu seinem Vater hoch, sagte kurz und wenig überzeugend: »Gut.«
»Du kannst gerne im Garten spielen«, meinte der Vater und zeigte mit

einer großzügigen Handbewegung auf die breiten Scheiben der Terrassentüren.
Der Junge schüttelte den Kopf: »Es ist mir zu heiß draußen.«
Ashok lachte: »Daran gewöhnst du dich schnell. Du hast pakistanisches Blut in den Adern.«
Markus sagte nichts und saß weiterhin mit gesenktem Kopf auf der elfenbeinfarbenen Ledercouch.
»Wie kommst du mit dem Mädchen zurecht?«
»Gut.«
»Das ist jetzt deine Angestellte«, prahlte der Vater, »benötigst du etwas, so mußt du es ihr nur sagen, und sie wird dir gehorchen.«
»Sie versteht mich ja nicht«, maulte Markus fast unhörbar.
»Was hast du gesagt?« Der Vater beugte sich zu seinem Jungen hinab.
Dieser schüttelte den Kopf: »Nichts, ist schon gut.«
»Carpe Diem, nutze den Tag, mein Sohn«, Ashok richtete sich wieder auf, »nächste Woche kommt dein Lehrer. Du mußt die Sprache deiner Heimat lernen.«
Markus nickte verzagt.
Der Vater ging, brüllte etwas durch die weite Halle des Hauses und verließ das Gebäude in Richtung Garagen.
Wann würde nur Mutter kommen? Und warum sollte er nun diese komische Sprache lernen? Noch nicht einmal die Schrift hatte richtige Buchstaben. Er war Berliner, Berlin war seine Heimat und nicht Pakistan. Hier in diesem fremden Land war ihm dies ganz klar. Er mochte diese Hitze nicht, sie erschien ihm unerträglich. Er mochte diese Leute nicht, die mit ihren dunkelbraun gebrannten Gesichtern unter diesen weißen Tüchern vorlugten. Nur ganz selten hatte er jemanden gesehen, der so modern gekleidet war wie sein Vater.
»Nach einer Woche kannst du wieder zurückfliegen, wenn es dir nicht gefällt«, hatte sein Vater gesagt. Nur deshalb war er bereitwillig mitgegangen. Gefallen hatte es ihm aber bereits nach einem Tag nicht mehr. Denn er durfte hier das Grundstück nicht verlassen. Es wäre zu gefährlich, hatte Papa gesagt.
Ringsherum befanden sich sehr hohe, weiß getünchte Mauern. Noch nicht einmal durch die kleinen runden und vergitterten Fenster in der Mauer konnte er schauen, die waren zu hoch oben.
Oma hielt wenigstens zu ihm. Da war sich Markus sicher. Oma würde nie seiner Mutter etwas erzählen. Wäre er also spätestens nach einer Woche

zurückgebracht worden, so wäre alles gut gewesen. Er hätte dann ja immer noch vier Wochen Ferien im Schwarzwald gehabt. Da hätten seine Freunde aber gestaunt, wenn er ihnen erzählt hätte, daß er mal eben heimlich nach Pakistan geflogen wäre.
Nun aber war schon längst alles ganz anders. Vater hatte gesagt, Mutter würde ihn hier abholen. Aber Mama war bestimmt furchtbar böse. Vielleicht sollte er Oma nochmals anrufen.
Auf dem fast zehn Meter langen Seitboard an der Längsseite der Halle stand ein alter Apparat. Solch einen Telefonapparat hatte Markus schon einmal in Berlin bei einem Trödler gesehen, der war aber kaputt, wie der Trödler gesagt hatte. Hier jedoch funktionierte dieser alte Kasten noch. Markus stand auf, lief die zehn Schritte bis zum Telefon. Allein dieses Wohnzimmer war größer als die gesamte Wohnung in Berlin.
»Eines Tages gehört das alles dir«, hatte ihm Papa erzählt.
»In Berlin warst du nie reich«, hatte Markus erwidert, »hast dir immer von Mama Geld gepumpt. Warum bist du hier so reich?«
Geduldig hatte Vater ihm das erklärt, doch er hatte es nicht ganz verstanden. Alles, was es hier gibt, die beiden großen Autos, das Haus, überall die vielen Waffen, all das gehörte wohl dem dicken alten Mann, der Markus' Opa sein soll. Wenn jetzt der Opa tot wäre, gehörte alles seinem Vater und dann mal später ihm. Oma hatte im Schwarzwald ja auch ein Haus, war aber trotzdem nicht reich. Daß dieser Dicke mit Bart nun sein Opa war, glaubte Markus nicht. Opas sind nämlich gut und freundlich, dieser aber war böse und schrie immer nur alle an, so daß alle Menschen Angst vor ihm hatten. Noch nicht einmal guten Tag hatte er zu ihm gesagt. Was war das also für ein Opa? Vor allen Dingen kein richtiger!
Markus kramte nach dem Zettel mit der Telefonnummer von Oma in seiner Hosentasche. Die eine Null mußte man weglassen und vor die Zahl die Vorwahl von Deutschland setzen. Das hatte er, als sein Vater nach Deutschland telefonierte, beobachtet. Irgendwo in einem der Notizbücher, die hier lagen, stand diese Vorwahl drin. Nervös blätterte der Junge in den kleinen Büchern, die alle einen goldenen Rand hatten. Lesen konnte er außer ein paar Zahlen gar nichts, denn alles war in dieser komischen Schrift geschrieben.
Hier endlich, glaubte er die Nummer gefunden zu haben. Markus nahm den großen Hörer ab. Wählte mit zitternden Fingern. Lauschte immer wieder nach oben, weil dieser dicke Opa bestimmt schimpfen würde. Jetzt nahm er den Hörer ans Ohr. Der Junge hörte nur ein Rauschen.

Vielleicht hatte er nicht richtig gewählt. Er wählte nochmals von vorn. Vergaß, zuvor die Gabel zu drücken. Bemerkte den Fehler und legte auf. Rechts von ihm befand sich eine stählerne Wendeltreppe, die in die oberen Räume führte. Markus glaubte, etwas gehört zu haben, ließ alles liegen und spurtete zu der weiträumigen Sesselgarnitur vor den Terrassenfenstern, sprang darauf und tat so, als würde er nur so rumlümmeln.
Tatsächlich, der komische Opa kam die Treppe herunter. Markus erkannte seine blauen Hosen mit den Goldstickern an der Naht, dann die Bommeln seines breiten Tuchgürtels. Doch der Alte kam nicht bis ganz nach unten, er bückte sich nur, schaute schnaufend in die Wohnhalle hinunter, warf, so schien es, einen kurzen Blick zum Telefon und stampfte wieder nach oben.
Das war ja noch mal gutgegangen. Dieser Opa hatte nichts gemerkt.
Der 11jährige ging zurück an den mittelalterlichen Apparat. Schade, er hatte in der Aufregung das Buch mit der Vorwahl wieder zugeklappt.
Endlich konnte er wählen. Markus nahm nochmals den Hörer an das Ohr, lauschte. Komisch, telefonierte man zu Hause, kam nach dem Wählen immer ein Ton. Hier aber hörte man nur ein Rauschen und Tickern. Vielleicht klingelte es ja bei Oma? Markus wartete. Gerade wollte er auflegen, da hörte er ganz deutlich und gar nicht weit entfernt Omas Stimme: »Pension Steinhof.«
»Oma?« fragte der Junge ganz laut.
Keine Antwort.
»Oma!«
In der Leitung knackte es. Dann kam ein unterbrochenes sonderbares Piepen. Markus legte auf. Verdammt, oben ging wieder eine Tür.
Wie bereits erprobt, sprang der Junge zurück auf die Ledercouch. Jetzt kam der Alte nach unten, schrie fürchterlich einen ganz langen Satz. Markus verstand nur ein einziges Wort, es klang so ähnlich wie »Telefon«. Was war los?
Dieser schreckliche Opa nahm nun den Apparat, riß daran. Eine junges Mädchen eilte ins Zimmer. Markus drehte sich auf den Bauch, um das Geschehen über die Lehne der Couch linsend, besser beobachten zu können.
Mit einem Ruck gab der Alte nun dem Mädchen das große Telefon. Sie verbeugte sich wortlos und lief mit dem Gerät in aller Eile davon.
Die blecherne Vibration der stählernen Wendeltreppe, die der Dicke beim Hinaufsteigen verursachte, war noch nicht verklungen, da war sein En-

kel bereits wieder an der Stelle, an der der Apparat gestanden hatte. Rot, blau und gelb-grün gestreift sprossen die Drähte aus dem sonderbar geflochtenen, schwarzen Mantel des Telefonkabels. Dieser dicke Mann hatte mit seinen Bärenpranken einfach die Telefonschnur durchgerissen. Einfach so, und das Telefon war weg und jetzt wohl kaputt.

Das Gefühl, das jetzt den Jungen beschlich, kannte er nicht. Mutter hatte immer geschimpft, wenn ihr etwas nicht paßte. Wurde er dann frech, so schlug sie ihm auch schon mal eine hinter die Ohren. Aber was war das? Niemand hatte ihn angesprochen, etwas verboten, und trotzdem wußte der Junge: Es war verboten, nach Hause zu telefonieren. Nein, viel schlimmer, es war ihm ab heute unmöglich geworden.

Ich hatte einmal einen Kollegen, der früh morgens aufwachte und links oben einen leichten Zahnschmerz verspürte. Nicht schlimm, doch für einen kultivierten Menschen Grund genug, sich sofort beim Zahnarzt einen Termin geben zu lassen. Da Schmerzpatienten immer bevorzugt behandelt werden, kam er auch am Nachmittag desselben Tages dran. Am Abend, die Betäubung war abgeklungen, hatte er derartige Schmerzen, daß er an der Zimmerdecke hätte entlang laufen können. Am nächsten Tag meinte der Zahnarzt: »Ich weiß jetzt, wo es Ihnen weh tut« und operierte ihm den Weisheitszahn heraus. Diese Wunde entzündete sich dann, fing an zu pochen und klopfen, doch der Zahnarzt hatte wieder Feierabend.

Auf das zusätzlich in der Apotheke eingekaufte Schmerzmittel reagierte mein Kollege allergisch, und nach einem dreitägigen Krankenhausaufenthalt war er dann nach 14 Tagen wieder arbeitsfähig.

»Was haben Sie denn gehabt vorletzten Montag?« fragte sein Chef.

»Nur einen leichten Zahnschmerz«, antwortete mein Kollege wahrheitsgemäß.

Diese Geschichte fiel mir ein, als ich an jenem Freitagmorgen nach dem Aufstehen in der Nierengegend ein leichtes, aber stetes Ziehen spürte. Trotzdem ging ich zu dem Internisten, der zwei Häuser rechts in meiner Straße seine Praxis neu eröffnet hatte. Als ich nun gegen Mittag ins Sprechzimmer gebeten wurde, musterte mich der Arzt vorwurfsvoll, denn mein Schmerz war durch das Sitzen im Wartezimmer verschwunden.

»Tiss, Tiss«, machte der promovierte Mediziner und meinte dann: »Damit ist nicht zu spaßen.«

Mehmet, der Kebabtürke an der Ecke, hatte genau den gleichen Satz

gesagt, und ich bemerkte dies beiläufig. Was der richtige Arzt natürlich ignorierte.
Nachdenklich sah er mir in die Augen, dann stellte er ein Rezept aus: »Habe Ihnen da mal einen Tee aufgeschrieben, drei Liter am Tag müssen Sie davon schon trinken.«
»Bier soll doch gesund sein.«
»Kann ich Ihnen nicht verschreiben. Zudem ist kaltes Bier eher schädlich.«
Na gut. Schmerzen hatte ich keine mehr, und so verließ ich behandelt und guter Dinge die Praxis, um mich ins Wochenende zu stürzen.

Gegen alle Beschwichtigungsversuche meinerseits war Ilse, wie ich feststellte, nun doch zu ihrer Mutter in den Schwarzwald gefahren.
Ich genoß also mein erstes richtig freies Wochenende, das sich natürlich von all den anderen ebenso freien Weekends nur unwesentlich unterschied. Aber vieles ist eben eine Frage des Denkens.
Am Samstagabend ging ich bereits eine Stunde vor Mitternacht ins Bett, weil überall, wo ich frohgelaunt erschien, nichts los war. Dafür war die Kreuzberger Nacht am Sonntag nach einem langsamen Anfang derart lang, daß ich mir ernsthaft überlegte, ob es sich rentieren würde, überhaupt noch ins Bett zu gehen.
Montag morgen, 6.30 Uhr, hatte ich das Gefühl, überhaupt nicht geschlafen zu haben, und zerrte meinen geschundenen Körper aus dem Bett. Das fing ja gut an.
Normalerweise fuhr ich innerhalb Berlins nur mit öffentlichen Verkehrsmitteln. Jetzt, unausgeschlafen, die Verbindung nicht richtig kennend, entschloß ich mich, ein Taxi zu nehmen, was auch zuverlässig Punkt 7.30 Uhr zufällig bei mir am Haus vorbeifuhr, auf daß ich nur noch zu winken brauchte.
Als der Taxifahrer meinen tragbaren, aber doch sehr großen Fernsehapparat im Kofferraum verstaute, konnte er es sich nicht verkneifen und frotzelte: »Na, hat Sie Ihre Alte rausgeschmissen?«
»Wie kommen Sie denn darauf?«
»Na, mich geht's ja nichts an. Aber wie Sie ausschauen? Und dann noch die Möbel dabei?!«
Ich sagte nichts, lachte verlegen und dachte: ›Dieses Arschloch.‹
»Wo soll's denn hingehen?«
»Senator für Inneres, Fehrbelliner Platz 1«, murrte ich.

»Aha, mal ein Typ vom Verfassungsschutz.« Er fixierte mich dabei im Rückspiegel. »Das ist wohl von euch Typen die Tarnung.«
»Nein«, klärte ich auf, »das ist die Innenverwaltung.«
»Ach so nennt man das jetzt: Innenverwaltung. Aber mich geht's ja nichts an. Von mir aus kann jeder machen, was er will...«
Ich gähnte und verspürte ein leichtes, aber dauerhaftes Ziehen in der Nierengegend. Hätte ich mir nur den Tee besorgt, warf ich mir vor.
»Halten Sie doch mal kurz bei einer Apotheke«, unterbrach ich den Kutscher, der gerade etwas von seinem Lieblingspolitiker erzählte, den er, hätte er die Macht usw. ...
Mein Taxifahrer hatte sie aber nicht, diese Macht, dafür fuhr er gerade über eine rote Ampel und an einer Apotheke vorbei.
»Hier war eine!« rief ich verärgert.
»Jetzt ist es zu spät. Wenn Sie mir nicht die genaue Adresse sagen können, ist das sowieso schwierig. Die einzige Apotheke, die ich kenne, liegt in Potsdam. Kennen Sie eigentlich...«
›Puh‹, dachte ich.
Um acht wäre ich pünktlich gewesen, viertel vor acht wäre es angebracht erschienen, fünf Minuten nach acht meldete ich mich mit einer Tüte Nierentee in der linken und meinem Fernsehapparat in der rechten Hand beim Pförtner meines neuen Arbeitgebers.
»Flick«, sagte ich wieder einmal, erzählte mein Anliegen und wurde weitergeleitet.
Der Senatsrat war guter Dinge und streckte mir die Hand entgegen. Ich stellte den Fernsehapparat ab und entgegnete seine Freundlichkeit.
»Was haben Sie denn da mitgebracht?« sagte er beiläufig.
»Ja, das ist, äh...«
Er blieb nicht stehen, wollte es wohl auch gar nicht wissen. Hätte er gewußt, daß ich den festen Willen besaß, genau dieses TV-Gerät innerhalb der nächsten 50 Minuten unter meinem Schreibtisch zu installieren, seine Welt wäre zusammengebrochen. So aber dachte er sich wohl, ich wollte nach Feierabend noch bei der Reparaturwerkstatt vorbei. Denn gesagt hatte er: »Die Sachen können Sie getrost im Auto lassen, der Parkplatz ist bewacht.«
»Ah ja«, gab ich zum besten.
Wir betraten das Zimmer, das für die nächste Zeit mein Büro darstellen sollte.
»Das ist Herr Flick«, meinte der Rat zu einer etwas griesgrämig erschei-

nenden Frau, die weder zur Begrüßung aufstand noch sonst etwas sagte und Frau Papaschinsky hieß.
Herr Windmann steuerte den leergeräumten Schreibtisch im Zimmer an: »Frau Papaschinsky überarbeitet die Fallzahlen beim Wirtschaftsamt, hat also mit Ihnen so direkt nichts zu tun.«
Das Zimmer war groß, größer als ich es erwartet hatte, und wurde in den unteren anderthalb Metern von einer dunklen Holztäfelung umrahmt. Edel sah die Täfelung aus. Die einfach furnierten, hellen Schreibtische wirkten dagegen noch primitiver, als sie es in Wirklichkeit waren. Windmann erkannte diesen Designbruch wohl gar nicht, dafür wußte er sämtliche Vorschriften auswendig: »Sie haben Anspruch auf einen größeren Bürostuhl mit Armlehne.«
Ich staunte.
»Ich kümmere mich darum«, versicherte er, ließ die Schreibtischrolläden einmal nach unten sausen und stellte zufrieden fest, daß alles wie geschmiert lief.
»Halten Sie sich dann einmal so gegen 13 Uhr für mich zur Verfügung, Ihr Projektleiter wird dann auch schon da sein, der hat heute morgen einen Außentermin.«
»Sehr wohl«, bestätigte ich und fragte gleichzeitig: »Kann man den Schreibtisch in die Ecke stellen?«
Das begriff Windmann nicht, denn der Schreibtisch stand korrekt, parallel und mittig zur Wand. Deshalb schaute er nun in die falsche Ecke und meinte dann: »Richten Sie sich ein, wie es Ihnen gefällt. Frau Papaschinsky kann Ihnen ja behilflich sein.«
»Herr Windmann?« meldete sich meine neue Zimmerkollegin mit empörter, spitzer Stimme, »das kann ich beim besten Willen nicht. Wissen Sie eigentlich, wieviel Arbeit wir diesen Monat haben?«
Windmann lachte, drückte ein Auge zu und sagte zu mir halblaut, aber verständlich: »Frau Papaschinsky ist seit 43 Jahren bei uns im Amt, wenn sie nächstes Jahr ausscheidet, wissen wir gar nicht, wie es weitergehen soll.«
Dann machte er, daß er wegkam.

Ich befand mich im höchsten Trainingszustand, den man für unliebsame Kolleginnen und Kollegen oder unangenehme Vorgesetzte braucht. Ich hatte jahrelang einen Direktor vor und hinter mir, der wohl mit Sicherheit geisteskrank und auf keinen Fall angenehm war.

Ohne diese Frau um Hilfe zu bitten, rutschte ich mit Geschick meinen Schreibtisch in die Ecke am Fenster. Es splitterte wohl etwas Furnier, was ich in Anbetracht des höheren Zwecks heiligte. Das Licht fiel jetzt günstiger, ich saß nach zwei Seiten geschützt in der Ecke, und mein Fernseher hatte einen naheliegenden Stromanschluß. Was wollte ich mehr?

Angela, so hieß Frau Papaschinsky mit Vornamen, hatte natürlich schon lange mit ihrer Arbeit aufgehört. Etwas geduckt beobachtete sie mein Räumen und Wirken. Unheil drohte dem Amt, wenn nicht Vernichtung, das wußte sie, und sie nahm sich wohl bereits an diesem Montagmorgen vor, dies auf keinen Fall zu dulden.

Ich suchte mir unterdessen die Kaffeeküche, die sich ja irgendwo auf dem Flur befinden mußte, und im dortigen Schrank einen großen Pott. Ich fand so etwas Ähnliches, ließ Wasser einlaufen und stellte den Kochtopf auf den Elektroherd. Immerhin mußte ich noch heute während der Arbeit drei Liter Nierentee trinken. Da ich die Teebeutel vergessen hatte, eilte ich zurück in mein neues Büro.

Frau Papaschinsky war verschwunden. Oder doch nicht? Nein, sie kauerte mit dem Kopf unter meinem Schreibtisch. Als sie mich hörte, schreckte sie hoch, stieß sich fürchterlich den Schädel an der Unterseite der Schublade und kam desorientiert nach oben.

»Entschuldigung«, sagte ich breit grinsend.

»Ein Fernseher?« Ihr Mund blieb offen.

»Ja«, ich lächelte noch unverschämter, »der ist Bestandteil meines Dienstvertrages.«

»Ein Fernseher!«

»Schön, was?« ich drückte mich an ihr vorbei, »gut daß Sie mich erinnern«, ich schaute auf die Uhr und setzte mich auf meinen Bürostuhl: »Jetzt geht's los.«

Mit dem Fuß schaltete ich ein, richtete die Antenne aus, und schon flimmerte die Direktübertragung mit den Börsenkursen.

Die Papaschinsky schüttelte den Kopf.

»Wir kennen uns übrigens«, log ich. Sie war nämlich eine spindeldürre, spitznäsige Frau. So etwas Krankes und Abgemagertes hatte ich in meinem Leben sicher noch nie gesehen. Trotzdem wiederholte ich: »Wir kennen uns, Frau Papaschinsky, und zwar sehr gut.«

Ich sagte das drohend, gefällig für die Wirkung, die Stimme mit leisem Unterton.

Sie hatte sich wieder an ihren Schreibtisch gesetzt. »Ich wüßte nicht woher.«
»Ihr Hausschuh, Frau Papaschinsky.« Sie hatte ihren hier verloren. Ich haßte Hausschuhe im Amt und warf ihn, zielgerichtet und mit wohl dosierter Schwungkraft, direkt vor ihre Füße.
»Tun Sie das nie wieder«, sagte ich noch grollender.
Sie sagte irritiert: »Was bitte?«
»Sie wissen schon!«
Dann machte ich mich fort, das Wasser für den Tee kochte.
Da sich bis zum Mittag niemand dienstlich um mich kümmerte, hatte ich genügend Gelegenheit, mich von Hans durch das Amt führen zu lassen, meinen Tee zu trinken, die Aktienkurse zu verfolgen und die Mitteilungen am Schwarzen Brett zu lesen. Nun gut, bis jetzt war es auszuhalten.

Am darauffolgenden Freitag hatte ich drei Schlachthöfe besucht, war mit einem Veterinärdirektor bei irgendwelchen Rindviechern zu Gast gewesen, denen er in den Hintern sah, wovon ich mir amtlicherseits ein Bild machen mußte, wieviel Zeit er denn für diese Tätigkeit benötigte. Wenn Bürokratie die Bürokratie überwacht, ist dies natürlich etwas völlig anderes, als wenn ein Unternehmer das Fließband schneller laufen läßt.
Wäre z. B. durch meine Beobachtung herausgekommen, daß der Herr Veterinärdirektor eine Kuh mehr pro Tag untersuchen könnte, als er dies tat, so hätte er eine Überlastungsanzeige geschrieben, und ein langes, bürokratisches Tauziehen um diese Kuh hätte begonnen.
Trotzdem versuchte ich, die von mir gesprächsweise erwähnten 80 Prozent Reibungsverlust der staatlichen Bürokratie irgendwie zu senken. Noch hatte ich kein einziges Promille geschafft, eher durch Unwissenheit über den Apparat diesen Reibungsverlust noch erhöht. Doch es gefiel mir immer mehr.
Viele neue Erkenntnisse über die Dinosaurier der Ämter sammelte ich in dieser Zeit wohl nicht, aber das eine Fossil, das mir in einiger Entfernung gegenüber saß, war eine stete Bedrohung für mein Wohlbefinden. Da sie, wie ich feststellte, bereits vor 7 Uhr erschien, saß ich plötzlich bereits um 6.30 Uhr am Schreibtisch. Sie sagte nicht mehr guten Morgen, sie fauchte nur noch, denn die Verbindung mit öffentlichen Verkehrsmitteln verbot es ihr, noch früher zu kommen.

»Flick«, sagte darauf Windmann, »Sie bringen die Papaschinsky noch ins Grab.«
»Wir haben das beste Verhältnis«, sagte ich mit einem erstaunten Augenaufschlag.
»Das will ich meinen«, er lachte verbittert, »irgendwie werden wir auskommen, wenn Sie Ihre Arbeit machen. Nur bedenken Sie, Sie haben nur einen dreimonatigen Vertrag, da darf nicht soviel Wind gemacht werden, damit ich den verlängern kann.«
»Kein Wind, Herr Windmann«, versprach ich.
»Ach, noch etwas«, hielt er mich fest, »was würden Sie denn zu Fiat-Aktien sagen. Sie kennen sich doch da bestens aus.«
»O ja«, sagte ich, »das läßt sich gut an. 10.000,- müssen Sie aber anlegen, sonst rentiert sich die Spekulation nicht.«
»Wo sind Sie Montag?«
»Hier im Amt, wir haben den Schlachthof abgeschlossen.«
»Dann komme ich Montag mal bei Ihnen vorbei. Sie wissen, des aktuellen Kurses wegen.«
»Schönes Wochenende.«
»Schönes Wochenende«, grüßte auch er.

Als meine Anstellung sich nach drei Monaten in ein unbefristetes Angestelltenverhältnis wandelte, hatte mein Chef mit meinen Aktienempfehlungen etwas über 2.500,- DM realisiert. Das gab er nicht zu, und beeilte sich stets zu behaupten, er würde nur spielerisch ohne Einsatz mitschreiben, aber das war natürlich gelogen.
Mein Projektleiter hatte ebenfalls satte Gewinne erzielt, nur Hans und ich mußten die Siemens-Optionen verfallen lassen und hatten im Gegenwert mehr Verlust, als ein Kleinwagen kostet. Hans weniger, dafür schuldete er mir eine Menge Geld.
In dieser Not wurden natürlich die von ihm vorgeschlagenen und noch nicht bankrott gegangenen Pläne immer mehr in den Vordergrund gerückt.
Ich aß gerade ein Filet in unserem Stammrestaurant: »Das muß auch aufhören, diese Fresserei hier. Ab morgen esse ich in der Kantine.«
»Quatsch nicht, armer Mann«, kaute Hans mich an, »das Problem sind nicht die hohen Ausgaben, das Problem sind die zu niedrigen Einnahmen.«
»So kann man es auch sehen«, ich schluckte, »nur, das hilft mir wenig.«

»Doch, das ist eine Philosophie!«
»Deine!«
»Na und?«
»Na, du bist ja doch nur Pleite«, schlug ich ihm ins Gesicht.
»Mensch, Werner, da hast du wieder einmal vollkommen recht. Das mit den Fiat-Aktien zum Beispiel...«
Ich wußte zuerst gar nicht, was er wollte, schaute ihn unverständig an: »Und?«
»Ja, der Tip ist von mir. Nur, du wußtest es besser. Dann hatte ich von Siemens-Optionen abgeraten, nur Herr Flick wußte es besser. Willst du noch etwas hören?«
»Tu dir keinen Zwang an«, sagte ich zerknirscht.
»Die Sache mit deiner Arbeitsstelle hier. Das war mein Tip. Und mein Deal mit dem Windmann. Oder glaubst du im Ernst, daß das sonst im öffentlichen Dienst so einfach geht?«
»Ist ja gut«, sagte ich. »Und nun?«
Hans stippte mit dem Weißbrot das Olivenöl vom Teller, machte eine lange Pause. Künstlerpause nennt man das. Dann fragte er unvermittelt: »Wie geht's deiner Ilse?«
Ich wußte nicht, was das nun mit unserem Gespräch zu tun hatte, sagte aber wahrheitsgemäß: »Nicht gut. Der Junge ist nicht zurück. Sein Vater hat ihn nach Pakistan verschleppt, und die deutschen Behörden sind machtlos.«
»Ihr müßt das Auswärtige Amt einschalten«, riet mein Kumpel.
»Ja, ja«, sagte ich, »das wurde bereits alles in die Wege geleitet. Nur geholfen hat es gar nichts.«
»Die arme Frau.«
Da war nun irgend etwas faul. Menschen wie Hans sagen nie »die arme Frau«. Ich lauerte und lauerte, jeder Muskel in mir spannte sich an. Meine Nieren schmerzten wieder. Was hatte er vor?
Schweigen.
Dann sagte er: »Komm, trink noch einen Schluck.«
»Der Wein ist gar nicht gut für meine Nieren«, behauptete ich und stieß trotzdem mit ihm an.
»Okay«, ließ er die Katze aus dem Sack, »ich habe gestern mit Ilse gesprochen...«
Er sah mein erstauntes Gesicht, beschwichtigte sofort: »Nicht wie du denkst, das war zufällig, bei Hertie im Casino. Also, wir holen den Jun-

gen aus Pakistan raus, fahren nach Indien, verkaufen das Silber, machen eine Menge Moos und, mein Freund, es ist mächtig was los.«
Hans lehnte sich zurück, wartete auf irgendwelche Ovationen und verbeugte sich dann leicht.
»Was sagst du nun?« bohrte er.
Ich dachte an Ilse, ich dachte an meine verpaßte Erholungszeit als Arbeitsloser, ich dachte an das Unrecht, das solche Typen wie Ashok Müttern und Kindern immer wieder zufügen, und mich reizte natürlich das Spekulationsgeschäft.
Hans hatte alles erwartet, diese Antwort jedoch nicht, denn ich sagte: »Gut. Laß es uns planen und dann aber auch tun.«
»Das ist ein Wort!« Er gab mir die Hand und stieß dabei die kleine Blumenvase auf dem Tisch um. Zum Glück war kein Wasser darin.

Hans stand vor meinem Wohnmobil und rümpfte die Nase.
»Will der den kaufen?« piepste Eberhard und zog an meiner Hose, um sich Gehör zu verschaffen.
Ich schüttelte den Kopf, sagte zu Hans: »Daß du da wieder etwas daran auszusetzen hast, hätte ich mir ja denken können.«
»Verkaufst du das Auto?«
Ich bückte mich zu dem kleinen, drängelnden Jungen hinunter: »Nein, Eberhard, mein Kollege will das Auto nicht kaufen, es ist ihm nur zu klein.«
Mein Nachbarkind machte große Augen und nickte mehrere Male wissend mit dem Kopf. »Darf ich Busfahrer spielen?«
»Natürlich, du kleiner Quälgeist«, lachte ich und hievte ihn auf den Beifahrersitz: »Rutsch rüber.«
»Alles roger!« strahlte der Junge und schlenkerte in Richtung Fahrersitz.
Ich überzeugte mich, daß die Handbremse angezogen war, den Zündschlüssel hatte ich in der Hand.
»Also, damit kommen wir nie nach Indien«, meinte Hans und rümpfte nochmals die Nase, »zu klein und nicht ausbaufähig.«
»Was heißt denn ›nicht ausbaufähig‹? Das Ding ist fertig und ausgebaut. Da ist alles drin: Spüle, Chemietoilette, zwei Betten, Schrank, Tisch, Stuhl und Bank.«
Ich tätschelte das hellbraun lackierte Blech meines Gefährts: »Der ist jetzt fünf Jahre alt und auf langen Strecken zu Hause.«
»Ja, ja. Mit dem bist du mal in den Schwarzwald gefahren...«

»Nicht nur einmal!«
»Okay. Auch mal auf der Autobahn nach Spanien. Aber verstehst du denn nicht, Werner, wir wollen nach Pakistan, nach Indien, nach Nepal. Da gibt es Schlaglöcher, die sind tiefer als zwei Vorderräder deines Wohnmobils zusammen.«
»Ich dachte, wir fahren Autobahn«, sagte ich trotzig.
»Mensch, Werner«, winkte mein Kumpel ab, »wir kennen doch alle die alte Transitstrecke Berlin - Hamburg...«
Ich wußte nicht, was das mit meinem Wohnmobil zu tun hatte, bejahte aber widerwillig.
»...na eben«, fuhr er fort, »gegen unsere Reise nach Indien, ist die alte Transitstrecke Berlin - Hamburg eine spiegelblank polierte Fläche. Verstehst du?«
Ich trotzte: »Aber die Wohnmobile sind alle so.«
»Die von der Stange vielleicht«, gab mir Hans recht, »wir aber brauchen einen Lastwagen, einen Unimog oder so etwas ähnliches.« Hans ging in die Hocke, nahm ein Stöckchen und zeichnete in den Staub der Umrandung des naheliegenden Straßenbaumes die Umrisse eines Sattelschleppers.
»Mann, hast du kein Papier«, nörgelte ich angewidert, »das sind hier die Toiletten der Straßenköter.«
»Warum, siehst du was? Alles sauber. Die Hunde kacken doch mitten auf den Bürgersteig.«
»Puh«, schnaufte ich und bückte mich nach seiner Skizze.
»Siehst du«, Hans zeichnete einen großen Quader auf das skizzierte Fahrgestell seines Lastwagens, teilte den Aufbau in drei gleiche Teile, »Küche und Dusche, Wohnzimmer, Schlafraum.«
Ich sagte nichts mehr, schüttelte nur noch den Kopf. Das war ein Containerfahrzeug der Bundesbahn, das Hans da gemalt hatte, aber kein Wohnmobil.
In meiner Nierengegend verspürte ich wieder dieses leichte, ekelhafte Ziehen. Verzog das Gesicht, richtete mich auf und faßte mir mit beiden Händen in die Flanken. Hans bezog diese Reaktion auf unser Gespräch: »Das mag dir passen oder nicht. Wenn wir kein geländegängiges Fahrzeug haben, kommen wir gerade einmal bis in die Türkei, wenn überhaupt.« Er legte den Kopf schief, als wolle er meine Körperhaltung begutachten: »Geht's dir nicht gut? Schwankst du?«
Ich schwankte nicht, da war ich mir sicher. Trotzdem tastete ich nach der

Seitenwand meines Wohnmobils, wollte mich daran abstützen. Ich schwankte wohl doch. Nein! Das Wohnmobil fuhr!
»Eberhard!« brüllte ich und spurtete nach der immer noch offenen Beifahrertür, bekam sie seitlich zu fassen, konnte das Fahrzeug nicht stoppen. »Brumm, brumm«, hörte ich den Kleinen.
»Bremsen!« schrie ich. Das war unnötig. Die Beifahrertür wollte zuschlagen, ich bekam den Griff mit der linken Hand zu fassen. Dann gab es ein überlautes, fürchterliches Geräusch. Ich hörte noch das Knautschen und Splittern, merkte, wie sich das riesige Wohnmobil abhob und wie in Zeitlupe nach vorne links entschwebte: ›Mein Gott‹, dachte ich noch, dann saß ich auf den kleinen, aber harten Pflastersteinchen, die rechts und links die Lücke zwischen Gehwegplatten und Bordsteinkante umrahmten.
Nierenschmerzen hatte ich keine mehr.
Eberhard weinte. Der Aufprall schockte ihn doch ein wenig. Und Hans lachte schallend.
Ich rappelte mich wieder hoch, rieb mir das verstauchte Handgelenk und sah nach dem Kind: »Hast du dir weh getan?«
Er schüttelte den Kopf, weinte aber zur Vorsicht weiter. Ich sagte: »Hör auf zu weinen. Komm schnell raus, wenn das jemand sieht, ist der Teufel los.«
»Was ist das, der Teufel los?« piepste mein Hobbyfahrer.
Das brauchte ich nicht mehr zu erklären, der Teufel stand schon hinter mir.
»Das ist ja unverantwortlich! Ich habe alles genau gesehen«, der Passant fuchtelte erregt mit seinem Spazierstock.
Hans sagte: »Komm, gib mir den Schlüssel.«
Ich nahm den Steppke aus dem Fahrerhaus und hob ihn auf meinen Arm: »Kümmern Sie sich um Ihren eigenen Scheiß.«
»Ist das der Teufel?«
»Nein«, antwortete ich, »das ist ein alter Griesgram, der vergessen hat, daß er auch mal ein Kind war.«
»Polizei!« rief dieser und lief schnurstracks in Richtung des türkischen Obstladens, indem er ein Telefon vermutete.
Frau Schröder, die Mutter des Jungen, kam völlig aufgelöst aus dem Haus gerannt: »Mein Gott, Herr Flick...«
Hans fuhr mit einem leichten Ruck an, mein Wohnmobil entkeilte sich von dem Mercedes Benz, dann stand es wieder ordentlich eingeparkt.

Die trotz der sommerlichen Temperaturen schwarz gekleidete Frau des Obsthändlers rief nach ihrem Gatten, der mit einem großen Fleischermesser in der Hand aus einem der hinteren Räume seines Ladengeschäftes nach vorne eilte.
»Nix Polizei!« sagte er als erstes und ließ den beschwerdeführenden Rentner einfach stehen.
Ein Strahlen machte sich auf dessen Gesicht breit, da er offensichtlich vermutete, der Türke greife zur Selbstjustiz, das Messer war ja auch lang genug.
Ich hatte mir in der Zwischenzeit den entstandenen Schaden angesehen. Trotz der für die Indienfahrt wohl zu niedrigen Bodenfreiheit war das Wohnmobil dann doch so hoch, daß dessen Stoßstange die Rücklichter des Personenwagens demolieren konnte.
»Meine Schuld, Frau Schröder«, tröstete ich meine Nachbarin, »ich habe wohl die Handbremse doch nicht richtig angezogen...«
»Bums den Teufel«, sagte Eberhard, der auf den Arm seiner Mutter gewechselt war, und zeigte in Richtung Rentner.
Hans lachte immer noch.
»Ich weiß nicht, was es noch zu lachen gibt?« meinte ich ärgerlich. »Zahlst du den Schaden?«
Hans schüttelte den Kopf: »Ich lache doch wegen deiner Rolle rückwärts.«
Der Obsthändler hatte nun den Unfallort erreicht und kam mit seinem Fleischermesser auf mich zu, den wütenden Rentner im Schlepptau: »Was ist passiert, Herr Flick?«
Ich begrüßte ihn: »Mein Wagen ist auf den Vordermann gebumst. Wissen Sie, wem das Auto gehört?«
»Doktore vorne an Straße«, wußte der Obsthändler.
»Der Nierendoktor?«
»Keine Ahnung. Universal-Doktor, auch Magen, Lunge und rechtes Bein.«
Er zeigte dabei auf sein Bein, offenbar gab es da einen direkten Zusammenhang.
Hans freute sich: »Können wir ja froh sein, daß keiner am linken Bein verletzt ist.«
»Du bist ein alter Quatschkopf und Blödschwätzer«, gab ich zu Protokoll.
»Kinder unter achtzehn Jahren...«, machte sich der Rentner bemerkbar,

verschluckte aber seine Belehrung, weil sich mein Obsthändler umdrehte. Das Messer überzeugte gewaltig.
»Ich heute abend für Sie alles regeln«, meinte der Türke zu mir.
Ich schüttelte den Kopf: »Das muß man, glaube ich, sofort machen, sonst kann es Ärger geben. Ich geh mal zu ihm hoch.«
»Wie Sie meinen, Herr Flick.«
»Sie müssen die Polizei rufen, das weiß ich genau«, rief der Passant mit dem Spazierstock.
»Kannst du nicht mal deine Schnauze halten«, mischte sich Hans ein und ging auf den Alten zu: »Hier!« er zeigte auf die Baumumrandung, »was hast du da gemacht? Meinen Konstruktionsplan zertrampelt!«
Irritiert suchte der deutsche Staatsbürger auf dem Boden: »Welchen Konstruktionsplan?«
Hans stieß mit der Schuhspitze in den Dreck: »Den da! Ich bekomme Schadenersatz!«
»Ach, Hans«, beschwichtigte ich, »bleibst du hier? Ich laufe mal zu dem Internisten hoch.«

Nachdem ich der Sprechstundenhilfe des Arztes klargemacht hatte, daß ich weder einen Krankenschein noch einen Termin beim Herrn Doktor hatte, weil dies sozusagen ein Notfall war, sagte diese: »Na ja, es ist aber noch jemand vor Ihnen.«
»Wie?« fragte ich, »Hat vor mir noch einer einen Unfall gemeldet?«
Das verstand sie nicht, dafür bekam ich den Arzt zu Gesicht und rief ihm zu: »Ich habe gerade Ihren Mercedes angefahren!«
»Oh«, kommentierte er diese Nachricht, »Sie sind doch die Niere?«
»Jetzt aber nicht, jetzt bin ich der Flick.«
Nachdem ich ihm erklärt hatte, was passiert war, ließ er sein volles Wartezimmer sitzen und eilte mit mir die Treppe hinunter.
»Ist dem Kind etwas zugestoßen?« fragte der Arzt, nachdem er sein demoliertes Auto betrachtet hatte.
Frau Schröder war mit ihrem Kind bereits gegangen. »Ich glaube nicht«, sagte ich, »das war nur der Schock des Aufpralls.«
»Na ja«, der Arzt steckte beide Hände in die Taschen seines Ärztekittels, »melden Sie es Ihrer Versicherung. Das mit dem Kind brauchen Sie ja nicht zu erwähnen.«
Ich gab ihm meine Visitenkarte und entschuldigte mich nochmals.
»Wußte gar nicht, daß das Wohnmobil Ihnen gehört.« Interessiert be-

trachtete er mein Gefährt, das durch den Aufprall nicht die kleinste Schramme bekommen hatte. »Das steht doch oft hier?«
»Eigentlich immer...« Hans gesellte sich zu uns, ich stellte die beiden einander vor.
»Fahren Sie nicht mehr?« wollte der Doktor wissen.
»Doch, doch«, erklärte ich, »nur innerhalb Berlins fahre ich mit dem Bus oder der U-Bahn.«
»Ach ja«, meinte er neugierig, »darf ich mal...?«
»Ja, selbstverständlich. Schauen Sie sich das gute Stück ruhig an.« Ich öffnete ihm die Tür.
»Können Sie haben«, meinte Hans, »muß er sowieso verkaufen.«
»Das ist doch noch gar nicht ausgemacht«, schimpfte ich halblaut zu meinem Kollegen.
»Natürlich ist das ausgemacht«, gab der in gleicher Lautstärke zurück.
»Das ist natürlich nicht mehr das modernste«, rief ich meinem Nierendoktor zu, der intensiv das Gefährt von innen betrachtete.
Hans amüsierte sich und flüsterte mir zu: »Chirurgen würden es auseinandermontieren, Internisten interessiert nur die Inneneinrichtung...«
»Damit sind Sie bestimmt zufrieden!« stellte der Arzt fest und streckte den Kopf aus dem Wagen heraus.
»Es hat für unsere Zwecke zu wenig Bodenfreiheit«, erklärte Hans einfach, »und zu klein ist es auch.«
»Weshalb, wenn ich fragen darf?« interessierte sich der Doktor.
Hans schlug mit der flachen Hand auf die Seitenverkleidung: »Wir wollen nach Indien fahren. Dafür taugt das Ding nichts.« Ich guckte böse. Hans wiederholte: »Gar nichts!«
Der Mann in dem weißen Kittel stieg aus und griff nach seinem Stethoskop, das aus der Kitteltasche zu fallen drohte: »Da haben Sie recht. Für eine Indientour ist es nicht zu gebrauchen. Wir können ja tauschen.«
Hans und ich machten wohl beide das gleichermaßen überraschte Gesicht. Hans plapperte grinsend: »Ihr Horchgerät gegen das Wohnmobil?«
So leicht bekam man den Mediziner nicht zum Lachen. »Natürlich nicht«, erklärte er, »wir besitzen, und wenn ich ›wir‹ sage, meine ich eine kleine Gruppe ehemaliger Studienkollegen, einen 808er Diesel, abgelastet auf 5,6 Tonnen.«
»Donnerwetter!« Ich befürchtete, Hans würde nun meinem Arzt auf die Schulter schlagen, doch er begnügte sich damit, mir kräftig in die Seite zu boxen. »Das ist ein Gottesbeweis! Es ist genau das Fahrzeug, das wir

suchen.«
»Wenn Sie Interesse haben, kann ich Ihnen den 808er gerne mal zeigen.«
Weder wußte ich, wie ein 808er Diesel aussieht, noch konnte ich mir etwas darunter vorstellen, was es hieße, wenn man etwas auf 5,6 Tonnen ablastete.
»Wenn der Schaden reguliert ist«, wiegelte ich also ab, »können wir uns darüber gerne unterhalten.«
Der Arzt schränkte ein: »Natürlich, ich muß auch noch mit den anderen sprechen, aber ich denke, daß einem Tausch von unserer Seite nichts entgegenstehen würde.«
»Sag ich doch«, strahlte Hans.
Ich überlegte, wie viele Patienten wohl in der Zwischenzeit im Wartezimmer auf ihren Herrn Doktor warteten, und blickte verstohlen auf die Uhr.
»Ich muß jetzt gehen«, meinte mein Unfallgegner in Weiß dann auch, verbeugte sich kurz höflich und verschwand eilends.
»Mensch, Werner!« Hans war vor Begeisterung nicht mehr zu bremsen, »das ist unsere Chance.«
»Was heißt auf 5,6 Tonnen abgelastet?« fragte ich beiläufig.
»Wie abgetastet?« verstand Hans falsch.
»A b g e l a s t e t, du Rindviech. Hat er doch eben gesagt. Du warst doch noch so begeistert.«
Hans verstand immer noch nicht: »*Abgekastet*? Keine Ahnung, da mußt du was falsch verstanden haben.«
Genervt schüttelte ich den Kopf: »Weißt du, was ein Gottesbeweis ist? Es wäre das Wunder, mit dir zusammen heil aus Indien zurückzukommen. Das wäre der Gottesbeweis!«
»Versteh ich nicht«, sagte Hans.

Islamabad, Pakistan.
Das helle Licht der Mittagssonne glitzerte im Dunkelgrau der Metalliclegierung tausendfach. Der wuchtige Range-Rover stand auf den Steinplatten der Garagenzufahrt nur wenige Meter von der Terrasse des Hauses entfernt.
Markus stand hinter einer dieser gläsernen Türen, die wegen der laufenden Klimaanlage stets geschlossen waren.
Vater war bereits zwei Tage nicht mehr zu Hause gewesen. Das war nicht

außergewöhnlich, denn arbeitete er in der Klinik, so kam er immer erst nach einigen Tagen wieder nach Hause.
Daß der Wagen nun nicht mehr in der Garage stand, hatte wohl damit zu tun, daß sein Großvater noch irgendwo hinfahren wollte.
Gerne hätte der Junge seinen Opa begleitet, doch auch das blieb ihm, neben vielen anderen Wünschen, versagt.
Einmal hatte sich Markus dem dickbäuchigen, herrischen Mann mutig in den Weg gestellt und versucht, sich mit ihm auf englisch zu verständigen, denn ein wenig Englisch beherrschten er und Großvater auch: »I will go with you. Verstehen Sie? In the car.«
»Impossible!« hatte Opa nur gemurrt und mit seinem rechten Arm ihn einfach beiseite geschoben, als würde man einen schweren Vorhang zur Seite drücken.
›Unmöglich!‹ Was sollte das heißen? Alles war möglich, wußte der Junge, man muß es nur wollen.

Zornig schrie er durch die Halle: »Ice-cream!« Es war bereits die dritte Portion, die Markus heute aß, und auch sofort von einem dieser Dienstboten gebracht bekam.
Mit einer leichten Verbeugung stellte der junge Diener die gläserne Schale auf den Tisch, nahm das schmutzige Geschirr an sich und entfernte sich, die ersten drei, vier Schritte rückwärts gehend, so lautlos, wie er gekommen war.
Da würde Mutter staunen, könnte sie erleben, wie alle sprangen, äußerte er einen Wunsch. Noch nicht einmal Danke mußte man sagen, niemand machte ihm Vorschriften, und keiner sagte: »Das Eis gibt's erst nach dem Essen«, wie dies Mutter tun würde.
Aber trotz allem fühlte sich der Junge sehr unwohl. Er spürte, daß dies alles nicht richtig war.
Er haßte diese Menschen, beschimpfte sie auf alemannisch, weil er sich sicher war, daß sie diesen Dialekt nicht verstanden, und lächelte dabei freundlich. Denn alle diese Diener und Frauen, dieser Opa und auch sein Vater hielten ihn hier gefangen.
Noch nicht einmal bis zum schmiedeeisernen Tor, das zur Straße hin führte, durfte er gehen. Tat er es trotzdem, zerrten ihn zwei bewaffnete Männer zurück.
Vielleicht ist dieser Opa ein Krimineller? rätselte der Enkel. Denn wäre er dies nicht, bräuchte er sich doch nicht von Männern bewachen lassen,

die Gewehre auf den Schultern trugen.
Es fröstelte Markus. Lieber zu Hause bei Mutter Schularbeiten machen müssen, kein Eis bekommen und immer, wenn er sich etwas wünschte, hören: »Wir haben kein Geld.« Lieber all das, als hier in diesem goldenen Käfig gefangen zu sein!
Das Eis schmeckte Markus nicht mehr. Achtlos stakte der Junge mit dem langen Löffel in der farbigen Masse herum. Dieser Opa war hier der Tyrann des Hauses. Sicher hatte er einen ganzen Raum voller Golddukaten wie Onkel Dagobert. Mit diesem Gold kaufte er sich seine Diener und Soldaten, und ganz viele verschleierte Frauen lagen ihm zu Füßen, fächerten ihm Luft zu. Nun, gesehen hatte das Markus zwar nie, das mit den Frauen, aber eines war klar: Vor Opa hatten hier alle Angst.
Das rosafarbene Eis spritzte auf die Marmorplatte des niedrigen Tisches, als Markus etwas zu kräftig seinen Löffel in eine der Kugeln stieß. »Ich habe keine Angst«, murmelte er und stieß nochmals zu.
»Fang mich doch, du fettes Schwein«, würde er rufen, war er erst einmal in der Stadt. Ja, so wäre es. Wutschnaufend würde der Großvater den Rover verlassen, auf ihn zukommen, nach ihm greifen wollen. »Ha, ha, ha«, würde Markus lachen, »du kriegst mich nicht. Nie mehr kriegst du mich....«
Dann würde er weglaufen und zu einem Verkehrspolizisten rennen.
»Hi«, würde er sagen, »I am Markus Steinhof aus Germany. Please bring me to my Botschaft.« Nur schade, daß er nicht wußte, was ›Botschaft‹ auf englisch hieß. Aber der Polizist würde ihn bestimmt auch so verstehen, da war sich Markus sicher.
Irgendwann würde er sich im Auto verstecken, unbemerkt durch das Tor kommen und so in die große Stadt gelangen. Nie wieder würde er seinem Vater vertrauen, da war sich Markus ganz sicher.
»I am Markus Steinhof«, sagte der Junge und bohrte weiter in seiner Eiscreme herum.

»**T**u endlich das Ding vom Tisch«, meinte Ilse zu mir und legte den Telefonhörer auf.
»Du brauchst deine Enttäuschung über die Bürokraten im Auswärtigen Amt nicht an mir auslassen«, erwiderte ich und drehte interessiert an der Kupplungsscheibe meiner neuen Kreiselpumpe.
»Ist doch wahr«, meine Freundin machte eine wegwerfende Handbewegung Richtung Telefon oder auch in Richtung Pumpe, beides stand vor

ihr, »die wissen von dem Vorgang überhaupt nichts, und du schleppst hier irgendwelche Maschinenteile in meine Wohnung.«
»Das ist eine Pumpe für die Wasserversorgung unseres Wohnmobils«, erklärte ich fachmännisch, »denn wenn wir die nicht haben, verdursten wir, weil das Wasser in den Tanks bleibt, anstatt durch die Schläuche zu perlen.«
»Ich dachte, du hättest das Wohnmobil verkauft?«
»Getauscht habe ich, du hast das neue Fahrzeug doch bereits gesehen.«
»Ich dachte, das gehört diesem Arzt...«
»Jetzt nicht mehr.«
Ilse schüttelte den Kopf: »Aber da bekamst du ja viel mehr Auto, als du gegeben hast.«
Ich trank einen Schluck des Kaffees, den mir meine Freundin eingeschenkt hatte: »Das war ein großer Glücksfall, obwohl ich mir zuerst gar nicht sicher war.«
»Darfst du das schwere Ding denn überhaupt fahren?«
»Natürlich. Und so schwer ist der Wagen auch nicht mehr«, klärte ich auf, »das Fahrzeug ist nämlich abgelastet, das zulässige Gesamtgewicht beträgt jetzt nur noch 5,6 Tonnen...«
Ilse gähnte gelangweilt: »Ja, ja...«
»Frage mich nicht etwas, wenn es dich nicht interessiert.«
»Es interessiert mich ja«, log sie.
»Ja, ist schon gut«, log ich ebenfalls.
»Was soll ich denn jetzt machen? Meinst du, ich soll nochmals den Rechtsanwalt anrufen?« Ilse sprach wieder über ihren Sohn, den sie mit Hilfe der Behörden aus Pakistan zurückholen wollte.
»Ich weiß es nicht«, gab ich zu, »das ist so wie mit einem Schnupfen: Nimmt man ein Medikament, ist er in sieben Tagen vorbei, nimmt man keines, ist man eine Woche krank.«
»Glaubst du, Markus wäre in sieben Tagen wieder zurück?«
»Nein, natürlich nicht - aber vielleicht in sieben Jahren.«
»Was erzählst du denn dann von sieben Tagen?«
»Das war ein Beispiel!«
»Das hast du aber nicht gesagt.«
Ich lehnte mich zurück, sagte: »Ach Ilse, wenn ein deutscher Vater das Kind der Mutter entzieht, dann dauert das vielleicht auch schon Wochen, bis man das Kind - mit Hilfe des Gerichtsvollziehers - wiederhat. Besonders in den Ferien...«

Ilse verstand nicht: »Warum? Die können doch über Interpol...«
»Quatsch«, unterbrach ich. »Die werden eine diplomatische Note nach Islamabad schicken, und bis diese dann beantwortet wird, ist ein Jahr vorbei.«
»Meinst du, es hat Sinn, an den Außenminister persönlich zu schreiben?«
»Probier's, schaden kann es nicht, und du hast das Gefühl, etwas getan zu haben.«
»Wie lange braucht ihr denn noch?« Ilse zeigte ungeduldig auf die Pumpe, die immer noch auf dem Wohnzimmertisch stand.
»Vier, fünf, sechs, sieben Wochen«, sagte ich vollkommen trocken und gleichmütig.
»Dann brauchst du erst gar nicht loszufahren«, schrie sie spitz. Ich haßte Erregungen dieser Art, waren sie zu dümmlich, verfluchte ich sie.
»Hast du denn das eben geführte Gespräch bereits wieder vergessen?« wollte ich wissen.
»Was schreist du mich denn jetzt an?«
»Ich frage ruhig...«
»Das kenne ich...sieben Wochen...ist doch wahr!«
»Du hattest elf Jahre Zeit - elf lange Jahre hatte Frau Ilse Steinhof Zeit gehabt, sich mit dem Vater ihres Kindes vernünftig und in Ruhe auseinanderzusetzen...«
»Was heißt das denn?« unterbrach sie mich.
»Das heißt«, erklärte ich, »daß man das Vater-Kind-Verhältnis nicht über das Familiengericht hätte klären müssen, sondern über Gespräche und liebevolle Verhandlungen mit dem Vater.«
»Ich habe ja sogar noch mal mit ihm geschlafen«, platzte sie heraus, und es würgte mich augenblicklich.
»Das ist nicht kommunikativ, sondern neurotisch«, analysierte ich mit trockener Kehle.
»Bitte?«
»Frauen deiner Sorte glauben, über das Bett alles erreichen zu können, das ist euer Nesttrieb.«
»Ich brauche mich von dir nicht beleidigen zu lassen.«
»Ich habe dich nicht beleidigt, sondern etwas konstatiert.«
»Ich bin nicht neurotisch«, sagte Ilse jetzt.
»Ist doch gut«, lenkte ich ein und drehte wieder an meiner Pumpe herum, »sobald es möglich ist, fahren wir los. Und wenn es geht, bringen

wir den Jungen mit.«
Sie war zu mir auf die Couch gerückt, umarmte mich und gab mir einen Kuß auf die Wange: »Danke!«
»Bitte«, sagte ich, doch der Kuß war mir lästig.
Hans hatte versprochen, mich bei Ilse abzuholen, was er schließlich auch tat.
»Meinst du, wir kriegen die Pumpe montiert?« fragte er nun etwas besorgt, als er sich das teure Stück näher betrachtete.
»Kein Problem«, munterte ich ihn und mich auf.
Wir hatten das - gemessen an den Dimensionen eines Pkws - verhältnismäßig riesige neue Wohnmobil auf dem Hof des Obsthändlers abgestellt, um zu verhindern, daß irgendwelche Ganoven das edle Stück aufbrachen.
Osman, der Obsthändler, war freudig erregt, daß er erstens zur deutsch-türkischen Nachbarschaft einen positiven Beitrag leisten konnte und zweitens seine Erfahrungen als »Ingenieur« einbringen konnte.
Hans hatte dazu bemerkt: »Ich dachte, der Obsthändler hätte Jura studiert.«
»Du falsch verstehen«, hatte ich des Gemüsehändlers gebrochenes Deutsch nachgeäfft, »auf türkischer Schule bis fünfte Klasse lernen Jura, Obsthandel und Maschinenbau. Du jetzt verstehen?«
Wie dem auch war, der Wohnmobil-Laster mit den drei aufmontierten Modulen stand sicher auf des Nachbarn Hinterhof, und wir hatten Strom und Wasser. Besser wäre es nur auf einem Werkstatthof gewesen, aber man konnte nicht alles haben.
Als Osman uns nun mit der Pumpe ankommen sah, verließ er Frau, Familie und Ladengeschäft und kam mit seinem Schlachtermesser auf uns zugestürmt: »Kreiselpumpe! Wird Wasser pumpen. Sie zufrieden, Herr Flick.«
»Ich dachte du wärst Obsthändler?« konnte Hans nicht an sich halten, »was machst du denn immer mit diesem Fleischermesser?«
Irritiert erkannte der Mann das Messer in seiner Hand: »Oh, du keine Angst. Ich zerlegen ganzen Hammel.«
»Zum Verkaufen?«
»Nein, ich nur Obst verkaufen. Hammel für Familie.«
»Da hätte ich noch ein paar Hammel bei uns auf dem Amt zum Auseinandernehmen«, schmunzelte Hans.
Osman verstand den Witz nicht und sagte: »Osman guter Fleischer!«

Er hatte mir das Messer gegeben und die Pumpe abgenommen. Diensteifrig lief er uns voran.
Die alte Membranpumpe, die es nicht schaffte, das Wasser durch den Keramikfilter zu pumpen, hatte ich am Vortag bereits ausgebaut.
Natürlich paßten jetzt die Anschlüsse nicht, und natürlich hatte von uns daran keiner gedacht.
»Mist«, fluchte ich und zog mir die Jacke aus.
»Ich habe Hunger«, verschärfte Hans nun überflüssigerweise die ausweglose Lage.
»Das hilft uns hier nicht weiter«, schimpfte ich.
»Hätte der nichts vom Hammel erzählt, wäre...«
»...das Blut jetzt im Kopf anstatt im Bauch«, ergänzte ich ihn.
Hans lachte: »So ähnlich. Ich hol uns gegenüber eine Pizza.«
»Ja«, meinte Osman, »ich holen Schwager für Flansch - du gehen mit Herrn Flick Pizza essen.«
»Kennen Sie sich denn mit den Stromanschlüssen aus?« Ich war skeptisch, wollte dem Gemüsehändler nur ungern meine neue Pumpe überlassen.
»Keine Angst, Herr Flick. In einer Stunde alles gut.«
»Na gut«, ich hatte jetzt ebenfalls Hunger, »wenn Sie nicht zurechtkommen, wir sitzen drüben.«
Der Türke schrie nach seiner Frau, fuchtelte wie wild mit den Händen und war schon ganz Ingenieur.
»Schwager kommt gleich«, übersetzte er uns den Redeschwall mit seiner Frau.
Hans sagte: »Nichts wie weg.«
Zugegeben, meine Motivation war zu diesem Zeitpunkt ebenfalls nahe des Nullpunktes. Zuerst hatte sich die ganze Bastelei sehr gut angelassen. Immerhin war das Wohnmobil ja bereits einmal an der Küste von Nordafrika entlang gefahren, wie uns der Arzt erzählt hatte. Nur, die vorherige Haltergemeinschaft des 808er hatte zu viele Dinge vor dem Tausch demontiert.
Langsam aber sicher entwickelte sich nun aber die Angelegenheit zu einem Unternehmen, als wolle man zehn Löcher mit fünf Finger zuhalten. War etwas in Ordnung, also dicht, so tat sich das nächste Problem auf.
Nachdem ich Hans überzeugt hatte, daß er die Rechnung bezahlen mußte, weil ich kein Geld dabei hatte, wechselte er das Thema: »Windmann

will mir nicht freigeben.«
»So?« Ich war erstaunt.
»Ich habe ihm gesagt, daß somit für sechs Monate ein Arbeitsplatz frei wäre.«
»Und was sagte er darauf?«
Hans schob sich ein Stück Pizza in den Mund: »Positiv!«
»Na also. Wo ist das Problem?«
»Bei mir, sagte er, er würde die Angelegenheit unterstützen. Der Personalstelle hat er aber einen Vermerk geschrieben, daß meine Stelle sechs Monate nicht gleichwertig besetzt werden kann.«
»Diese Schlange«, kommentierte ich.
»Wie hast *du* das denn geschafft?« wurde ich gefragt.
»Ich habe doch nur einen Vertrag auf drei Monate. Dann mache ich sechs Monate Pause und fange anschließend für immer an.«
»Das hat der geschluckt?« fragte mein Kollege ungläubig.
»Eigentlich nicht, nur sagte ich, wenn er es so nicht wolle, würde ich eben ganz aufhören.«
Hans schüttelte den Kopf: »Wie kann man nur so hoch pokern, du kannst doch auch nicht von den Zinsen leben.«
Ich lachte: »Da hast du recht. Trotzdem muß man immer sehen, daß die Pflicht nicht den eigenen Träumen im Wege steht.«
Hans goß sich die zweite Hälfte unserer gemeinsam bestellten Karaffe Wein ein: »Entschuldigung, aber das brauche ich jetzt.«
»Danke, daß du mich vor dem Alkoholismus rettest.«
»Bitte, bitte. Ich bin eben ein altruistischer Kumpel.« Er hob das Glas und trank es aus.
Ich winkte der Bedienung und sagte zu Hans: »Das mit Markus ist natürlich auch noch ein Argument...«
Hans war optimistisch: »Na ja, das kriegen wir schon hin.«
»Weißt du eigentlich, was eine Carne de Passage ist?« wechselte ich das Thema.
»Nein, nicht genau. Der Obsthändler erzählte so etwas auch schon. Das ist wohl eine Bescheinigung, daß eine Verzollungssicherheit hinterlegt wurde.«
»Und wo ist diese Sicherheit zu hinterlegen?« fragte ich etwas ungläubig.
»Ich glaube, der ADAC vergibt so etwas. Da bekommst du ein Buch, in dem wird in sämtlichen Sprachen bescheinigt, daß, sollte das Auto ab-

handen kommen oder verkauft werden, der ADAC für den Schaden aufkommt.«
»Dafür muß man dem ADAC 20.000,- DM bezahlen?« Ich war entrüstet.
»Ja«, besänftigte mich Hans, »die kriegst du jedoch wieder zurück, wenn alles gut geht.«
»Das sind ja Neuigkeiten! Das Geld teilen wir uns aber, bitte schön.«
»Mensch, Werner«, sagte mein Freund, »ich zahl doch heute schon die Pizza...«

Zwischenzeitlich war Anfang August. Die Meteorologen taten kund, daß sich eben der heißeste Tag des Jahres austobte. Meine reizende Kollegin Papaschinsky lugte mit ihrer spitzen Nase hinterm Schreibtisch hervor, als wolle sie mir jeden Moment in der Hitze des Tages den entscheidenden Dolchstoß versetzen.
Wir, das heißt, fast die gesamte Projektgruppe außer der Papaschinsky, hatten uns Fiat-Aktien geordert, und ich ärgerte mich, daß unser Höchstgebot in dieser Sache nun als Geldwert den Kurs bestimmte. Würde da heute keiner etwas verkaufen wollen, so nahm ich mir vor, mein Gebot um einen Sechser zu reduzieren. Es gab ja sowieso nur zwei Möglichkeiten: Entweder es achtete keiner auf unser Gebot, weil alle in Wannsee am Strand lagen oder, bestimmte ich morgen den Kurs immer noch, bekäme der, der auf morgen wartete, einen Panikanfall, weil dann mehr geboten würde, und der Kurs würde sinken.
Wer konnte schon ahnen, daß der Handel an der Berliner Börse derart schwach war, daß eine Handvoll Beamte des Innensenators und ich jetzt den Kurs machten?
Ich griff also zum Telefon.
»Kleindieck«, meldete sich der Angestellte der Bank.
»Flick, guten Tag«, grüßte ich, »das läuft nicht.«
»Das können Sie doch gar nicht wissen.«
»Natürlich, unser Gebot ist der von der Börse übertragene Geldwert.«
»Vielleicht zu wenig geboten«, meinte Herr Kleindieck.
Ich erzählte ihm, was ich vermutete, doch er konnte dieser Logik nicht folgen.
»Egal«, resignierte ich und sah auf die Schreibtischuhr, »es ist jetzt noch eine Stunde Zeit, setzen Sie mein Gebot um fünf Pfennige nach unten. Und morgen auch noch mal.«

»Also«, wiederholte der Bankmann am anderen Ende, »morgen billigst, höchstens aber 1,24 DM?«
»Sie sagen es, die Hitze muß man ausnützen. Heute, wenn Sie es noch durchgeben können, höchstens 1,29 DM.«
Er wollte sein Bestes tun, und ich linste angespannt über meine Schuhspitzen zum TV-Gerät.
Zur Papaschinsky sagte ich: »Notieren Sie: Flick, ein Privatgespräch. Heute ist der...«
»Ich kümmere mich nicht um die Angelegenheiten von anderen«, unterbrach sie mich, »ich habe selbst genügend Arbeit.«
»Ach so«, witzelte ich. »Was ich Sie schon immer einmal fragen wollte: Kennen Sie eigentlich den Witz mit der 58jährigen Jungfrau, die die zwei Jahre bis zur Pension mit ein wenig Freude auffüllen wollte?«
Tatsächlich, der Fiat-Kurs stand nun bei »1,29 Geld«.
»Was bilden Sie sich eigentlich ein?« giftete meine beste Freundin in diesem Amt, »ich kenne solche Witze nicht.« Sie griff sich ordnend an ihr ovales Brillengestell.
»Schade, Frau Papaschinsky«, wurde von mir bedauert, »ich nämlich auch nicht. Sie müssen aber zugeben, er fängt gut an.«

Aktienmäßig wurde es an diesem Tag nichts mehr. Und da wir gerade bei nicht erledigten Sachen waren, fiel mir ein, daß der Schwager des Obsthändlers die Kreiselpumpe immer noch nicht montiert hatte. Das hätten allerdings Hans und ich ebenfalls fertig gebracht.
»Vielleicht sollten wir uns ein kleines Schweißgerät zulegen«, fing ich meinen Arbeitskollegen bei Dienstschluß ab.
»Kannst du denn schweißen?«
»Bei der Hitze keine Kunst«, verballhornte ich seine Frage.
»Schwitzen kann ich auch«, lachte er.
Der Aufzug hielt, und Windmann stieg mit dazu: »Schönen Feierabend die Herren.«
Wir erwiderten den Gruß.
»Nur rein interessehalber: Hat das mit den Fiat-Papieren geklappt?«
Ich hob die Schultern, kniff die Augen zusammen, denn die Angelegenheit war nun doch zu durchsichtig. Mein Projektleiter hatte mehr als das Doppelte wie sonst investiert, und ich wäre jede Wette eingegangen, daß dieses Geld von unserem Windmann stammte. Geantwortet habe ich: »Ich weiß nicht, ich gebe mir zur Zeit auch keine große Mühe.«

Er fuhr zusammen, als hätte ihn ein Blitz getroffen: »Aber Herr Flick, das viele schöne Geld.«
Der Aufzug war unten, und ich stieß Hans vor Schadenfreude in die Seite. Dieser drückte verstohlen ein Auge zu.
»Da können Sie nur froh sein, daß Sie nicht mitgemacht haben«, kratzte Hans an der Wunde.
»Ja, ja«, stotterte Windmann mit großen Augen, »aber Flick, warum haben Sie denn keine Lust mehr?«
»Na ja«, ich versuchte gleichgültig zu wirken, »wenn das mit der Pakistan-Indien-Tour ins Wasser fällt, weil Sie meinem Kollegen keinen Sonderurlaub bewilligen...«
Er wußte gleich, woher der Wind wehte: »Da komme ich nun ganz schlecht raus, das müssen Sie verstehen.«
Hans konterte: »Da haben Sie sich doch selbst hinein manövriert, indem Sie diesen Vermerk geschrieben haben.«
War ihm das peinlich! Am liebsten wäre er im Boden versunken: »Kollegen«, sagte er nach endlos scheinenden Sekunden, »schreiben Sie beide einen neuen Antrag, nicht sechs, sondern sieben Monate Sonderurlaub; das kann ich dann aus arbeitsmarktpolitischen Gründen befürworten.«
Ich war zufrieden: »Da hat man für die zukünftige Spekulation ja bereits wieder bessere Perspektiven.«
Windmann verbeugte sich: »Schönen Abend, Kollegen.«
Beinahe wären wir explodiert, so mußten wir uns das Lachen verkneifen. Als er dann endlich um die Ecke war, prusteten wir um so lauter los.
»Dieser Windsack!« lachte Hans, »vorne herum läßt er mich im Glauben, daß das mit dem unbezahlten Sonderurlaub klappt, und hinten herum schreibt er einen ungünstigen Vermerk an die Büroleitung.«
»Er wird's verstanden haben«, lachte ich.
»Hoffentlich.«

Mein Obsthändler hatte die neue, schöne Kreiselpumpe immer noch nicht montiert. So lehnte ich meine Aktentasche an das Vorderrad und kroch in das Innere des Lastwagens, um die Sache selbst beurteilen zu können.
»Flansch jetzt in Ordnung, Herr Flick. Aber erst muß Sockel geschweißt werden.«
Ich brummte etwas, und auch wenn ich es nicht wahrhaben wollte, der Obsthändler hatte recht.
»Wann kommt Ihr Schwager mit dem Schweißgerät?«

»Samstag, Herr Flick, Samstag.« Er half mir die fast meterhohe Schwelle hinunter, ich bedankte mich: »Danke Osman, langsam brennt mir die Zeit unter den Nägeln.«
»Geduld«, sagte er, »wenn Sie wollen nach Indien, dann brauchen Sie viel Geduld.«
»Ich werde es lernen«, lächelte ich und winkte ihm zum Abschied zu, lief dann aber nochmals zurück, denn ich hatte meine Aktentasche vergessen.

Als ich die Wohnungstür aufschloß, klingelte bereits das Telefon. Ich hatte nämlich in einem Stadtteil-Magazin inseriert und angeboten, daß ich noch Leute gegen Erstattung der Kosten mitnehmen könnte.
Vielleicht konnte man sich beim Fahren abwechseln. Überhaupt würden vier Leute besser zurechtkommen als zwei.
»Ist da noch was frei?«, fragte der Anrufer jetzt.
»Ja, noch zwei Plätze, zur Not auch drei.«
»Dann schicken Sie mir die Karten zu, ich sage Ihnen mal meine Adresse.«
»Welche Karten?«, stutzte ich.
»Die Karten, die Sie inserierten?«
»Ich habe keine Karten inseriert«, ärgerte ich mich.
»Sind Sie nicht der mit den Zirkuskarten?«
»Nein, ich bin der mit der Indienreise.«
»Indienreise?! Klingt interessant. Ja, hier steht's: Auf dem Landweg nach Indien und Nepal. Sehr gut, komme ich auch mit. Oder kostet das was?«
War der nicht ganz bei Trost?
»7.000,- DM - Essen, Trinken und Benzin extra«, log ich, um den Kerl loszuwerden.
Und tatsächlich, er legte grußlos auf. Wenn das so weiterginge, würden wir niemanden finden. Ich hatte wohl bereits ein paar Leute für Samstag bestellt, doch ob die auch erscheinen würden, schien mir recht fraglich. Den einen waren die 1.000,- DM Kostenbeteiligung zu teuer, die anderen wollten zuerst eine Konzeption zugeschickt bekommen, einige fragten wiederum Dinge, die ich mir selbst gerne beantwortet hätte. Eines war mir jedoch klar: Ich konnte niemandem eine Konzeption schicken, da wir keine hatten, und ich wollte auch nicht nach dem Prinzip verfahren, das da heißt, die Erfindung des Problems wäre wichtiger als dessen Lösung.

Zumindest ein paar Angelegenheiten klärten sich in dieser Woche. Der Kauf der Aktien konnte mit 1,24 verbucht werden, meine Spekulation antizyklisch anzubieten, hatte sich bewahrheitet, bei den potentiellen Verkäufern war offenbar Panik ausgebrochen. Zu einem Mindestgebot von 1,39 gab ich der Bank den Auftrag, die eben erworbenen Papiere wieder zu verkaufen.
Und von Windmann bekamen Hans und ich die Zusage auf sieben Monate Freistellung von unserer Arbeit. Immerhin etwas.
Da Markus, trotz des immer näher rückenden Endes der Schulferien, nicht zurückgekommen war, gab ich Ilse das Versprechen, spätestens im September loszufahren.
An diesem Samstagmorgen wollten dann acht Interessenten kommen, und alle waren, wie sie mir am Telefon versicherten, wild entschlossen, mit uns nach Indien zu fahren. Für eine Entscheidung wurde es jetzt auch höchste Zeit, immerhin mußten unsere Mitfahrer sich noch diverse Visa besorgen, die Hans und ich bereits beantragt hatten.
Der Obstladen, den wir im Hinterhof zu einer Autoreparaturwerkstatt umfunktioniert hatten, diente als Anlaufstelle für die Reiseinteressenten. Elf Uhr vormittags sollten nun alle erscheinen. Hans hatte angerufen, er käme erst um halb zwölf, und sonst war auch keiner erschienen.
Der Schwager von Osman schweißte im blauen Rauch immer wieder für einige wenige Sekunden, dann bereitete der zu schwache Sicherungsautomat diesem Schweißerlebnis ein jähes Ende.
Der schwarze Knopf, an dem Osman im Flur des Obstladens Stellung bezogen hatte, ließ sich nicht einfach wieder eindrücken, so daß das Abenteuer weitergehen konnte - nein, man mußte immer einige Minuten warten, bis sich die Sicherung wieder abgekühlt hatte.

»Tamam«, rief dann Osman sehr erfreut, fast triumphierend, und sein Schwager schweißte erfolgreich einen weiteren Zentimeter bis zum nächsten dumpfen Knall der Elektrik.
»Oh, ihr hilfreichen Geister, bemerkt ihr nicht die unbeschreibliche Pein, die die erleiden müssen, denen ihr zur Seite steht«, zitierte ich einen alten Griechen.
Der Obsthändler hatte kein Wort verstanden, lächelte aber verbindlich. Ich gähnte und fühlte mich denkbar schlecht, kickte eine herrenlose, leere Blechdose, die auf dem Boden lag, in Richtung Mülleimerbatterie, und da ich mich irgendwie beobachtet fühlte, lief ich ihr nach, bückte

mich und entsorgte den Müll fachgerecht.
Wenn ich die Arbeit, die dieser türkische, obsthandelnde Ingenieur für mich machte, mit dem Kauf von Obst aufrechnen müßte, so hätte er die nächsten 10 Jahre einen guten Kunden. Vielleicht schenkte ich ihm zum Dank einen Hammel, möglichst einen lebenden, überlegte ich mir. Aber wo bekam man schon einen lebenden Hammel her? Na ja, auf der langen Reise würden bestimmt etliche Viecher am Wegesrand weiden, vielleicht konnte man irgendwo einen Hammel erschachern.
Dem Windmann hatte ich bereits versprochen, eine Opiumpfeife mitzubringen. Die Papaschinsky bezahlte bereits 20 Jahre für ein Patenkind in Kalkutta und hatte gemeint: »Machen Sie doch bitte ein Foto von dem Kleinen, und grüßen Sie ihn von seiner Patentante.« Ich hatte geantwortet: »So klein wird das Kindchen nicht mehr sein.« Die Entrüstung stand ihr ins Gesicht geschrieben, als sie geflötet hatte: »Ich weiß, Ihnen, Herr Flick, ist nichts heilig, aber auch gar nichts.« Diese Schelte hatte ich nun wirklich nicht verdient, aber ich hatte trotzdem geschwiegen.
In der Toreinfahrt erkannte ich den Schatten einer mir wohlbekannten Gestalt am leichten Bauchansatz. Jetzt kam Hans.
»Schon jemand da?«
»Guten Morgen, du Schlafmütze«, sagte ich, »die sind bereits alle wieder gegangen, als ich ihnen erzählte, daß du auch mitkommst.«
Hans schüttelte energisch den Kopf: »Nein, du wirst sie mit deiner kleinkarierten, oberlehrerhaften Art bereits am Telefon abgeschreckt haben.«
»Wer ist denn hier der Beamte? Ich bin bei euch doch nur ein Nichtplanmäßiger.«
»Tamam«, rief Osman wieder, und ich erklärte meinem unwissenden Kollegen, wie hier geschweißt wurde.
»Was glaubst du, wie lange das noch geht?« fragte mein Freund etwas konsterniert.
Ich wußte es auch nicht, sagte aber: »Wir fahren ja erst in einem Monat, bis dahin ist er fertig.«
»Dein Wort in Gottes Ohr.«
»Seid ihr die Typen, die nach Indien wollen«, vernahmen wir hinter uns eine Stimme.
Wir drehten uns um. Ein etwas fülliger Mann schaute uns durch seine dickglasige Hornbrille herausfordern an. Er war 25-, vielleicht auch 30jährig und mußte sich offenbar den ganzen Morgen mit seinem Rasiermesser einen blutigen Kampf geliefert haben.

Da ich seine Anrede nicht mochte, konterte ich: »Und du bist der Typ, der sich heute morgen ohne Brille rasierte?«
Er öffnete den Mund, sagte aber nichts, sondern wandte sich erst Hans zu, dann dem Wohnmobil. »Soll's damit losgehen?«
Ich sah zu Hans und schüttelte den Kopf.
Hans grinste: »Haste fünfzigtausend Mark dabei?«
»Wie meinst du das?« Er zündete sich eine Zigarette an, zerknüllte die jetzt leere Packung und ließ sie einfach auf den Boden fallen.
»Wie ich's gesagt habe.« Hans packte ihn an der Schulter, zwang ihn, ihm in die Augen zu schauen: »Hier, mein Bester, lies es von meinen Lippen ab: fünfzigtausend Mark in bar!«
»Hey!« maulte der, »was soll das denn? Von einem Tausender war die Rede.«
»Für Mitfahrer! Nur für Mitfahrer, Großmäuler wie du, kaufen uns das Gefährt ab, zahlen das Carne de Passage und spielen den Boß, dann aber ohne uns.«
Das wirkte, der Dicke kam zur Besinnung, schielte erst zu mir, dann wieder zu Hans: »Gino, 'tschuldigung, daß ich hier so reinplatzte.«
»Schon besser«, sagte Hans und zeigte zu mir, »das ist Werner, und ich bin der Hans.«
»Tamam«, rief es wieder aus dem Obstladen, und sogleich stieg für wenige Sekunden blauer Dampf aus unserem Wohnmobil.
Als Gino seinen runden Kopf in unser Wohnmobil steckte, entdeckte er den Schweißer.
»Was macht denn dieser Türke in unserem Auto?«
Ich sagte: »Du bist auch nicht gerade blond und blauäugig.«
»Ich bin Italiener. Warum?«
»Ich bin Deutscher«, stopfte ich ihm sein vorlautes Maul, »und Rassisten kann ich auf den Tod nicht ausstehen.«
Mein Freund strich sich über sein rotblondes, bereits etwas schütteres Haar.
»Hab ja nur gefragt«, sagte Gino nun, »sehe ja selbst, daß der Türke da schweißt.«
»Du bist ein aufgewecktes, schlaues Kerlchen«, kommentierte Hans, »ich weiß sicher, daß der Türke nicht mitfährt. Bei dir bin ich noch am Überlegen.«
»Also ich habe die tausend Mark. Spreche französisch, englisch und italienisch, ihr könnt euch das ja noch überlegen.« Stufenweise wie ein

Robotermännchen schaute er sich nach Hans, dann zum Wagen, dann zu mir um. Das lag wohl an seiner Kurzsichtigkeit, und ich verkniff mir eine diesbezügliche Bemerkung.
Hans grinste, und Osman rief wieder »Tamam!«, und ich schüttelte den Kopf.

Um ein Uhr nachmittags war der Schwager von Osman mit der Schweißarbeit fertig. Trotz aller Probleme machte die neue Halterung unserer Kreiselpumpe nun einen soliden Eindruck.
Gino begutachtete die Sache als erster, ging so nahe, sich die Brille dabei absetzend, heran, daß Hans warnte: »Paß auf, du verbrennst dir die Nase.«
Und Gino knirschte widerwillig: »Gute Arbeit - für einen Türken.«
Ich drängte den Italiener beiseite und schraubte die beiden Verbindungsschläuche an die Flansche. Hans hatte unterdessen das Stromkabel wieder an den freien Lüsterklemmen befestigt.
»Ist denn noch Wasser in den Tanks?« fiel mir ein.
»Ein Tank - ganz voll«, freute sich der Obsthändler, »probieren Sie ruhig aus - gute Qualität.«
Ich schwang mich auf den Fahrersitz, zog den Knauf für die Vorwärmung, wartete, bis es rot glühte, und startete den Motor. Da der große Batteriekasten mit den Zusatzbatterien noch nicht angeschlossen war, schien es mir ratsam, unsere neue Pumpe mit Unterstützung der Lichtmaschine laufen zu lassen.
Hans rief: »Kommt lieber raus! Wer weiß, ob das Ding nicht in die Luft fliegt.«
Gino wußte: »Das fliegt nicht in die Luft, ich kenne mich mit Kreiselpumpen aus.«
Dann legte Hans den Schalter um. Wie eine kleine Sirene kam die Pumpe, von der Größe eines Frischlings, auf Touren. Man konnte richtig hören, wie sie arbeitete. Und dann - Gino saß mit seiner Hornbrille dicht davor - flog irgend etwas in die Luft. Ein Geräusch, als würden zwanzig Sektflaschen gleichzeitig geöffnet. Es zischte, sprühte und knallte. Kurz: Es floppte im eigentlichen Sinne des Wortes, während man weiterhin das monotone, dann doch irgendwie beruhigende Surren der elektrischen Pumpe hören konnte.
Hans lachte schallend. Gino fluchte auf italienisch, denn ich hörte mindestens dreimal das Wort »Madonna«, ich machte, daß ich aus dem Führerhaus kam.

Gino war bis auf die Haut durchnäßt. Er stand jetzt tropfend und blind auf dem Hinterhof und versuchte, seine Brille mit den nassen Sachen abzuwischen.
Überall spritzte Wasser aus dem Wohnmobil. Hans lachte immer noch. Ich rief ihm zu: »Was ist passiert?«
»Nichts, nur die Schläuche halten den Druck nicht aus«, erklärte mein Kollege.
»Schalt doch die Pumpe ab«, rief ich zurück.
»Pah, meinst du, ich will nachher so aussehen wie der da?«
Nach fünf Minuten wurden die Wasserfontänen niedriger, und Hans betätigte mit ausgestrecktem Arm den Schalter der Kreiselpumpe.
»Funktioniert, alles was Recht ist«, lobte Hans die Pumpe und die Arbeit der Türken.
»Um Gottes willen«, sagte Osman, »was ist passiert?«
»Alles gut. Nur die Schläuche sind geplatzt.«
»Und jetzt?« fragte ich, denn so lustig fand ich die Sache nun auch wieder nicht.
»Ihr braucht Stahlmantelschläuche, ich kenn mich da aus«, prahlte der Nasse.
»Wäre auch ein Jammer gewesen, wenn du dich einmal nicht auskennen würdest«, bemerkte Hans.
Aber Gino hatte recht.

»Ich bin Uta«, hatte sie drei Tage später gesagt und einen Apfel aus der Verkaufsablage unseres Obsthändlers genommen. Osman, der meinte, sie wolle den Apfel kaufen, wischte sich die Hände an seiner grünen Schürze ab und wollte den Apfel wiegen. Aber Uta legte ihr Spielzeug wieder weg, nahm dafür eine Birne in die Hand.
»Bitte schön«, lächelte Osman.
»Ich konnte Samstag nicht«, sagte die 20jährige und machte eine Banane von der Staude ab, »war alles zuviel Streß. Verstehst du?«
Sie drehte die Banane zwischen ihren Händen, lächelte den Obsthändler an: »Ich fand dich gleich sympathisch. Wir kommen bestimmt gut miteinander aus.«
Die schöne Banane bekam nun oben einen Riß in der Schale. Osman hatte keine Augen für das sommersprossige Mädchen, nur noch für seine Banane. »Geben Sie her!«
Sie gab ihm die Banane, nahm wieder einen Apfel in die Hand. Osman

hatte die Banane auf seine Waage gelegt: »Siebzig Pfennig - nicht alles anfassen!«
Uta lächelte, kratzte sich mit dem kleinen Finger an der Stelle, wo sie sich den rechten Nasenflügel gepierct hatte, nahm Osman die angebrochene Banane aus der Hand und legte sie zu den Äpfeln zurück.
»Wann geht's los? Bist du der Werner?«
»Werner?« Osman war kurz davor, seine Beherrschung zu verlieren.
Die junge Frau biß jetzt in den Apfel, lächelte, sagte: »Ja, Werner, was ist? Du sagst ja gar nichts?«, dann legte sie den angebissenen Apfel wieder in die Ablage.
Osmans dunkelbrauner Schnauzbart bebte, seine Augen funkelten, dann nahm er eine große Tüte, schmiß die angeknickte Banane, den ersten betatschten Apfel, den zweiten angebissenen Apfel hinein, trat ein Schritt zurück und nahm dann dem Mädchen alles aus der Hand, was sie weiter anfaßte und steckte es in die Tüte...

»14,80 DM, Herr Flick. Tut mir leid...« Osman schaute zu der jungen Frau, sagte zu mir: »Vier Äpfel angebissen!« Er war ratlos.
Ich hatte die Lage etwas zu stabilisieren vermocht, sagte zu ihr: »Also wenn du mitwillst, kostet dich das 1.015,- DM und jeder weitere angebissene Apfel 2,50 DM« und gab dem Obsthändler 15 DM.
»Was für Äpfel?«
»Weißt du denn nicht, was du tust? Du hast meinem Freund hier vier Äpfel angebissen?«
»Ich?« Sie lächelte und schüttelte den Kopf, dann lächelte sie Osman an und griff, ohne hinzusehen, nach einem weiteren Apfel in der Obstlade.
Ich nahm ihre Hand, die braune, eben bezahlte Tüte und drehte beide vom Stand weg: »Hier, halte dein Obst, laß uns da vor gehen und uns dort auf die Bank setzen. Du ruinierst sonst unseren Ingenieur.«
»Ach, du bist aber herrisch«, empörte sie sich.

Wir hatten noch drei Menschen kennengelernt, die sich für unsere Überlandreise interessierten, doch das wurde alles nichts. Entnervt sagte ich zu Hans: »Wir trommeln nun alle zusammen. Sagen ihnen, sie möchten die tausend Mark mitbringen.«
»Und dann?«
Was wußte ich? »Na ja, wer die tausend Mark mitbringt, bar und gültig, ist dabei. Die anderen brauchen sich dann überhaupt nicht mehr zu melden«, schlug ich vor.

Ich formulierte einen Haftungsausschluß, denn ich wollte - sollten wir deutschen Boden je wieder betreten - nicht vor dem Landgericht als Reiseveranstalter in Haftung genommen werden.
»Ob so etwas hilft«, sagte Hans, »wissen wir auch erst nach der Verhandlung.«
Mein Gesicht sprach Bände: »Leider!«
Drei Tage später hatte Gino die tausend Mark gebracht und den Haftungsausschluß unterschrieben. Er kannte sich da aus, wie er betonte, und ich bezweifelte, ob er das Schriftstück mit den kleinen Buchstaben überhaupt lesen konnte.
Uta kam auch. Ich hätte das nicht gedacht, doch sie brachte zehn zerknüllte 100-Mark-Scheine mit und unterschrieb, ohne überhaupt zuzuhören, worum es dabei ging, geschweige denn, nur einen Buchstaben gelesen zu haben. Dafür hatte sie es irgendwie geschafft, dem Blatt zwei Eselsohren anzuknicken und es unten zu einem Viertel einzureißen.
Als Gino erfuhr, daß diese Frau ebenfalls mitreisen wollte, wollte er seine tausend Mark zurück, weil dies nicht Bestandteil der Vereinbarung gewesen sei, wie er meinte. Hans überzeugte ihn vom Gegenteil.
Trotzdem hatten wir große Fortschritte gemacht. Mitte des Monats bekam ich die Stahlmantelschläuche zu kaufen, und gemeinsam mit Osman hatten wir den Kasten mit den Zusatzbatterien eingebaut, eine zweite Lichtmaschine installiert und, das war eher nebensächlich, einen Casettenrecorder angeschlossen, den uns Gino als Leihgabe überlassen hatte.

Senatsrat Windmann stand jetzt täglich hinter mir und erkundigte sich sorgenvoll nach dem vielen Geld, das da unter meinem Schreibtisch in Form von Aktienkursen flimmerte.
»Flick, Sie wissen wohl, welche Verantwortung Sie haben?« sagte er eines Tages.
Ich schüttelte den Kopf: »Nein. Welche?«
Er schnappte nach Luft: »Mann, Flick, Sie machen Scherze. Das viele Geld verfällt zusehends, und Sie sitzen hier und tun nichts.«
Ich lächelte in mich hinein, konnte seine Nervosität verstehen, sagte jedoch: »Des Spekulanten guter Ruf ist der Anlage übler Fluch.«
Er wackelte an der Lehne meines Bürostuhls: »Mein Gott, Kollege Flick. Was soll das heißen?«
»Der Aktionär lebt von der langfristigen Wertsteigerung des Unterneh-

mens, in das er sein Vertrauen in Form von Kapital setzt, und wird belohnt von der Dividende.« Ich drehte mich mit weisem Gesichtsausdruck in seine Richtung: »Der Spieler, sprich Spekulant, ist von Gott verachtet, weil er nach fremden Gelde trachtet.«
Windmann ging vor Entsetzen einen Schritt zurück: »Flick, was reden Sie da? Das hätten Sie mir doch sagen müssen, bevor...«, er stockte.
»Sie, Herr Windmann, haben ja nicht spekuliert.«
»Ach ja, da haben Sie auch wieder recht«, fiel ihm sein Versteckspiel wieder ein, »na dann, einen schönen Tag noch.«
Bereits eine Viertelstunde später rief Hans an: »Mensch, Werner, was haste mit dem Windmann angestellt?«
Ich war mir keiner Schuld bewußt.
»Du weißt schon. Er will die ganze Sache in Zukunft untersagen, der hat doch über 30.000 verloren, wenn das schief geht.«
»Immer mit der Ruhe«, lachte ich, »das waren doch keine Optionen, die verfallen nicht. Also, das ganze Geld ist nie weg.«
»Aber das hättest du ihm doch sagen können...«
»Hat er nicht gefragt.«
»Na ja. Wollen wir nicht mit der Verkaufsorder nach unten gehen. 5 Prozent reichen doch auch«, empfahl Hans.
»Ich erkenne dich nicht wieder«, schmunzelte ich, »wir verfahren nach dem verwerflichen Prinzip, daß sich vieles von selbst erledigt, wenn man bloß nicht daran rührt.«
Hans stöhnte: »Hoffen wir das Beste.«
Ich mußte sowieso Schluß machen, denn mein Projektleiter stürmte ins Zimmer, völlig aufgelöst und mit der gleichen Botschaft wie Hans.
»Flick, geben Sie Verkaufsorder, egal was erzielt wird.«
»Sie haben wohl zu lange in der Sonne gelegen?«
»Flick, Sie machen uns dieses Amt zur Hölle, wenn das schief geht. Sie selbst sind in ein paar Tagen nicht mehr da, wir aber müssen den Alten tagtäglich ertragen.«
Ich schüttelte den Kopf: »Wir verkaufen doch nicht gegen Höchstgebot. Da geht der Broker frühmorgens hin und verschleudert das ganze Paket, ohne den Kurs verstanden zu haben - Hauptsache, er hat den Kleinkram vom Tisch.«
»Tun Sie mal die Füße weg«, forderte er, glotzte auf den Bildschirm und sagte: »Das ist ja schrecklich!«
»Jetzt fangen Sie nicht an zu weinen...«

Doch er drehte sich um und weinte wahrscheinlich bitterlich, was ich nicht sehen konnte, weil er mein Büro verließ.

Zwei Tage später fing mich unser Obsthändler auf der Straße ab und klagte mir sein Leid. Ich rief Uta an und untersagte ihr nochmals, sich in Osmans Umgebung sehen zu lassen, sie hatte ihm wieder einen Apfel angebissen.

Gino hatte wohl nichts angebissen, dafür kam er eines Tages und wollte zwei große Kartons Lebensmittel im Fahrzeug verstauen. Ich brauchte alle Kraft, die mir nach Feierabend noch verblieben war, um ihn zu überzeugen, daß wir nie und nimmer unsere Verpflegung für diese lange Reise mitnehmen konnten. Und da das nicht ging, würde gar nichts mitgenommen werden.

»...zudem bist du fett genug«, schloß ich meine Rede.

»Faschist«, kommentierte er.

»Das mußt du gerade sagen.« Aber sollte er doch gerade reden, was er wollte, wichtig war, daß er die beiden Kartons wieder mitnahm.

Ende August war unser Fahrzeug endlich abfahrbereit. Ich startete und fuhr alleine durch den Berufsverkehr in Richtung Autobahn. Es war ein erhabenes Gefühl, so weit oben über diesen hinderlichen, mickerigen Personenkraftwagen zu thronen. Alle Aggregate funktionierten einwandfrei.

Am Kurfürstendamm bog ich ab auf den Stadtring Nord, um dann sofort wieder nach rechts auf die AVUS abzubiegen. Vollgas! Das Dieselfahrzeug heulte nicht auf - es brummte. Und langsam, unendlich langsam, erreichte es seine Höchstgeschwindigkeit: 79 km/h!

Wer langsam fährt, kommt auch ans Ziel, tröstete ich mich, denn mehr als 70 Stundenkilometer konnte man auf Dauer nicht fahren, weil sonst der Dieselmotor leiden und schließlich kaputt gehen würde. Immerhin, 14mal schneller als gelaufen, das war doch was.

Anfang September rief mich dann Herr Kleindieck von der Bank an und fragte, was er mit dem Geld machen sollte.

»Wie«, fragte ich, »wurde denn verkauft?«

Kleindieck wurde unsicher: »Das war doch so geordert oder etwa nicht?«

»Wieviel?«

»1,39! - In München waren wir zeitweilig um 4 Pfennige über Berlin.«

»Na, dann her mit den Möpsen...«

»Wie bitte?«
Ich schmunzelte: »Schon gut, ich hole das Geld in der Mittagspause ab. Hier gibt es einige Leute, die sehnsüchtig darauf warten.«
»In bar?«, fragte er ungläubig.
»In bar!«
Ich rief Hans an und bat ihn, mich in der Mittagspause zu begleiten, was er auch tat. Aber nicht, ohne noch in letzter Minute irgendwelche abstrusen Hiobsbotschaften im Amt zu verbreiten.
Mit fast 150.000,- DM in der Tasche saßen wir dann bei unserem Stamm-Italiener und ließen uns zur Feier des Tages die Kalbsmedallions in Weißweinsauce schmecken.
»Schade, daß uns nicht das ganze Geld gehört«, trauerte Hans.
»Windmann wird Augen machen«, ich griff zum Weinglas, »der hat nun innerhalb von 20 Tagen beinahe 3.000,- DM realisiert...«
»Aber 30 Pfund abgenommen«, übertrieb Hans.
Wir bestellten uns noch einen Wein und nahmen in Kauf, daß so die Mittagspausenzeit überschritten wurde.
»Null problemo«, meinte Hans und prostete mir zu, »wenn die das Geld sehen, ist alles wieder im Lot.«
»Apropos Geld und Lot«, ich schaute Hans streng an, »Gino sagte, in Indien wäre Silber billiger als hier.«
»Hast du diesem Idioten etwa von unserem Geschäft erzählt?« empörte sich mein Partner.
»Wo denkst du hin? Er war mit Lebensmitteln angekommen und wollte diese im Wohnmobil verstauen...«
»Was du ihm hoffentlich untersagt hast.«
»Natürlich! Er nannte mich einen Faschisten und meinte im gleichen Zusammenhang, er müßte in Österreich Goldmünzen kaufen - usw. Und da habe ich eben gefragt, wie er auf Gold komme.«
Hans wiegte den Kopf hin und her: »Der kennt sich...«
»...da aus!« ergänzte ich. Wir lachten schallend.
Dann sagte ich: »Ich kann diesen Typ nicht ausstehen, das heißt aber noch lange nicht, daß das, was er sagt, falsch sein muß.«
Mein Freund räumte ein: »Da hat mir doch jemand einen Bären aufgebunden, oder ich habe etwas durcheinander gebracht.«
»Viel Zeit haben wir nicht mehr. Erkundige dich also, ob Gino recht hat und es rentabler ist, Gold anstatt Silber zu kaufen.«
Hans versprach es, und wir verlangten die Rechnung. Wir hatten jeden-

falls nicht mehr vor, an diesem Nachmittag allzu viel zu arbeiten. Würden die anderen vom Verkauf erfahren, so ginge es denen nicht anders, spekulierten wir.
Doch noch wußten sie von ihrem Glück nichts. Was sie allerdings registrierten, war, daß wir die Mittagspause kräftig überzogen hatten.
Windmann wartete mit finsterer Miene in meinem Büro. Ich entschuldigte mich mit dem gleichen finsteren Gesicht und verschaffte mir Zugang zu meinem Platz am Schreibtisch.
Erst jetzt wurde mir bewußt, welcher Verachtung der Looser ausgesetzt ist. Jeder dieser Typen um mich herum hatte bereits durch diese Aktienspekulationen Geld gewonnen. - Viel Geld, betrachtete man den erzielten Gewinn in Relation zu den möglichen Zinsen auf einem Sparbuch. Durch diese Geschäfte genoß ich große Beliebtheit unter den Vorgesetzten und Kollegen. Jetzt aber, da sie alle, außer Hans, der Ansicht waren, Geld verloren zu haben, schlug die Anerkennung in Verachtung um.
»Meine Herren, ich denke, Sie haben das Prinzip dieser Geschäfte nicht verstanden.« Umständlich kramte ich die Liste aus meinem Schreibtisch, auf der vermerkt war, wieviel Prozent der Gesamtsumme jeder eingezahlt hatte.
»Das schöne Geld«, trauerte Windmann.
Ich sagte: »Es tut mir leid, daß ich Ihnen heute nicht soviel Geld zurückgeben kann, wie Sie mir anvertrauten...«
»Zum letzten Mal, Flick!« rief der Projektleiter, und die anderen stimmten zu. »Das mit diesen Aktienspekulationen können Sie in ihrer Freizeit machen. Aber nicht mehr hier im Büro.«
»Das Fernsehgerät unter Ihrem Schreibtisch kann ich nicht mehr länger dulden, Kollege Flick«, knurrte Windmann.
Hans grinste so gemein, daß man es bereits als unanständig betrachten konnte.
»Du freust dich wohl noch«, warf einer Hans vor.
Frau Papaschinsky lugte über ihren Brillenrand, hatte vergessen, den Mund zu schließen, war aber von ihrem Schreibtisch nicht aufgestanden.
Ich räusperte mich: »Fangen wir bei dem höchsten Einsatz an«, suchte auf meiner Liste, »mein Projektleiter zahlte einmal 20.000,- und einmal 30.000,- ein, macht zusammen 50.000,- DM.«
Dann nahm ich eines der Bündel Geldscheine, die ich in meiner Jackentasche hatte, öffnete das übervolle Kuvert und fing an zu zählen: »Fünftausend, zehn, fünfzehn, zwanzig, fünfundzwanzig, dreißig, fünfund-

dreißig...« Man drückte derart gegen meinen Schreibtischstuhl, daß ich befürchtete, zwischen Stuhl und Tisch keine Luft mehr zu bekommen. Ich rückte: »Meine Herren...«
Sie gingen ein Stück zurück. »Also«, fuhr ich mit Zählen fort: »Fünfunddreißig, vierzig, fünfundvierzig...«
Ich griff in die andere Jackentasche, die Scheine waren dort ohne Bankbanderole, »sechsundvierzig, siebenundvierzig, achtundvierzig, neunundvierzig, fünfzigtausend, einundfünfzig, zweiundfünfzig, dreiundfünfzig, vierundfünfzig...«
»Ja aber...«, sagte der Projektleiter.
»Vierundfünfzigtausendsiebenhundertdreiundvierzig Mark und achtundzwanzig Pfennige!« Das letzte Pfennigstück kullerte vom Schreibtisch und rollte Richtung Papaschinsky.
Es fiel ihnen wie Schuppen von den Augen. »Kollege Flick, das ist ja mehr. Ich dachte, wir machen Miese.«
Windmann hatte natürlich sofort Oberwasser und korrigierte meinen Projektleiter: »Hören Sie immer genau zu, er hatte nur betont, daß es nicht die selbe Summe wäre...«
Aber darauf hörte keiner mehr. Alles tanzte und jubelte um meinen Schreibtisch herum.
»Die haben nichts verstanden«, stellte Hans fest, »gar nichts! Wir hätten doch nicht verkauft, solange wir in den roten Zahlen sind.«
Ich holte einmal tief Luft, dann zählte ich den anderen ihr Geld vor und ließ es mir quittieren.
Sektgläser wurden geholt, und Hans öffnete das alkoholische Mineralwasser, das im Kühlschrank gestanden hatte.
»Flick, es ist ein Jammer, daß Sie auf diese Reise müssen...«
»Herr Windmann?« meldete sich mit piepsiger Stimme Frau Papaschinsky.
»...kommen Sie mir ja wohlbehalten zurück. Wir müssen die Zeit bis zu meiner Pension noch sinnvoll nutzen«, ließ sich Windmann nicht unterbrechen.
»Herr Windmann?« Sie ließ sich nicht beirren.
»Jetzt nicht, werte Kollegin«, der Senatsrat klopfte mit seinem metallenen Kugelschreiber an sein Glas: »Darf ich um Ihre Aufmerksamkeit bitten.«
Hans lehnte sich an meine Schreibtischplatte und gähnte.
»Heute ist vorerst der letzte Tag, an dem unser neuer, aber allseits ge-

schätzter Organisator Flick in unserem Amt ist. Die Senatsverwaltung für Inneres, und wir alle haben von seinem großen - äh - überdurchschnittlichen Organisationstalent profitieren können. Dafür Ihnen, Herr Flick, unseren herzlichen Dank.«
Jetzt mußte auch ich gähnen.
Windmann jubelte weiter: »Ich erhebe das Glas auf Sie und auf ein gutes Gelingen Ihrer Reise nach Pakistan. Mögen Sie in sieben Monaten mit Ihrem Freund und Kollegen bei uns wohlbehalten Ihren Dienst wieder aufnehmen können!« Alles klatschte.
»Herr Windmann?«
»Ja! Was ist denn, Frau Papaschinsky?«
»Hier lag ein Pfennig auf dem Boden.«

Am anderen Tag konnte ich ausschlafen, mein Kopf hatte es auch nötig. Ich schwor einen Meineid, solche feuchten Spielereien in Zukunft zu meiden.
Da es morgen losgehen sollte, ordnete ich nochmals meine Papiere, ging zur Bank, um mir Traveller-Schecks zu besorgen, und rief die Mitreisenden an, ob alles klar wäre. Uta war nicht zu erreichen, ich vertraute aber darauf, daß nun nichts mehr schief gehen konnte.
Hans wollte nochmals vorbeischauen, er hätte eine Überraschung.
Gegen Mittag fühlte ich mich wieder einigermaßen hergestellt. Ich war sowohl organisatorisch als auch körperlich in der Lage, die Reise anzutreten. Ilse kam am frühen Nachmittag vorbei, brachte Kuchen mit und ein neueres Bild von Markus. Ich machte uns einen Kaffee und ließ mir den letzten Stand der behördlichen Ermittlungen erzählen. Alles war wenig erfreulich.
Kaum war Ilse gegangen, klingelte es, und Hans rief aufgeregt das Treppenhaus hoch, ich möchte runter kommen.
Ich griff nach dem Schlüssel und zog die Tür hinter mir zu. Da stand er nun, mein lieber Hans, mit einem Hammel an einem Seil. »Was sagst du nun?« empfing er mich und strahlte über das ganze Gesicht.
»Wo hast du denn den Schafbock her?«
Ich blieb in gebührender Entfernung stehen. Trotzdem war ich einem solchen Viech noch nie so nahe gekommen.
»Das ist kein Bock, sondern ein Hammel«, belehrte mich Hans.
»Das ist doch dasselbe«, wollte ich wissen.
»Glaube ich nicht. Hammel sind kastriert, Böcke potent.«

Unwillkürlich bückte ich mich, um nach diesen eventuell gar nicht vorhanden Merkmalen Ausschau zu halten.
»Du schaust auf der verkehrten Seite.«
»Wie?« fragte ich. »Hat der seine Eier vorn?«
»Quatschkopf, schon hinten, du schaust aber am Bauch.«
Nervös tänzelte das Schaf hin und her, das bestimmt noch nie in einem Hauseingang gestanden hatte. »Der arme Bock«, murmelte ich.
»Ehemalige!« verbesserte Hans.
Das verstand ich nun gar nicht: »Wie ehemalig arm?«
Mein Freund lachte und ging dem sich drehenden Tier aus dem Weg. »Es ist ein Hammel, also ein ehemaliger Bock.«
»Aha! Na ja, der Osman kann ihn ja noch kastrieren, wenn er es dem Bock nicht gönnt...«, wollte ich der Sachlage nicht trauen.
»Das wäre zu spät«, Hans nahm das Seil fester, »Bockfleisch schmeckt nicht.«
»Ach, deshalb Hammel, dann komm schnell. Und halt ihn ja richtig fest. Nicht, daß uns das Tier noch ausbüxt.«
Wir wollten nun zielstrebig die wenigen Meter zu Osmans Obstladen laufen, und der Hammel als Pflanzenfresser mußte das gewußt haben. Wir brauchten ihm deshalb nur zu folgen, Hans hatte es dabei leichter, denn er war ja an der Leine.
»Mäh«, machte das wuschelige Ding und blieb Gott sei Dank vor dem Geschäft stehen.
Osmans Frau rief etwas auf türkisch und schon erschien der schnauzbärtige Chef des Ladens, dieses Mal ohne Messer.
»Herr Flick, was bringen mir einen Hammel? Warum?«
»Wir wollten uns mit diesem Hammel bedanken«, sagte Hans. Amüsiert beobachtete ich die Geschenkübergabe.
»Was soll ich machen - jetzt machen? Beim heiligen Propheten...« Osman rannte davon, zurück in den Laden. Da sich bereits ein paar Kinder mit Fahrrädern für den Hammel interessierten, zog es Hans vor, den Hammel ebenfalls in den Laden zu führen.
»Paß auf«, rief ich, »Schafe sind Vegetarier.«
»Dieser Obstladen hat schon Uta überstanden«, rief Hans über die Schulter. Es polterte und krachte, dann hatte der Hammel Hans in die hinteren Räume - und dann endlich auf den Hinterhof geführt. Ich folgte belustigt. Fraglich war noch, ob Osman sich nun eher freute oder ärgerte.
Osman freute sich, fing an, die gesamte Familie zusammenzutrommeln,

schloß sein Einzelhandelsgeschäft und baute zwei große Tapeziertische auf dem Hinterhof auf. Den Hammel banden wir an den Fahrradständer, was bestimmt keiner artgerechten Haltung entsprach.
Innerhalb einer halben Stunde waren alle möglichen, Hans und mir unbekannten, Menschen da. Auch der Schwager war eingetroffen und die Mutter von Osman, die Mutter von Osmans Frau, die Väter, zwei erwachsene Söhne, drei Brüder, vier gute Freunde (alle mit Schnauzbart). Dann fingen sie an aufzutischen. Die Reihenfolge der Getränke und Speisen bekomme ich heute nicht mehr zusammen, doch irgend etwas muß an dieser Reihenfolge falsch gewesen sein, es gab nämlich zuerst den türkischen Schnaps. Das hatte ungeahnte Folgen.
Während Optimisten denken, Alkohol würde das Bewußtsein erweitern, bemerkte Hans: »Alkohol verbrennt das bißchen, was noch da ist.«
Osman meinte, ohne witzig sein zu wollen: »Kein Alkohol, türkische Delikatesse!«
Der Hausmeister des Hauses, das seitlich an unseren Hinterhof grenzte, hatte zuerst mürrisch über den Gartenzaun geblickt. Irgend jemand lud ihn ein, und schon bald schnitt er mit der Zange eine Lücke in den Zaun, um den Hammel auf das Nachbargrundstück führen zu können - dort war nämlich eine kleine Wiese.
Osman leckte sich die Lippen, als das Tier auf des Nachbars Wiese geführt wurde. Der Hausmeister sagte: »Der kann da leicht sein Gnadenbrot fristen. Im Winter sperren wir ihn dann einfach in den Fahrradschuppen.«
»Oh«, machte Hans und schaute lüstern, denn er ahnte eine riesige Komplikation.
Die ließ nicht lange auf sich warten.
»Er hatte seinen Winter gehabt«, erklärte Osman munter.
»Wie soll ich das verstehen? Ihr werdet doch das schöne Tier nicht schlachten wollen?« empörte sich der Hausmeister.
»Keine Angst«, sagte der Schwager des Gemüsehändlers, »heute abend nicht mehr.«
»Morgen abend. Prost!« rief Osman.
»Das ist doch Tierquälerei!«
»Hammel merken nichts.« Osman machte mit der Handkante eine Schnittbewegung an der eigenen Kehle.
»Sagen Sie doch auch mal was«, erregte sich nun der Nachbar mit der Wiese über mein Schweigen.

»Der Hammel ist ja dazu da, geschlachtet zu werden. Das ist so wie mit den Schweinen«, klärte ich auf.
»Aber wir schlachten doch keine Schweine.«
Hans griente sarkastisch: »Da hast du recht. Wir kaufen das Schweinefleisch im Supermarkt.«
»Eben! Sag ich doch«, der Hausmeister fühlte sich bestätigt, »das ist doch eine Sauerei, so einen Hammel zu schlachten.«
»Genau!« Das war wieder Hans.
»Kannst du dich zurückhalten?« sagte ich zu ihm.
»Hammelschlachten ist eine Schweinerei«, wiederholte mein Kollege.
»Normal!« sagte Osman.
»Also ich bin kein Vegetarier oder so ein Spinner von den Grünen«, hielt sich jetzt der Mann mit der Wiese an die Sachlichkeit, »aber, ein lebendes Tier zu schlachten nur wegen des Fleisches, das geht dann doch zu weit.«
»Genau«, bestätigte Hans, »die Schweine im Supermarkt sind alle tot. Schlachten, möchte ich einmal mit Nachdruck formulieren, ist einfach Scheiße!« und setzte das mondäne türkische Festmahl fort.

»**K**ein Wort will ich mehr hören«, schnauzte ich Hans an, »kein Wort. Von wegen: Ich habe eine innere Uhr eingebaut.«
»Möchte mal wissen, was du hast. Es ist doch alles in bester Ordnung.«
»Wir wollten um zehn losfahren, hast du einmal auf die Uhr gesehen?«
Hans drehte sich auf meiner Couch, auf der er übernachtet hatte, schaute auf die Uhr: »Es ist noch keine zehn.«
»Aber fünf vor, du Hammel.«
»Sag bitte nicht Hammel zu mir«, rief er gequält.
»Da hast du recht, der Hammel hat am wenigsten getrunken.«
»Kein Alkohol, nur türkische Delikatesse«, äffte mein Kumpel den Obsthändler nach.
»Gleich kommen unsere beiden Mitfahrer, und wir sitzen hier mit brummendem Schädel«, befürchtete ich, »und dann müssen wir noch zu dir nach Hause, deine Sachen holen.«
»Mann, mach mir hier keine Szene, wir sind noch nicht verheiratet«, schnauzte Hans und schwang sich schnell und vital von seiner Schlafstätte hoch. Der Stich im Kopf folgte erst später, und jetzt hatte ich wenigsten etwas zu lachen.
Ich machte uns Kaffee, indem ich die Maschine auffüllte und mich schlaf-

trunken am Küchenschrank so lange festhielt, bis die Brühe durchgelaufen war, was übrigens sehr lange dauert, wenn man darauf wartet.
Jeder Schluck des Kaffees war für mich ein himmlischer Genuß. Nach der dritten Tasse war ich mir sicher, daß Uta und Gino gleich klingeln würden und wir aufbrechen könnten. Doch Träume sind Schäume, hatte schon meine Großmutter formuliert.
Hans gurgelte noch im Bad, ich saß in Unterhosen am Frühstückstisch in der Küche, und geklingelt hatte auch keiner.
Irgendwann kam Hans aus dem Bad und beschwerte sich, daß ich den ganzen Kaffee ausgetrunken hatte.
»Du kannst ja noch einen Pott aufsetzen«, empfahl ich, »und wenn es läutet, mach bitte die Tür auf.«
So gegen Mittag waren wir dann beide endlich fertig. Hans hatte bereits bei unseren Mitreisenden angerufen, doch niemand hatte abgenommen.
»Das bedeutet, die sind unterwegs«, kommentierte er.
Das war sein letzter optimistischer Kommentar in dieser Sache, denn eine Stunde später saßen wir immer noch in der Küche und warteten.
Um 14.00 Uhr packte ich meine Sachen und sagte: »Leckt mich am Arsch.«
Wir gingen nach unten und betraten kurz darauf den Hinterhof des Obsthändlers. Der Gartenzaun war notdürftig geflickt worden, der Hammel weidete zufrieden und wohlbehalten auf der kleinen Wiese. »Hi«, rief Hans über den Zaun, »erkennst du uns noch?«
Der Hammel reagierte nicht. Dafür kam Osman angelaufen: »Was ist passiert? Herr Flick, was ist los?«
»Was soll los sein?« Ich zeigte auf Hans: »Er verträgt die türkischen Delikatessen nicht.«
Osman machte ein leidendes Gesicht: »Beim heiligen Propheten, ich schwöre, nur gute Ware.«
Ich klopfte ihm freundschaftlich auf die Schulter: »War nur Spaß, mach dir keine Sorgen.«
»Und gib auf den Hammel acht«, spaßte mein Kollege.
Ich warf mit Schwung meinen Seesack mit den Klamotten ins Fahrzeug und klomm auf den Fahrersitz.
Hans gab Osman die Hand: »Die Ingenieure müssen immer zu Hause bleiben. Mach's gut - und schöne Grüße an die Familie.«
Osman ließ sich eine Staude Bananen bringen: »Hier, für euch - Bananen sind gesund.«

»Danke«, der schwere Dieselmotor sprang an, eine schwarze Rauchwolke kam durch den Auspuff gepustet und machte den Hammel beinahe zum schwarzen Schaf, »mach's gut, in ein paar Monaten sehen wir uns wieder!«
»Gott mit euch«, rief Osman, »grüßt mir die Türkei!«
Zentimeter um Zentimeter zirkelte ich das breite Fahrzeug durch die Hauseinfahrt des Wohnblocks.
»Brumm, brumm«, Eberhard stand mit seinem Kinderrad auf dem Gehweg, die beiden kleinen Hilfsräder rechts und links hielten ihn aufrecht, »brumm, brumm. Wo fährst du hin?«
»Nach Indien!« überschrie ich den Dieselmotor.
»Ist das weit?«
Ich schüttelte den Kopf: »Nee, eigentlich nicht.«

Als der Verkehr in der Reichenberger Straße uns das Linksabbiegen endlich ermöglichte, reihte ich mich in den bereits beginnenden Feierabendverkehr ein und fuhr in Richtung Kottbusser Tor. Hans wohnte in Tiergarten und hatte gemeint, daß es nur Sekunden dauern könnte, seine Sachen einzuladen, da er bereits gepackt hätte.
Vorne an der Kreuzung schaltete die Ampel auf Rot. Ich schaltete herunter, bremste und noch bevor die Fußgänger Grün hatten, sah ich einen etwas dicklichen, schwarzgelockten Hornbrillenträger mit drei Plastiktüten, einer Reisetasche, einem Rucksack und einem kleinen Koffer an der Kreuzung stehen. Offenbar war er gerade aus der U-Bahn gestiegen und trödelte nun gemächlich zum vereinbarten Treffpunkt - nur eben vier Stunden und zehn Minuten zu spät.
Er hatte die Fahrbahn bereits halb überquert, als er unseren Lastwagen mit den zwei großen, weißen Wohnmodulen und der beachtlichen Dachträgerkonstruktion entdeckte.
Er blieb stehen, blinzelte in unsere Richtung, war sich wohl jetzt seiner Sache sicher und lief wieder zurück.
Ich legte den zweiten Gang ein und fuhr wieder an.
»Ach schau mal«, Hans hatte unseren Gino auch entdeckt, »unser ›Kenn-mich-aus‹.«
Ich gab Gas. Hans winkte ihm mit der rechten Hand, die er bereits die ganze Zeit aus dem offenen Fenster hielt.
Ich mühte mich, in der jetzt über die Kreuzung fahrenden Autoschlange zu bleiben, setzte den Blinker links, ordnete mich ein.

Gino war nun seitwärts in der Höhe von Hans.
Eigentlich sah er aus, als wäre er gerade aus dem Bett gefallen, mit seinem zerknitterten Polohemd und seiner lila Trainingshose.
Ich fuhr unbeirrt weiter.
»He!« rief er, winken konnte er nicht, weil es sich mit drei Plastiktüten und einem Koffer in den Händen schlecht winken läßt.
Hans sah zu mir rüber. Unbeirrt achtete ich auf den Verkehr, und es war viel Verkehr, auf den ich um 14.11 Uhr an diesem 9. September achten mußte.
Noch dachte unser Großmaul wahrscheinlich, ich würde auf der anderen Seite der vierfachen Kreuzung anhalten. Hans nahm dies wohl auch an, sagte noch: »Mal hören, was der uns zu erzählen hat.«
Ich unterfuhr die Stahlkonstruktion, die in der Mitte der Skalitzer Straße steht, bog nach links und schaltete in den dritten Gang.
»He, hallo«, hörte ich sein Rufen, sah seine lila Trainingshose im Rückspiegel flattern und gab Gas.
Hans kniff belustigt, aber auch unsicher über mein Vorhaben, die Augen zusammen: »Der hält dein Tempo nicht durch bis nach Indien...«
Ich sagte nichts.
»...hättest du doch etwas gesagt«, vernahm ich jetzt meinen Beifahrer, »ich hätte das Seil des Hammels mitnehmen können.«
Gino war bereits etwa 50 Meter zurückgefallen. Ich bremste leicht ab, er holte wieder auf.
Hans lehnte sich aus dem Fenster, blickte zurück, winkte jetzt. Ich brummte: »Dicke schwitzen wie die Schweine...« und fuhr noch einige Meter.
»Schweine schwitzen nicht«, widersprach Hans.
»Mann, könnt ihr nicht warten«, brüllte Gino, als er in Höhe der Beifahrertür angekommen war. Ich hatte ihn keines Blickes gewürdigt, mußte auf den Verkehr achten und fuhr langsam weiter.
Ginos Gang wurde taumelnd, bestimmt hätte der Hammel von gestern abend eine bessere Figur gemacht. Aber was sollte es, nicht jeder kann so gut aussehen wie ein kastrierter Schafsbock.
Wir hatten nun den Wassertorplatz erreicht. Ich als Fahrer, Hans als Co-Pilot und Gino als Läufer.
Ich hielt, wollte gerade die Handbremse anziehen, da hatte der sprachbegabte Italiener die Beifahrerseite wieder erreicht.
»Ihr Faschisten!« benützte er, nach Luft schnappend, sein Sprachtalent.
Wieder hatte ich einen Grund, den Gang einzulegen, anzufahren, und ich

tat es mit Freuden.
Hans lachte.
»Halt, verdammt noch mal!« brüllte Gino.
»Hat er was gesagt?« fragte ich Hans und fuhr in den Kreisverkehr des Platzes ein.
»Nichts Höfliches«, schmunzelte mein Beifahrer.
»Frage ihn, ob er eine Reiserücktrittversicherung abgeschlossen hat.«
»Geht nicht«, erklärte mir Hans nach einem kurzen Blick aus dem Fenster, »er ist zu weit hinten.«
Ich verlangsamte die Fahrt, kam endgültig zum Stehen.
Langsam holte uns Gino wieder ein. Die eine Plastiktasche war gerissen, seine schwarzen Haare naß wie aus dem Wasser gezogen, seine Brillengläser beschlagen. Das war mir alles egal, Hauptsache, er hielt sein freches Maul.
Hans öffnete seine Tür, klappte den rechten der drei vorderen Sitze nach vorn: »Na, dämmert's? Endlich wach?«
»Entschuldigung«, das war kaum zu hören, aber gesagt hatte er es, da bin ich mir sicher.
Als er sein Gepäck und sich eingeladen hatte, fuhr ich weiter. Keiner sagte etwas, und Hans schaltete das Radio ein. Eine halbe Stunde später hatten wir die Wohnung meines Kollegen erreicht. Er stieg aus und war tatsächlich bereits nach fünf Minuten mit seinem Seesack wieder da.
»Auf geht's«, freute er sich, »Gott mit uns - es kann ja nur noch besser werden.«
Als wir, uns durch den Berufsverkehr quälend, endlich die Stadtautobahn erreichten, war Gino wieder bei Atem und hatte sich ausgedampft.
Hans gähnte zum ersten Mal, zeigte auf die Uhr: »Für das Protokoll: Abfahrt Berlin, 15.00 Uhr. 50 Prozent der Passagiere an Bord.«
»Vielleicht steht Uta jetzt bei mir vor dem Haus«, orakelte ich. Gino hatte sich nicht auf den dritten Sitzplatz in der ersten Reihe gesetzt, sondern saß mit dem Rücken zur Fahrtrichtung am Durchgang zwischen Küchenmodul und Fahrerkabine. Er sagte irgendwas, doch ich verstand nichts.
Hans stellte das Radio wieder aus.
»Bitte, was hast du gesagt?«
»Nichts.«
»Doch, wir haben das hier vorn nicht verstanden«, beharrte ich.
»Ich sagte«, erklärte der Schwarzhaarige, »›sicher nicht‹.«

»Warum?«
»Sie steht sicher nicht vor Flicks Haus«, ergänzte Gino etwas gequält.
Hans drehte sich ein wenig: »Und warum bist du dir da so sicher?«
»Die ist in Witzenhausen bei ihren Eltern.«
»Wo ist denn Witzenhausen, um Himmels willen?« fragte ich.
Auch das wußte Gino: »Auf halber Strecke zwischen Hannover und Dortmund. Irgendwo hinterm Harz.«
»Hat es sich wohl anders überlegt, die Kleine«, kommentierte Hans die Nachricht und biß in ein mitgebrachtes Schinken-Käse-Sandwich.
Auf der AVUS war der Verkehr nicht mehr so dicht wie auf der Stadtautobahn, und ich machte, daß das Fahrzeug Fahrt aufholte.
»Woher weißt du das denn?« interessierte ich mich.
Gino rückte seine Brille zurecht: »Sie hat es mir gesagt.«
»Und zu unserer Fahrt sagte sie nichts?«
»Doch, wir sollten sie abholen. Nur dazu ist es ja jetzt zu spät.«
Ich holte tief Luft. Hans kratzte sich am Hinterkopf, schluckte und mampfte immer noch mit halbvollem Mund: »Habe ich das richtig verstanden? Uta hatte dich gebeten, uns zu bitten, sie in diesem Witzendorf abzuholen, und wartet jetzt da?«
»So ähnlich«, meinte Gino gelangweilt.
»Und warum sagst du uns das nicht?« fragte Hans.
»Weil wir uns jetzt die 1.000,- DM von ihr teilen können...«
»Hast du sie nicht alle...«, warf ich ein und zu meinem Kollegen gewandt: »Dir ist ein Stück Käse runter gefallen.«
»Genauer gesagt«, setzte er seine Erklärung ungerührt fort, »ich kriege von euch jetzt mindestens 500,- DM zurück, dann habt ihr immer noch fürs Nichtstun verdient.«
Der meinte dies alles nicht im Spaß. Dieser Typ in seiner lila Trainingshose, mit dem von der Rasur stets zerschnittenen Gesicht wollte uns nicht ärgern, nicht fertig machen, und auf keinen Fall wollte er uns in irgendeiner Weise reizen oder sich noch einmal der Gefahr aussetzen, eventuell hinter unserem Wohnmobil herzurennen. Nein, dieser Typ war ein Sünder! Was er sagte, war sein freier Wille und dies in einer wichtigen Sache. Dabei hatte er die klare Erkenntnis, und trotzdem war er sich keiner Schuld bewußt. Er mußte wahnsinnig sein.
Hans zerknüllte sein Brotpapier, holte sich die Straßenkarte aus der vorderen Ablage und sagte wie beiläufig: »Gino? Du bist wohl ein selten blödes Arschloch?«

Gino blieb völlig ungerührt: »Drei Mann allein sind doch besser als ein Weib dazwischen. Besonders deshalb, weil die Besitzverhältnisse nicht geklärt sind.«
»Welche Besitzverhältnisse?« fragte ich.
»Von dieser Frau. Wir können es ja formlos so regeln, daß ich sie für die ersten vier Wochen habe. Das wäre mir dann auch gleichzeitig eine gewisse Entschädigung für die 500,- DM, die ihr mir nicht zurückbezahlen wollt.« Er rückte wieder an seiner Brille. »Da sie mit ihren Sommersprossen unvorteilhaft aussieht, immer gemessen an dem Material, das ich sonst gewöhnt bin, werde ich sie eventuell sogar früher ablegen...«
Hans schüttelte resignierend den Kopf: »Gino, ich glaube, du hältst jetzt dein Maul, sonst wirft dich der Flick nicht nur raus, sondern überfährt dich auch noch ein, zwei, drei Mal.«
»Das reicht nicht«, sagte ich und versuchte mich krampfhaft daran zu erinnern, warum wir auf diese idiotische Idee gekommen waren, uns hier irgendwelche Verrückten einzuladen.
»Richtung Hannover«, sagte Hans und stellte sein rechtes Bein auf die vor ihm befindliche Konsole.

Sechs Stunden später hatten wir Witzenhausen erreicht. Es begann, Nacht zu werden, und in der kleinen Ortschaft fuhren wir immer wieder im Kreis. Keiner konnte uns sagen, wo Uta wohnte. Gino hatte sich die Adresse und die Telefonnummer von Uta erst gar nicht aufgeschrieben. Sicher wußte er nur, daß sie bei ihren Pflegeeltern war, sie also einen anderen Nachnamen hätten, als wir wüßten.
Nach einer Stunde vergeblicher Suche hielt ich an einer Telefonzelle und rief die mir von Uta bekannte Nummer in Berlin an. Es war nur ein Versuch, doch tatsächlich meldete sich jemand am anderen Ende der Leitung.
»Uta?« fragte ich ungläubig.
»Nein, ich bin die Vermieterin.«
Die nette Frau konnte mir weiterhelfen, und nach weiteren dreißig Minuten saß Uta bei uns im Fahrzeug.
»Danke, Gino«, sagte sie als erstes.
Gino rückte an seiner Hornbrille: »Ich hoffe, ihr tut mir nun auch einen Gefallen?«
Ich ahnte Fürchterliches.
Schnell sagte Uta: »Aber natürlich, Gino. Wir sind doch jetzt eine Einheit.«

»Was ist?« Hans lächelte nicht.
Monoton brummte der Dieselmotor vor sich hin. Ich und Hans hielten die Luft an, dann sagte Gino: »Wir müssen in München mein Visum für Bulgarien abholen.«
»Ach so, wenn's weiter nichts ist«, knirschte mein Nachbar und boxte mich in die Seite: »Los, Alter, Kurs: München, Bulgarisches Konsulat, Botschaft, Militärmission - egal.«
Dann lehnte er sich zurück und schloß die Augen: »Laß mich mal nachrechnen: Sollten wir in diesem Herbst die deutsche Grenze noch erreichen, sind wir in spätestens drei Jahren in Indien.«

Irgendwann in der Nacht hatten wir einen Parkplatz angesteuert und uns aufs Ohr gelegt.
Gino und Uta waren sehr früh wach geworden, rekelten sich. Er hatte hinten geschlafen, sie auf der Liege im mittleren Modul. Ich wußte zuerst gar nicht, wo wir uns befanden, doch dann besann ich mich. Am liebsten wäre ich nie mehr aufgestanden, denn alles tat mir weh, versuchte ich nur einen einzigen Muskel anzuspannen.
Hans hatte sich im Fahrerhaus lang gelegt, wachte nun auch auf. Uta ging hinaus ins Freie, der Italiener folgte ihr.
»Mensch, Werner, wo sind wir nur?«
»Mensch, Hans«, gähnte ich gleichgültig, »wo ihr seid ist mir wurscht, ich bin tot.«
Als Hans und ich auf den Parkplatz traten, hatte Gino die sommersprossige Uta zwischen sich und die Seitenwand des Lastwagens gedrängt. Es gab für sie kein Entrinnen. Hans steuerte auf die beiden zu, sagte zu Uta: »Stehst du hier freiwillig, oder nötigt dich der Typ?«
Sie wußte mit dieser Frage nichts anzufangen, sagte: »Wir unterhalten uns. Warum?«
Der Blick meines Freundes sprach Bände, sein ewiges Gegrinse und seine lockere Art war alles andere als freundlich oder gutmütig. Auch Gino spürte das instinktiv, und ich hoffte, daß er daraus seinerseits die entsprechenden richtigen Schlüsse zog.
»Solltest du«, sagte Hans nun süffisant zu dem Mädchen, »irgendwann keine Luft mehr bekommen, so wende dich vertrauensvoll an den lieben Hans.«
Gino öffnete den Mund, vielleicht wollte er wieder »Faschist« sagen, vielleicht auch nicht. Hans war nämlich etwas schneller, als er mit leiser

Stimme drohte: »Ich weiß, daß du nicht weißt, was Anstand ist. Merke ich, daß du hier irgendwelche miesen Spielchen spielst, so binde ich dich mit einem Seil um den Hals hinten an der Stoßstange an...«
Und ich ergänzte: »Wie der Bauer die Ziege zwischen Stuttgart und Biberach.«
Uta verstand nichts: »Was meint er damit?«
Gino blieb still.

Am späten Nachmittag hatte Gino sein Visum und preßte ein »Pardon« und ein »Danke« zwischen den wulstigen Lippen hervor. Dann fuhren wir weiter.
Kurz vor Bad Reichenhall hupten uns überholende Autos an.
»Was ist denn nun schon wieder?« meinte ich ärgerlich, weil ich der unerwarteten Zwischenfälle bereits genug hatte.
Hans pumpte mit dem rechten Fuß und sagte trocken: »Irgendwas stimmt mit den Bremsen nicht.«
Gino, der sich zwischen uns gesetzt hatte, empfahl: »Fahrt hier auf den Parkplatz.«
»Das ist kein Parkplatz, sondern eine Ausfahrt«, verbesserte ich ihn. Trotzdem fuhr Hans von der Autobahn runter, schaltete wie wild, pumpte mit dem Fuß: »Scheiße, die Bremse ist out.«
Zum Glück ging es jetzt ein wenig bergauf: erster Gang, Rechtskurve ohne anhalten, weiter, die Ampel stand auf Grün, mit aufbrüllendem Motor über die Kreuzung.
»Da leuchtet ein Mercedes-Stern«, beschrieb der Mann mit der Hornbrille seine Sicht der Dinge.
Mir perlte der Schweiß auf der Stirn. Hans steuerte auf die Auffahrt, entkuppelte, das schwere Fahrzeug rollte und rollte und rollte, dann - unendlich langsam - kam es vor einem blauen Schild zu stehen. »Lkw-Reparatur« stand darauf.
Uta, die den Kopf durch die Luke gesteckt hatte, fragte: »Was ist denn los?«
Die richtige Antwort wäre gewesen, daß die Simmeringe an den Radlagern undicht waren und das austretende Öl in die Bremsen lief. Aber das wußte ich zu diesem Zeitpunkt auch noch nicht, und Uta hätte dies auch nicht verstanden.
Ungefragt und ohne Auftrag fing Gino mit einem Werkstattmeister eine Verhandlung an.

Die Situation war antagonistisch: Wir wollten unser Fahrzeug möglichst sofort repariert haben, der Meister wollte möglichst sofort Feierabend machen.
In einem ekelerregenden Monolog redete unser Mann in seiner lila Trainingshose den Werkstattmeister in Grund und Boden. Nie mehr werde ich mich dort sehen lassen können, aber unser Fahrzeug wurde noch am selben Abend repariert.
Dann verschwand Gino in Richtung der naheliegenden Tankstelle, kam bald darauf mit vier mikrowellenerwärmten Hamburgern zurück, setzte sich auf die Grasnarbe der Werkstatthofumrandung und stopfte sich eines nach dem anderen dieser pappig, fettigen Dinger unter der Nase rein.
Uta kam zu mir: »Er will nichts mehr von mir wissen.«
»Wer?«
»Gino natürlich.«
»Dann sei doch froh«, tat ich ab.
Sie schüttelte den Kopf: »Hans hat ihn fertiggemacht. Er war ganz böse zu ihm.«
»Ach wo«, tröstete ich unsere Mitfahrerin, »dem wurden nur ein wenig die Flügel gestutzt. Fertigmachen kann man solche Typen wie Gino nicht.«
»Ich find ihn ja so niedlich.«
»Ja, ja«, sagte ich, »ich auch.«
Der zweite Tag unserer Reise neigte sich dem Ende. Wir hatten 876 km zurückgelegt und Deutschland noch immer nicht verlassen. Wenn es so weiter ginge, wäre Markus bereits volljährig, bis er von uns befreit werden könnte.
Hans brachte mir eine Büchse Bier von der Tankstelle mit. »Meinst du nicht, daß Bier dem verantwortlichen Lenker eines Kraftfahrzeuges gar nicht gut tut?«
»Cola klebt so«, grinste er, »zudem ist das hier kein Alkohol, sondern eine bayerische Delikatesse.«
Gino, der den Papiermüll seines Hamburgerfressens einfach liegengelassen hatte, stellte sich zu uns: »Ihr hättet mir ja auch etwas mitbringen können.«
»Und wer brachte uns etwas mit? Obwohl er zuerst zur Tankstelle...«
»Da habe ich nicht dran gedacht.«
»Dann denke dran«, mischte sich Hans ein, »daß du den Müll da hinten wegräumst.«
Ein Sportwagen rollte heran, und ein weiterer Monteur der

Mercedesniederlassung in blauem Arbeitsanzug stieg aus. Der Meister hatte sich wohl Verstärkung geholt.
Gino betrachtete eine Weile angestrengt das rege Treiben, dann sagte er: »Der hat Verstärkung geholt, das hatte ich ihm auch dringend empfohlen. Man muß«, er rückte an seiner Brille, »mit den Leuten nur reden.«
»Daß du keine Angst hast«, wunderte sich Hans, »mit dem Reden, meine ich.«
Ich fragte: »Hat dir eigentlich, bei deinem großen Maul, noch keiner eins auf die Nase gehauen?«
Der Angesprochene zupfte an seiner Nase, trat einen Schritt zurück, schmiß den Kopf in den Nacken und tönte: »Brillenträger werden nicht geschlagen.«
»Da wäre ich mir aber nicht so sicher.«
»Doch«, sagte der Besserwisser, »das hat sich im gesamten europäischen Raum herumgesprochen. In der Türkei zum Beispiel....«
Ich hustete, trank noch einen kräftigen Schluck aus der Dose, hörte, wie er jetzt prahlte: »Aufpassen muß ich in Pakistan, der von Ghandi propagierte pazifistische Gedanke hat sich dort noch nicht durchgesetzt. In Indien aber, obwohl nicht humanoid - äh - ich meine europäisch, braucht man in dieser Hinsicht überhaupt keine Befürchtungen zu haben....«
»Puh«, machte ich. Hans strahlte wie ein Vollmond.
Gino: »...gleichzeitig empfindet der normale Inder eine Brille als Statussymbol, folgerichtig als Symbol der Fruchtbarkeit und der grenzenlosen Potenz. Ich kenne mich da nämlich aus...«
»Ist ja ganz toll«, schmunzelte Hans und ließ ihn stehen.
Uta war in die Werkstatthalle geschlendert, betrachtete die beiden Monteure bei ihrer schweißtreibenden Arbeit, streichelte die schwarze Werkstattkatze mit dem weißen Fleck auf der Brust gegen den Strich und redete gleichzeitig auf das liebe Tier ein.
Nach einer halben Stunde kam mit ölverschmiertem Gesicht der Meister aus der Halle gelaufen, einen 48er Schraubenschlüssel in der Hand: »He, ihr da«, rief er in unsere Richtung, »könntet ihr nicht die Verrückte aus der Halle nehmen - die frißt unserer Katze das Trockenfutter weg.«

In dieser Nacht fuhren wir noch los und erreichten ohne größere Zwischenfälle Österreich. Der dritte Tag war angebrochen, als wir irgendwo am Straßenrand des Morgens aufwachten.
Irgendwann in der Nacht hatte sich Uta zu Gino in das hintere Modul,

das eigentliche Schlafmodul gelegt, wo auch ich versuchte, über den Umweg des Schlafens neue Kraft zu schöpfen.
Bald schon wachte ich auf, die Aktivitäten der beiden hatten mich aufgeweckt.
Ich zog um, denn den pornographischen Teil dieser Kennenlernaktion wollte ich auf keinen Fall miterleben müssen.
Nun gut. Die österreichische Sonne stand schon am Himmel, und es war eigentlich viel zu kalt für diese Jahreszeit.
»Hast du schlafen können?« fragte Hans.
»Nachdem ich die beiden verlassen hatte, eigentlich schon.«
»Mensch, Werner, ich habe gefroren, es war saukalt heute nacht.«
»Wenn du es jetzt sagst.«
»Na, dann komm, laß uns dieses Österreich hinter uns bringen.« Er klopfte mir auf die Schulter, ich glühte den Wagen vor und startete.
Nach etwa zehn Minuten meldete sich Gino: »Wo geht's denn hin?«
»Nach Indien«, gab Hans über die Schulter zurück.
»Ach so.«
Der Weg bis zur Autobahn, die wir zum Zwecke der Grenzüberschreitung verlassen hatten, führte durch mehrere kleine idyllische Dörfer. Unser Auto war wohl nicht das schnellste, jedoch breit und kräftig genug, in den engen, gewundenen Straßen alles mögliche umzunieten. Ich war deshalb froh, als ich einen ausgebauten Autobahnzubringer erreichte.
»Mich geht's ja nichts an...«, leitete Gino einen neuerlichen Dialog ein.
»Dann halt am besten dein Maul«, warnte ihn Hans.
»Laß ihn doch reden«, sagte ich.
»Wenn er doch von vornherein vermutet, daß es ihn nichts angeht...«
Ich bog auf die breite Schnellstraße, sagte: »Gott sei Dank, daß diese engen Dörfer vorbei sind.«
»...warum soll er sich also der Gefahr aussetzen, sich das Maul zu verbrennen. Bei seinem Talent.«
Ich lachte.
»Wie gesagt, mich geht es nichts an, weil jeder für sein Tun oder Unterlassen selbst verantwortlich ist...«
»Du sagst es, Gino!«
»Was ist denn los?« wurde ich ungeduldig.
»Uta ist nicht im Fahrzeug. Hat sie sich von euch verabschiedet?«
»Was?« Es war nicht zu fassen.
»Das sagst du jetzt!« schrie ich ungehalten.

»Ich dachte, sie sitzt bei euch vorn.«
»Du stecktest doch in ihr drin, wie soll sie dann bei uns sitzen?«
Gino setzte jetzt erst seine Brille auf, als Hans das sah, entspannte er sich wieder und meinte: »Gino, schau erst einmal mit Brille hinten nach. Vielleicht hast du sie ja nur übersehen.«
Der murrte etwas, ging aber tatsächlich nach hinten, um erneut nachzusehen.
Doch Uta blieb verschwunden.
Zwanzig Kilometer bis zur nächsten Ausfahrt waren es noch, dann konnte ich wenden. Ich fluchte schon nicht mehr.
Hans versuchte, auf der Straßenkarte das Landstraßenstück ausfindig zu machen, wo wir übernachtet hatten. Das war gar nicht so einfach, weil wir außer Plan abfuhren, um einen geeigneten Halteplatz zu finden. Daß wir dann - wie erwähnt - am Straßenrand übernachtet hatten, war so ja nicht gewollt.
»Himmel Herrgott...«
Gino hatte sich wieder verzogen. Offensichtlich entwickelte er ein Talent dafür zu spüren, wann die Situation gefährlich wurde.
»Mein Gott«, gab ich zum Besten, »wenn wir jemals heil in Indien ankommen, ist das nicht nur ein Beweis für die perfekte Einstellung der Gravitationskonstante des Universums, sondern beweist auch unwiderlegbar die Tatsache, daß es dich gibt.«
»Lästere nicht«, lachte mein Freund und montierte an Ginos Kassettenabspielgerät herum.
»Laß mich mal machen«, sagte sein Besitzer, »ich kenne mich da aus.«
Er drängte sich nach vorn und nahm in unserer Mitte Platz.
»Schraubenzieher!«
Hans suchte, gab ihm einen.
»Zu groß.«
»Dann sag das doch gleich.«
»Ich glaube«, bemerkte ich, »jetzt sind wir durch die Ortschaft bereits wieder durchgefahren.«
»Das ist ja nicht unsere Schuld«, analysierte nun unser Kaltschnauz und schraubte dabei an dem Recorder herum, »soll sie doch schauen, wie sie nach Indien kommt.«
»Halt jetzt die Schnauze«, brüllte Hans, »repariere lieber deinen Kassettenrecorder.«
In einer Haltebucht versuchte ich, das Fahrzeug zu wenden. Die ganze

Zeit war uns kein anderer Wagen entgegengekommen. Jetzt aber warteten bereits zwei, bis ich die Blockade der schmalen Landstraße aufgab. Endlich. Ich fuhr in gemäßigtem Tempo zurück.
»Der ist kaputt«, sagte Gino plötzlich, doch bevor wir das richtig verstanden hatten, hatte er das Elektronikteil auch schon ausgebaut und aus dem Fenster geschmissen.
»Mann, ist das eine Umweltsau!« empörte sich Hans.
»Da vorne steht Uta.«
Sie stand auf der linken Seite, und ich bremste, als ich ihre Höhe erreichte. »Mädchen, Mädchen, wir haben dich mit Schmerzen gesucht«, stöhnte ich erleichtert.
»Und warum seid ihr erst einmal vorbeigefahren?«
»Wir haben dich nicht gesehen.«
Sie ging um das Fahrzeug herum, kletterte nach oben.
»Danke, Gino!«
»Bitte, bitte«, sagte Hans.

In Klagenfurt, kurz vor der Staatsgrenze, legten wir eine Pause ein. Ich hielt mir die Nieren, als ich aus dem Wagen geklettert war und mich stöhnend streckte.
»Geht's dir gut?« wollte Uta wissen.
Ich nickte, gähnte und spürte gleichzeitig dieses merkwürdige Ziehen in der Nierengegend. Uta wendete sich ab und rief: »Warte doch!«, dann lief sie Gino hinterher.
Hans stieß mich in die Seite: »Mensch, Werner, wir müssen noch die Dukaten kaufen.«
Ich schaute ihn müde an: »Ja, das hätte ich beinahe vergessen.«
»Die beiden brauchen das ja nicht mitzukriegen«, Hans zeigte in die Richtung, in der er den Imbißstand vermutete.
Dem stimmte ich bei, zögerte aber: »Die Preise dieser Wechselstube hier werden nicht gerade günstig sein...«
Hans winkte ab: »Laß mich machen, ich fahre in die Stadt rein.«
»Gut«, ich kletterte am Führerhaus hoch, »du brauchst Geld.«
Hans griff sich vergewissernd an seine Gesäßtasche, mein Geld war noch im Fahrzeug.
Als ich die Scheine in der Hand hielt, sagte mein Freund: »Du brauchst ja nicht das gesamte Fiat-Aktienkapital zu riskieren...«
»Wie kommst du denn darauf?«

»Weil du ein Gesicht machst, als hätte es dir das Kraut verhagelt.«
»Wie bitte?«
»...Kraut verhagelt...«
Er wollte mir wohl den Sinn dieser Redewendung erklären. Ich winkte ab: »Nein, nein«, und schüttelte den Kopf, »ich habe da hinten so ein verdammtes Ziehen.«
»Mensch, Werner, werde ja nicht krank.«
»Paß schön auf unser Geld auf.« Ich kniff die Augen zusammen, als ich die vielen Scheine in seiner alten, schäbigen Geldbörse überquellen sah.
»Keine Bange, ich versenke das Gold sofort in den Wassertanks. Einverstanden?«
Ich drängte: »Laß uns nicht so lange warten.«
Er tippte sich an die nicht existente Mütze und fuhr nach der üblichen Anlaßprozedur davon.
Zu faul nach vorne zu laufen, um mich in die Raststätte zu setzen, steuerte ich meine Schritte auf die Grasböschung zu, setzte mich in das bleihaltige Gras und blinzelte in Richtung der schönen Stadt, die da in einiger Entfernung unterhalb der Parkplatzanlage lag. Mir war plötzlich alles zuviel. Eigentlich war mir diese Unternehmung einfach zu groß, war ich dem Ganzen gar nicht gewachsen.
»Was denkst du?«
Ich wandte den Kopf. Natürlich hatte ich Uta an der Stimme erkannt, suchte ihren männlichen Begleiter, doch der war nicht zu sehen.
»Klagenfurt«, ich zeigte auf die Stadt, »ein schönes Hotel, Restaurant, Kaiserschmarren, dann mit vollem Bauch ins Schwimmbad, an die Bar...«
»Indien ist viel schöner«, sagte das Mädchen, »was heiß ist, ist kalt, was hart ist, ist weich.«
»Was sauber, dreckig...«
»Sage das nicht, Werner«, sie setzte sich zu mir, und erst jetzt bemerkte ich, daß sie zwei volle Plastikbecher in der Hand hielt. Bestimmt würde Gino gleich irgendwo auftauchen. Aber sie sagte: »Ich habe dir einen Tee mitgebracht. Möchtest du?«
Erstaunt und etwas verlegen lächelte ich, nahm ihr einen Becher aus der Hand: »Danke. Wußtest du von meinen Nieren?«
Sie bestätigte und zeigte auf den Becher: »Tee ist immer gut. Das ist indischer.«
Ich wollte etwas bemerken, verkniff mir dies und trank.
Sie nahm einen Grashalm in den Mund: »In Indien sind die Menschen

weise. Hier nur gebildet.«
Entsetzt zeigte ich auf den Grashalm: »Mädchen, nimm doch nicht alles in den Mund. An diesem Gras ist mehr Blei und Cadmium von dem Autodreck als in einer Chemiefabrik.«
Uta aber ging darauf nicht ein, warf den Grashalm weg, pflückte sich einen neuen und schob sich diesen zwischen die Lippen: »In Indien findest du die Wurzeln alles Göttlichen.«
Ich sagte: »Ich bin als Ungläubiger geboren.«
Sie sagte: »Du glaubst nicht?«
Ich sagte: »Doch, ich muß ja.«
Uta zog sich wieder den Grashalm aus dem Mund, schlürfte an ihrem Plastikbecher: »Das versteh ich nicht.«
Ich blinzelte weiter in die Sonne und meinte, in Richtung Klagenfurt schauend: »Wer nicht alle Informationen hat, und das haben wir Menschen nun eben mal - nachweisbar - nicht, der ist verdammt zu glauben.«
»Ich glaube!« bekannte Uta. Ich sah ihre vielen, vielen Sommersprossen, ihre große kitschige Sonnenbrille mit den nur schwach getönten Gläsern und den häßlichen weißen Bakelitbügeln, ihr strähniges, dunkelblondes Haar, und trotzdem fand ich sie liebenswert.
»Was glaubst du denn?« fragte ich.
»Ist doch egal«, sagte sie, »Frau muß glauben.«
»Wenn du meinst.«
»In Indien steht die Zeit still. Hast du denn nicht diese schönen Bilder gesehen? Diese tausendjährigen Tempel, diese Götter...«
»Und Rindviecher...«
»Die heiligen Kühe...«
»Wo ist Gino?«
»Weiß nicht. Wo ist Hans?«
»Weiß nicht, der wird gleich wiederkommen.«
»Ich mag dich«, sagte sie.
»Ich dich auch. Irgendwie bist du ein liebes Mädchen.«
»Danke, daß du das sagst.«
Unsere danach erfolgte liebevolle Umarmung konnte die Welten, die uns trennten, nur für kurze Zeit überbrücken. Uta war vielleicht so wie das auf uns zukommende Indien. Man müßte sie näher kennenlernen, um sie zu verstehen.
Im Nordwesten zogen sich Wolken zusammen. Noch waren die Wipfel der Berge klar zu sehen, doch bald würde das dunkle Grau des konden-

sierten Wassers sie verhüllen.
»Es wird Zeit«, sagte ich zu Uta, »daß die beiden wieder eintreffen, ich möchte den europäischen Regen nicht mehr erleben.«
Wir liefen vor zur Tankstelle, schauten in das Raststättenrestaurant - nirgendwo war Gino zu finden.
»Was hat er denn gesagt?« fragte ich das Mädchen.
Sie schüttelte den Kopf: »Weiß nicht, er ist einfach gegangen.«
An einem Souvenirladen standen deutsche Touristen. Die Männer trugen graue Filzhüte, gespickt mit unzähligen, farbigen Stickers, und überdimensionale Ferngläser baumelten vor ihren Brüsten. Die Frauen waren mit Skihosen und Dirndlblusen bekleidet. Alle hatten aber rote, blaue oder gelbe Stoffanoraks an oder zusammengerollt in der Hand. Bergsteiger mit Straßenschuhen, Turnschuhen oder Sandalen auf der Autobahn.
Ich sagte angewidert: »Mir wird ganz schlecht.«
Uta meinte: »Wir können ja noch einen Tee trinken.«
Ich nahm ihre Hand, lachte: »So meinte ich das nicht, ich glaube, ich brauche einen Schnaps.«
Wir liefen zum Restaurant zurück. Ich lächelte sie an: »Komm, ich lade dich ein« und ging voran.
Uta wollte sich an die Tür setzen: »Wenn die uns nicht sofort sehen, fahren sie alleine.«
»Hans nicht«, behauptete ich und zog Uta hinter mir her.
Wenige Minuten später hatten wir eine »Brotzeitplatte für zwei Personen« serviert bekommen, ich verzichtete auf den anvisierten Schnaps und trank dafür ein perlendes Weizenbier, Uta auch.
»Das ist vielleicht das letzte Essen, das man unbedenklich genießen kann...«
»Wie meinst du das?« Uta strich sich mit dem Messer die Leberwurst auf das Bauernbrot und bekundete gleichzeitig: »Ich bin eigentlich Vegetarierin.«
»Ich auch.« Dann biß ich in eine Brotkante und schob einen Riegel Schwarzwurst hinterher, zeigte mit der Messerspitze auf eine der Tomatenschnitze und sagte mit vollem Mund: »Tomaten, Petersilie, Salat, Radieschen - alles vegetarisch.« Uta strich immer noch ihr Brot, nickte aber zustimmend, als ich weiter ausführte: »Nur esse ich zu all diesen vegetarischen Köstlichkeiten Fleisch.«
»Ist das«, sie zeigte auf die Wurstplatte, »vegetarisch?«
»Ja sicher«, sagte ich trocken.

»Das wußte ich gar nicht«, meinte sie und biß eher zärtlich in das riesige Brotstück.
»Und? Schmeckt's?«
»Lecker«, schwärmte sie.
Nach einer halben Stunde hatten wir die Fleischbeilagen zu unserem vegetarischen Mahl verzehrt, so daß uns nur noch ein knallrotes Radieschen vom Holzteller entgegenstrahlte. »Möchtest du?«
»Nein«, sagte sie, »die sind mir zu scharf.«
So bestellte ich uns noch zwei Weizenbier, und als ich Uta zuprostete, benutzte dies ein einzelner Herr am Nachbartisch zur Kontaktaufnahme: »Wohl bekomm's!«
Sofort verspürte ich wieder dieses leichte Ziehen in der Nierengegend. Er trank auch Weizenbier, und der Herr hatte eine dieser Tirolerjacken an. Ich suchte klammheimlich nach dem Filzhut mit den Abzeichen, fand ihn nicht und grinste trotzdem sarkastisch: »Vom Bergsteigen zurück!?«
»Gestatten: Müller«, sagte er, »bin nur auf der Durchfahrt.«
»Flick«, bekam ich zwischen den Zähnen hervorgepreßt.
»Fahre nach Indien«, sagte er.
Ich: »Ach was?«
Er: »Sie werden sich mit Ihrem Fräulein Tochter noch ein paar schöne Tage machen wollen? - In diesem herrlichen Spätsommer.«
Ich lächelte überheblich: »Das ist nicht meine Tochter.«
Das war ihm peinlich. Uta hatte sich umgedreht, damit sie ihn sehen konnte, plapperte sofort los: »Wir fahren auch nach Indien.«
Als hätte er nur auf diesen Satz gewartet, nahm er sein Weizenbier und stand auf. Ich dachte noch: ›Wo will er denn hin?‹ Aber eigentlich war mir jetzt alles klar. Denn er verbeugte sich an unserem Tisch, sagte: »Gestatten: Müller aus Garmisch, bin dort niedergelassen als Zahnarzt«, und schon saß er mit seiner Tirolerjacke bei uns am Tisch.
»Das ist ja schrecklich«, sagte Uta und meinte das auch so.
Müller verstand das nicht oder hatte es höflich überhört.
»Bedienung?! Bringen Sie uns bitte noch drei Weizenbier.« Zu uns gewandt sagte er: »Entschuldigung, Sie trinken doch noch einen mit?«
Uta pustete, und die kristallene Flüssigkeit gluckert in ihrem Glas.
»Wir müssen noch fahren«, versuchte ich, seiner Einladung zu widerstehen.
»So jung sehen wir uns nicht wieder«, behauptete er und fragte dann: »Haben Sie denn die geeignete Ausrüstung? Indien ist kein Pappenstiel.«

Ich schüttelte den Kopf: »Uta hat nur Spaß gemacht, wir fahren heute nur noch bis hinter Belgrad.«
»War ich schon. Da gibt es ein ausgezeichnetes Bier.«
Uta schaute mich groß an, sie konnte nicht verstehen, daß ich mit diesem Typen nichts zu tun haben wollte, wäre ihm wahrscheinlich gerne vertraulich um den Hals gefallen.
»Na ja«, sagte Müller, »ohne die nötige Ausrüstung ist der Landweg nach Indien für Sie eine einzige Tortur, glauben Sie mir.«
Ich glaubte das. Uta glaubte das aber nicht und fragte: »Warum?«
Er fing sofort an aufzuzählen, daß man ein geländegängiges Fahrzeug bräuchte, Fremdsprachenkenntnisse erforderlich wären, es nicht an der nötigen Toleranz und am Verständnis für die fremden Kulturen mangeln dürfe und nicht zuletzt man sich intensiv vorbereiten müsse.
Uta plapperte: »Aber das haben wir doch.«
Ich sagte eindringlich: »Uta - Mädchen -, es ist alles gut.«
Müller trank noch einen Schluck, ich auch, Uta gluckerte nochmals und meinte dann: »Mit diesen großen Gläsern komme ich nicht zurecht.«
»...natürlich werden Sie verstehen, daß ich meine Praxis für ein Vierteljahr schließen mußte«, prahlte Müller, »ich sage immer: Der Landweg nach Indien ist nichts für Arme oder sogenannte Aussteiger. Selbstverständlich nicht... Kein kleiner Angestellter würde freigestellt werden...«
Müller lachte, sagte dann etwas über das unfreundliche Ansinnen seiner Sprechstundenhilfe, ihn als Arbeitgeber zu verklagen, und endete mit der Frage: »Sie verstehen?«
Warum mir übel war, wußte ich jetzt. Uta sagte: »Nicht richtig. Was macht denn Ihre Sprechstundenhilfe, wenn du ein Vierteljahr deinen Laden zuschließt?«
Müller prostete uns zu: »Das ist mir im Prinzip egal. Ich habe ihr allerdings geraten, Arbeitslosengeld zu beantragen. Sie wissen schon?!«
»Das ist aber nicht schön«, empörte sich Uta, und allmählich machte mir das Ganze Spaß. Trotzdem streckte ich den Kopf an die Glasscheibe, aber nirgendwo war unser Fahrzeug, auch von Gino fehlte jede Spur.
Die Zeit verstrich, es war jetzt drei Uhr nachmittags, und wir hatten bereits zwei Stunden auf dieser Raststätte vertrödelt. Doch was sollten wir machen?
Auch Müller wollte nicht verschwinden, und wie man sehen konnte, zog draußen ein unangenehm kalter Wind auf. Ich bestellte noch eine Runde

Weizenbier, und Uta stand auf, um sich am Biertresen einen Trinkhalm zu holen.
»Es ist so dunkel«, meinte sie dann irgendwann und rückte mit ihrem Stuhl dicht an meine Seite.
»Junge Frau«, empfahl Müller, »Sie müssen die Sonnenbrille absetzen.«
Da hatte er recht.
»Kennen Sie den?« fragte er gleich darauf.
Vorsichtshalber bejahte ich.
Er war enttäuscht: »Schade.«
Uta aber flehte: »Ich nicht, Müllerchen, erzähle mir den Witz.«
»Dazu muß man folgendes vorwegschicken«, meinte Müller, »das kassenärztliche Abrechnungssystem ist eines...«
Hatte ich es doch geahnt, daß ich diesen Witz bereits kannte und stand auf: »Entschuldigung, ich gehe mir mal die Hände waschen.«

Als Hans uns später in diesem Restaurant ausfindig gemacht hatte, sang Kassenzahnarzt Müller gerade: »O mia bella Napoli...«
Uta hatte den dritten Trinkhalm organisiert und sprudelte in ihrem Weizenbier.
»Mensch, Werner«, schimpfte Hans, »kann man euch denn keinen Augenblick alleine lassen?«
»Wir sind nicht verheiratet!« stellte ich fest.
»Wer ist denn dieser Heini hier?« Hans war respektlos wie immer.
Müller stand auf: »Gestatten: Zahnarzt Müller, Garmisch.«
»Das tut mir ja leid«, bemerkte Hans trocken, »Ihr Tirolerjäckchen ist auf den Boden gefallen.«
»Das arme Jäckchen«, sagte Uta.
»Komm, setze dich hier her«, forderte ich Hans auf.
Müller, der seine Jacke wieder über den Stuhl gehangen hatte, schnippte an seinen breiten, roten Hosenträgern: »Lassen Sie uns noch einen zum Abschluß trinken, und dann geht's ab - nach Indien!«
»Genau«, stimmte ich zu und sagte zu Hans: »Keine Widerrede, zudem ist Gino verschwunden.«
Wir bestellten nun vier Weizenbier, und Uta holte sich nochmals einen Halm.
Hans schüttelte den Kopf: »Da werde wohl ich fahren müssen.«
Uta entschuldigte: »Werner hatte ganz starke Nierenschmerzen.« Und an den Zahnarzt gewandt: »Was kann man denn dagegen tun, du bist

doch Doktor. Oder nicht?«
»Schmerzen in der Nierengegend können auch von den Zähnen kommen.«
»Genau«, stimmte Hans zu und grinste unverschämt, »das habe ich schon immer gesagt.«
»Entschuldigung«, schmollte nun Müller, »wenn Sie es besser wissen.«

Draußen fing es an zu regnen. Hans eilte zum Fahrzeug, er hatte das Seitenfenster offen gelassen. Als er zurückkam, eröffnete er uns: »Der Besserwisser ist eingetroffen.«
»Der kann mich am Arsch lecken«, fing ich an, ausfallend zu werden.
Müller sagte: »Jetzt wird es aber Zeit«, stand auf, verlor leicht das Gleichgewicht, fing sich wieder, schnappte sein Trachtenjäckchen und verbeugte sich etwas zu höflich: »Meine Herren, es war mir eine Ehre.«
Ich gab ihm die Hand, um ihn festzuhalten: »Herr Professor, uns auch. Wenn Sie jetzt noch die Güte hätten, Ihre Rechnung zu bezahlen...«
Uta sagte: »Aber Werner, das ist doch ein feiner Herr, unser Müllerchen.«
»Eben«, sagte Hans, »wir passen nur auf, daß er fein bleibt.«
Müller kramte in seinen Taschen, meinte dann, er hätte bereits bezahlt, ließ sich vom Gegenteil überzeugen und stellte schließlich fest, daß ihm dieser Vorgang sehr peinlich wäre.
Ich winkte nach der Bedienung.
Als sie kam, bückte sie sich und legte eine Brieftasche auf den Tisch: »Gehört die einem der Herrn?«
»Da kann ich ja lange suchen, wenn Sie meine Brieftasche haben«, meinte Müller und ließ sich auf den Stuhl zurückfallen.
»Saufen wie die Großen und vertragen wie die Kinder«, stellte die Serviererin fest.
»Meine Rede«, vernahm man Müller mit schwerer Zunge, »diese Preußen...«
»Mensch, Werner«, meinte Hans, »wieviel hast du denn getrunken?«
»Vierzehn Weizen, zweimal Brotzeit«, rechnete die Bedienung.
»Kann gar nicht sein«, wunderte ich mich und legte einen Hundertmarkschein auf den Tisch.
Uta hatte noch etwas auf dem Herzen: »Wernerchen, stimmt es, daß wir gar nicht nach Indien fahren?«
Ich wußte es selbst nicht mehr und schüttelte nur noch den Kopf.

Als wir endlich unser geländegängiges Fahrzeug erreichten, zerrte Uta, die sich bei mir untergehakt hatte, an meinem Arm: »Liebes, schau - unser Müllerchen!«
Tatsächlich, er winkte wie verrückt, hupte wie der Teufel und fuhr mit seinem weißen VW-Käfer kerzengerade an uns vorbei. Große sperrige Kisten waren auf seinem Dachgepäckträger festgezurrt, und die alles überdeckende, blaue Plastikfolie flatterte grüßend im Wind.
Ich schwankte leicht: »Einen Käfer fährt dieser Aufschneider. Und da hat er uns etwas von einem geländegängigen Fahrzeug erzählen wollen.« Ich mußte aufstoßen. »Der kommt noch nicht einmal bis in die Türkei.«
»Wir sehen uns in Indien!« schrie Uta ihm hinterher, und ich grölte ergänzend: »Hoffentlich nicht!«
»Ach Werner«, schmollte das Mädchen, »war doch jetzt sehr nett.«

Auf halbem Weg, in der Nähe von Djakovo hatte Hans die Fahrerei satt. Es war abends acht Uhr, und Belgrad war noch vier Stunden weit entfernt.
Ich rieb mir die Augen, stupste Uta an, die sich an meine Seite gekuschelt hatte, und fragte: »Wo sind wir?«
Hans brummte irgend etwas und schaltete herunter: »Feierabend. Dich kann man ja mit deinem Restalkohol nicht fahren lassen, die Kleine getraut sich nicht, das schwere Fahrzeug zu lenken, und das Großmaul ist blind.«
»Uta«, sagte ich vorwurfsvoll, »das muß sich aber jetzt schlagartig ändern.«
Hans fuhr den »Autoput« herunter: »Das ist keine Autobahn, sondern ein langgezogenes Schlachtfeld.«
»Schau da drüben«, zeigte Uta, »das kleine schöne Dorf im Wald.«
»Und wie kommen wir da hin?« wollte der Fahrer wissen.
»Einfach irgendwo links raus, einen Feldweg rein«, ich merkte den Restalkohol nicht direkt, doch dieser Ratschlag war nicht korrekt.
Uta flehte noch: »Ach bitte.«
Und Gino, der den Kopf durch die Luke zwischen Fahrerkabine und Küchenelement streckte, fragte: »Wo soll's hingehen?«
Hans fuhr von der halb befestigten Straße runter hinein in einen Feldweg, und es holperte mächtig. Wir rüttelten in Richtung Wald, aber das anvisierte Dorf lag etwas rechts davon.

»Vielleicht hier - querfeldein?« Hans zeigte mit dem Finger in die Richtung.
Vom Wege abfahren ist wie vom »rechten Weg« abkommen. Aber mit dem Satz: »Wir haben ja Allradantrieb« durchbrach ich das anerzogene Verhaltensmuster. Wäre mir bewußt gewesen, daß gerade solche kleinen Sünden der liebe Gott sofort bestraft, ich hätte einen Umweg von tausend Kilometern in Kauf genommen.
So müssen sich Piloten fühlen. »Die kürzeste Strecke zwischen zwei Punkten ist und bleibt eben eine Gerade«, kommentierte ich und legte sachte den Finger auf Utas Mund. »Sag jetzt nicht: ›Wie meinst du das?‹«
Hans lehnte sich amüsiert zurück. Gino brüllte von hinten: »Dieser Autoput ist eine Katastrophe! Es ist mir unmöglich, unter diesen Bedingungen etwas zu lesen.«
»Das kann ich mir denken«, lachte Hans, »der hält sich doch das Buch eine Handbreit vor die Nase.«
»Gino«, erklärte Uta, »wir fahren auf einem Feld immer geradeaus.«
»Nein«, widersprach der Italiener, »die Autobahn ist auf manchen Abschnitten unbefestigt.«
»Das wußte ich, daß der das besser weiß«, kommentierte ich, und Uta zweifelte bereits: »Das ist doch ein Feld? Oder nicht?«
»Sicher, Uta.«
»Werner, ich habe so furchtbare Kopfschmerzen.«
»Von nichts kommt nichts«, lachte Hans und hielt nur mit Mühe das Lenkrad des Lasters.
Es waren etwa noch fünfhundert Meter, bis wir den Dorfrand erreicht hätten. Sträucher zäumten das Feld, das jetzt von unserer Reifenspur gezeichnet war.
Nirgendwo war zwischen dem etwa zwei Meter breiten, wilden Dickicht eine Lücke zu erkennen. Gino blinzelte wieder durch die Luke und stellte fest: »Ihr seid vom Weg abgekommen.«
»Sag mir lieber, wie wir jetzt wieder auf die Straße kommen«, meinte mein Freund.
Gino zwängte sich nach vorn. Zu viert auf der Bank der Fahrerkabine war es dann doch ein wenig eng.
Noch fuhr Hans gerade auf die Sträucher zu. »Nicht durchfahren, Felder sind mit Entwässerungsgräben umrandet«, Gino rückte an seiner Brille.
Hans sagte, ohne den Fuß vom Gas zu nehmen: »Dieser Besserwisser - wir sind ja auch ohne Entwässerungsdingsbums raufgekommen.«

Dann hatten wir die Sträucher erreicht. Hans schaltete runter in den kleinsten Gang, die Zweige der Büsche knackten und strichen an der Fahrerkabine entlang, Hans rief noch: »Augen zu und durch!«
Ob er tatsächlich die Augen schloß, weiß ich nicht mehr, aber irgendwie ging es abrupt und ruckartig nach unten, dann stand der Motor - abgewürgt - und so das Fahrzeug. Uta hatte sich ihren brummenden Schädel an der Windschutzscheibe angeschlagen.
Gino stellte nüchtern fest: »Entwässerungsgraben! Was theoretisch klar ist, muß man nicht praktisch erproben.«
»Leckt mich doch alle am Arsch«, fluchte Hans, und natürlich sprang der Motor nicht mehr an.

Nachdem ich mich vergewissert hatte, daß niemand der Expeditionsteilnehmer irgendwelches abscheulich stinkendes Kraut rauchte, sagte ich: »Riecht ihr das nicht?«
Alles schnupperte. »Das qualmt hier raus«, entdeckte Uta und zeigte auf den Sicherungskasten.
Ich stieß Hans an, der wieder die Vorglühung gezogen hatte: »Hör mal auf. Uta hat recht. Alle raus!«
Als ich mehr Platz hatte, schraubte ich den Deckel des Kastens auf. Wer als Kind Zucker in einer Pfanne gebraten hatte, um Bonbons herzustellen, muß dieses Bild nur noch mit ein paar Kupferdrähten ergänzen, sich den ekelerregenden Gestank dazu denken, und schon hat er eine Vorstellung, wie unser damaliger Sicherungskasten von innen aussah. Ich zwängte mich nach hinten in das Wohnelement, in dem auch der Kasten mit den Zusatzbatterien verankert war, nahm einen Schraubenschlüssel und koppelte die Batterien ab. Vorne hörte es auf zu schmoren.
Als auch ich auf einer Scholle des Ackers stand, schüttelte ich nur noch den Kopf.
»Futsch«, brachte Hans es auf den Punkt, ich sagte nichts.
»Dann laß uns in das Dorf gehen, bis wir dort sind, ist es Nacht, und mit der Taschenlampe wirst du das heute sowieso nicht mehr repariert bekommen.«
Hans schätzte die Lage richtig ein. Ich wußte nicht, wer diese Havarie nun wieder verschuldete, aber man würde durch irgendwelche Schuldzuweisungen auch nichts repariert bekommen.
Uta streifte durch das Dickicht, man hörte vereinzelt Frösche quaken, und da sie wohl glaubte, einen Frosch zu finden, lugte sie in das Halb-

dunkel des Entwässerungsgrabens, in dem unsere beiden Vorderräder bis zur Achse verschwunden waren.
»Der Reifen ist platt«, sagte das Mädchen.
»Ach«, beschwichtigte ich, »das sieht durch das Wasser nur so aus.«
»Wenn du meinst.« Uta hakte sich bei mir unter, und wir machten uns zu dritt in das Dorf auf.
Gino hatte keine Lust gehabt mitzukommen und wollte auf uns im Fahrzeug warten. Er wußte ja, wo er uns finden könnte.
So schlenderten also zwei Verwaltungsmenschen und eine 20jährige, sommersprossige junge Frau die Landstraße hinauf. »Was bist du eigentlich von Beruf?«
»Ich studiere Psychologie«, sagte Uta, »warum fragst du?« Sie hüpfte einen Schritt lang, schob sich zwischen uns, um uns beide unterzuhaken.
»Nur so«, antwortete ich.
»Was wir sind, weißt du ja«, griente Hans, machte eine Pause und ergänzte dann: »Sicherungskastenmechaniker jedenfalls nicht!«
»Gibt es denn so etwas?«
»Sicher.«

In dem Dorf war nur an einer Stelle etwas los. Die Hühner hatten sich bereits in ihre Stallungen zurückgezogen, irgendwo bellte ein Hund, ein anderer heulte grausig. Doch inmitten eines Hofes waren Tische aufgestellt, längs aneinander, mindestens 50 Meter lang, und beherbergten unzählige fröhliche Frauen, Männer und Kinder.
»Entschuldigung«, leitete ich eine Vorstellung meiner Person ein, doch man verstand uns nicht.
»Was sprechen die hier? Slowenisch, kroatisch, serbisch?«, fragte ich Hans. Uta kaute irgend etwas. Ich fragte: »Wo hast du das her?«
»Was?«
»Was du da kaust?«
»Weiß nicht.«
Ein kleines Mädchen war von der Tafel aufgestanden, streckte unserer Uta ein Hackfleischröllchen entgegen und beantwortete mir dieses Rätsel.
»Entschuldigung«, lächelte ich zu der Mutter des Kindes, die mit einem karierten, leichten Sommerkleid an der Tafel saß. »Unsere Uta ißt alles, was ihr in die Finger kommt.«
»Wir haben genug zu essen, bitte setzen Sie sich doch.«

»Oh, Sie verstehen Deutsch!«
»Ich habe in Deutschland mit meinem Mann zusammen gearbeitet.«
»Fein«, freute ich mich, »ich sehe, Sie feiern Hochzeit.«
»Ich nicht«, lachte die etwa 35jährige, die Irma hieß, wie wir später erfuhren, »aber die Schwester meines Nachbarn.«
Wenig später waren wir mitten in dieser Gesellschaft, die uns aufnahm, als wäre es das selbstverständlichste der Welt. Mit freundlichem Lächeln lehnte ich den Slibowitz ab. Doch Hans mahnte: »Wenn du den nicht säufst, wird uns morgen früh kein Schwein helfen.«
Ich nahm mir einen Kanten Brot und goß mir den Pflaumenbranntwein auf die noch nicht völlig abgebauten Promille der Weizenbiere: »Wohl bekomm's!« Was tat man nicht alles zum Zwecke der Völkerverständigung.
Um Mitternacht hatten wir den unzweideutigen Befehl, wenn wir Freunde bleiben wollten, bei diesen Menschen zu übernachten und nicht wie geplant in unserem Wohnmobil. Ich hatte zwischenzeitlich mit der Braut getanzt, Hans mußte auf einem Stuhl stehend das Lied »Oh du schöner Westerwald« singen, und Uta versuchte seit geraumer Zeit, »jugoslawisch« zu lernen, was dem Brautvater, der kein einziges Wort Deutsch sprach, sichtlich Freude bereitete.

Gino hatte es sich im Wohnmobil gemütlich gemacht, war irgendwann eingeschlafen und durch ein lautes Pochen an der Seitenwand des Wohnmobils geweckt worden. »Was ist denn los?« rief er blind und tastete nach seiner Brille. Er schlüpfte aus dem Schlafsack, schmiß diesen auf den immer noch offen stehenden Batteriekasten und tastete sich ins Freie.
Ein Mann mit einer Schrotflinte im Anschlag empfing ihn. Es ist heute nicht mehr auszumachen, wer stärker erbost war. Rekonstruieren läßt sich jedoch, daß die beiden, der Förster in seiner und Gino in seiner Landessprache (also auf italienisch) versuchten, ihre Rechte zu behaupten.
Der Förster hatte die besseren Argumente, weil er eine Schrotflinte besaß.
Gino, der in Unterhosen vor dem grünen, kompromißlosen Forstbeamten seine Niederlage eingestehen mußte, ging zurück in das Dunkel des Fahrzeuges und kramte nach seiner lila Trainingshose und einem Hemd.
»Ich bin italienischer Staatsbürger«, schimpfte er, »Ihr Verhalten hat Konsequenzen.«

Fast zärtlich antwortete der Forstbeamte mit einem Schlag seiner Flinte gegen das Blech unseres Wohnmobils.
Gerade wollte Gino sich unfreiwillig der Gewalt beugen, als er aufgefordert wurde, seinen Paß mitzunehmen. Deshalb ging er nochmals zurück und suchte nach seinen Ausweispapieren. Im Wohnwagen roch es verbrannt, daß er in so einem Gestank hatte schlafen können, war auch unserem Besserwisser ein Rätsel. Dieser Sicherungskasten war ja hoffentlich nicht mehr am Schmoren? Der Förster klopfte wieder mit der Flinte, und Gino wußte Bescheid.

»Wir holen jetzt dein Fahrzeug«, beharrte der Mann von Irma und umarmte mich freundschaftlich. Ich hatte zwar nur einen Slibowitz getrunken, aber mindestens noch einen Liter Wein obendrauf - »Ich bin besoffen«, bekannte ich.
»Das ist egal. Jetzt oder nie, über Nacht da draußen ist nicht gut«, sagte der ehemalige Dreher einer süddeutschen Landwirtschaftsmaschinenfabrik.
»Da liegt doch noch einer drin und hält Wache«, wollte ich die Situation klären.
»Was sagst du? Da ist noch jemand drin! Das ist ja noch schlimmer.«
Diese Argumentation verstand ich nicht, und zudem war wie beim Slibowitz jeder Widerstand gegen die Gastfreundschaft zwecklos.
Irmas Mann warf ein langes Seil über den Bock des Traktors und ließ ihn an. »Schaffä, schaffä«, äffte er wohl seinen ehemaligen deutschen Meister nach, und ich kletterte widerstrebend auf die kleine Bank an der Seite der Zugmaschine.
»Mensch, Werner«, rief Hans von irgendwo. Ich beruhigte: »Wir sind gleich wieder da.«

Von weitem sahen wir zwei Schatten, die uns auf der Landstraße entgegen kamen. Die schwachen Lichter unseres Gefährts konnten das Rätsel nicht aufklären, erst als wir beinahe auf gleicher Höhe waren, erkannte ich unseren Gino, der, beide Arme über den Kopf verschränkt, einem Mann voranlief, der ihn augenscheinlich mit einer doppelläufigen Flinte bedrohte.
»Das ist unser Gino«, erklärte ich meinem Fahrer ganz entsetzt.
»Macht nichts«, lachte dieser, »das ist unser Förster.«
»Mein Gott«, entfuhr es mir, »was hat er denn verbrochen?«
»Wildes Campieren ist verboten«, wurde ich aufgeklärt. Dann hatten

wir die beiden erreicht. Der Traktor stoppte.
Irgendwie war die Sache nicht ohne Amüsement, unser Besserwisser mit der Trainingshose hatte es nicht geschafft, diesen vermutlich hochanständigen Förster in Grund und Boden zu reden.
Mein Gastgeber fing nun ein riesiges Palaver an, das ich nicht verstehen konnte. Nur jedesmal, wenn der aufgebrachte Förster auf Gino zu sprechen kam, stieß er ihm die Flinte in den Rücken.
Nach etwa fünf Minuten langweilte ich mich. »Kann er denn nicht die Arme runter nehmen?« meinte ich auf deutsch in die Auseinandersetzung hinein. Gino flüsterte: »Besser nicht, ich möchte nicht auf der Flucht erschossen werden.«
Nun gut, sicher würde sich die Angelegenheit noch innerhalb dieser Nacht klären lassen, ohne daß man unseren wertvollen Reisegefährten gleich erschoß. Im dunkelblauen Weit des nächtlichen Himmels hinter der am Horizont entlang laufenden Kette der Sträucher - die so geschickt, den Entwässerungsgraben verdeckt gehalten hatten - sah man den Aufbau unseres Wohnmobils.
Rauch stieg in die Höhe. Weißer Rauch, immer dichter werdend, kräuselte sich in die spätsommerliche Kühle der Nacht.
»Werner, hast du Geld dabei?« fragte mich meine Schlepperbekanntschaft.
»Ja, wieviel?«
»Er will Geld für den Flurschaden. Er ist ein Taugenichts, ein Serbe.«
Ich verstand das nicht so recht, drehte mich um. Fragte wie beiläufig: »Hast du den Herd angelassen?«
»Wie bitte?«
»Ich meinte Gino.«
Alles ging unendlich langsam, jede Antwort schleppte sich. Jetzt sagte Gino: »Wie?«
Ich überlegte, daß ich nicht so viel hätte saufen sollen. Das Denken fiel mir schwer.
»Gebe ihm zwanzig Mark«, sagte jetzt mein Gastgeber.
Ich verstand nicht, starrte ihn an, wandte mich um, sah wieder diesen Rauch, dann schrie ich: »Das Auto brennt!«
Ich rannte los. Hinter mir hörte ich einen Schuß, ich duckte mich instinktiv. ›Der wird mich doch nicht mit einem Hasen verwechseln‹, dachte ich noch und hetzte wie wild über die Landstraße. Jetzt ein zweiter Schuß.
»Nicht schießen!« schrie ich, doch ich hatte keine Zeit, mich umzuwenden. Ich rannte und rannte. Wieder knallte eine Patrone durch die sonst

so friedliche Landschaft, mir war es jetzt egal.
Aus dem schräg angestellten Fenster meines schönen Wohnlasters qualmte es dick und weiß heraus. Ich riß die Tür auf, Gino hatte zum Glück nicht abgeschlossen. Augenblicklich stand ich im dichten Rauch, sah hinten im Wagen die Flammen züngeln. Ohne einen Moment zu überlegen, stürzte ich mich in das Gefährt. Ein züngelnder, glimmender, qualmender Haufen lag über dem Batteriekasten. Ich griff zu, spürte die heiße Glut an meinen Händen nicht, schmiß diesen weichen brennende Klumpen im hohen Bogen ins Freie.
»Deine Hände!« hörte ich die Stimme von Irmas Mann. Von Ferne sah ich die Lichter mehrerer Fahrzeuge, hörte das Tackern der Traktormotoren.
»Deine Hände«, brüllte er wieder, packte mich und zog mich auf die Grasnarbe. Das ganze Dorf war aufgeschreckt, schlängelte sich über die Landstraße in unsere Richtung.
Irmas Mann riß Gras aus, nahm meine Hände, rieb sie mir mit diesen Grasbüscheln ab. Jetzt erst spürte ich tausend glühende Kohlen auf meinen Handflächen, dann einen dumpfen, ziehenden, anhaltenden Schmerz. Irgendwer stapfte mit seinen Schuhen auf dem verkohlten Plastikschlafsack herum, den ich aus dem Batteriekasten gerissen hatte. Er war nur noch ein nicht mehr erkennbares Etwas von verkohlter, schmierig klebender, heißer Chemie. Mir wurde schwindlig, ich suchte nach Halt, setzte mich auf die Erde. »Warum hat dieser Typ auf mich geschossen?« Ich war wie betäubt.
»Der hat nicht auf dich geschossen«, sagte mein Traktorfahrer, »er hat das Dorf alarmiert«, und zeigte in Richtung Ortschaft. Gleich einer feierlichen Prozession kam die Hochzeitsgesellschaft auf ihren landwirtschaftlichen Fahrzeugen in unsere Richtung gefahren. Dazwischen Personenwagen, die längst hier gewesen wären, wäre nicht die an der Spitze fahrende Zugmaschine mit Anhänger so langsam gewesen.
»Mensch, Werner«, hörte ich von weitem Hans, dann goß mir jemand einen halben Liter Slibowitz über meine breitflächig verbrannten Handflächen, den Rest des Liters muß ich wohl getrunken haben, denn erinnern kann ich mich an den Fortgang dieses Dramas nicht mehr.

Erst am Nachmittag des darauffolgenden Tages war ich wieder ansprechbar. Man hatte mir beide Hände bandagiert, die Finger auch. Ich lag in einem schlichten Zimmer. Die schrägen Fenster verrieten mir, daß ich irgendwo unterm Dach untergebracht war.

Nur mit Mühe konnte ich mich an die Geschehnisse des letzten Tages noch erinnern. Mein Gott, ich mußte auf die Toilette, hatte Kopfschmerzen, aber auch einen ungeheuerlichen Durst, und fragte mich, wie ich meine Jeanshosen und das Hemd anziehen konnte mit diesen Mullbinden um den Händen.
Es klopfte, Uta kam ins Zimmer. Ich sagte nichts, senkte verlegen den Kopf.
»Es war alles ein bißchen viel«, stellte das Mädchen fest und setzte sich neben mich auf den Bettrand.
»Wenn ich dieses Schwein, das den Wagen in Brand steckte, in die Finger bekomme, bringe ich ihn um.« Ich zerrte mit den Zähnen an einem der Verbände.
Uta streichelte mir sanft übers Haar: »Gino kann doch nichts dafür. Dieser Förster hat ihn aus dem Schlaf gerissen und mitgenommen.«
»Da braucht er doch seinen Gummischlafsack nicht über meinen Batteriekasten zu legen.«
»Das sah er doch nicht. Er sieht ja kaum am Tag«, lächelte das Mädchen milde.
»Ich bringe ihn um«, beharrte ich und betrachtete wütend meine verbundenen Hände.
Hans war hereingekommen, ließ die Tür offen und sagte, an den Türpfosten gelehnt: »Dann bringe denjenigen, der den Batteriekasten offengelassen hat, gleich mit um.«
»Einverstanden«, sagte ich, und eigentlich wollte ich jetzt einfach nur noch heulen.
»Mensch, Werner, vergiß es. Heute übernachten wir nochmals hier, und morgen ist alles wieder gut«, tröstete mein Freund.
»Ich fahre nach Hause.«
»Bitte nicht«, flehte Uta und streichelte mir wieder übers Haar.
»Warum nur«, stellte ich die Sinnfrage, »müssen zwei Verwaltungsmenschen, eine Psychologiestudentin und ein blinder, irrer Egozentriker im Wohnmobil nach Indien fahren? Kann mir das mal einer sagen?«
Das Mädchen stutzte: »Wie meinst du das?«
Ich riß mit den Zähnen am Verband: »Hat die deutsche Verwaltung nicht genügend Probleme? Schreit nicht die gesamte Republik nach fähigen Psychologen, welche die Menschen therapieren, damit sie die administrativen Entscheidungen der Behörden besser verkraften können? Ist die normative Kraft des Kleinbürgertums nicht Abenteuer genug? Braucht

der Normale nicht dringend jeden Irren um nicht überzuschnappen?«
»Du sagst es, Brutus«, kommentierte Hans den Monolog.
»Und warum fahren wir dann nach Indien? Wo wir doch in unserem schönen deutschen Land so sehr gebraucht werden?«
Uta sagte: »Weil wir uns lieben.«
Hans lachte: »Mädchen - ich glaube, das ist gar nicht so falsch.«
Und zu mir: »Sie soll dir beim Anziehen helfen, dann komm runter, wir sind eingeladen.«

Vier Tage später fuhren wir über die bulgarisch-türkische Grenze.
Uta hatte richtig gesehen, das linke Vorderrad, das im Entwässerungsgraben steckte, war platt gewesen. Noch in der Nacht hatte man uns aus dem Graben geschleppt und den Reservereifen aufgezogen. Für den Schlauch und einen neuen Mantel, mußte ich umgerechnet 80,- DM bezahlen.
Irmas Mann hatte uns einen neuen Sicherungskasten montiert und die gesamte Elektrik wieder auf Vordermann gebracht. Eigentlich hätten wir dieser netten Familie etwas Gutes tun sollen, aber sie nahmen nichts, im Gegenteil, sie bewirteten uns von vorne bis hinten.
Noch immer trug ich einen Verband um beide Hände, denn an den Stellen, wo sich keine Blasen befanden, hatte ich zum Teil offene Wunden.
Bei der Einreise in die Türkei hatte der Zöllner nach dem Carnet de Passage gefragt und war offenbar, da wir es besaßen, unzufrieden. Wir hatten förmlich gemerkt, daß er etwas zu beanstanden suchte, denn anschließend meckerte er an Utas Visum für Bulgarien herum.
»Das kann dir doch egal sein«, lehnte sich Hans aus dem Fenster, »da sind wir doch schon durch.«
»Bakschisch«, forderte der schnauzbärtige Mann dann unvermittelt, was Uta mitbekam und sie wie eine wildgewordene Furie aus dem Fahrzeug springen ließ. »Hören Sie«, rief das Mädchen mit schriller Stimme, den Tränen nahe, »wir mußten bereits in Jugoslawien 80,- DM bezahlen wegen eines Wassergrabens. Dann steht die ganze deutsche Verwaltung still, und überall vermissen sie den Gino...«
Das hatte dieser türkische Zöllner mit Sicherheit nicht verstanden, sogar Hans war das Grinsen über solche Logik vergangen - aber es wirkte, wir durften weiterfahren. Mit einem »Ist doch wahr!« schwang sich Uta wieder nach oben ins Führerhaus, und Hans rückte in die Mitte.
»Wenn's wahr ist«, hatte ich gesagt, »dann wirkt es auch.«

Gino lag hinten im Schlafmodul. Seit Bulgarien war er krank. Es war eine fiebrige Erkältung, die er sich selbst zuzuschreiben hatte.
Ich zeigte mit dem Daumen nach hinten: »Hätte ich ihn beizeiten erwürgt, so wäre er jetzt nicht erkältet.«
Hans hatte sich zurückgelehnt, denn meine Hände waren wieder soweit schmerzfrei, daß ich fahren konnte. Er tippte an seinen weißen Stoffhut, den er sich irgendwo organisiert hatte: »Er hat sich erkältet, weil er ohne Schlafsack schlief.« Dann stupste er seine Nachbarin an: »Utamaus, warum hast du ihn denn nicht bei dir reinschlüpfen lassen? Hatte doch alles so gut angefangen.«
Uta sah von ihrer Illustrierten hoch, in der sie gerade las: »Weil ich nicht will.«
»Nicht mehr willst?« forschte Hans murmelnd weiter.
»Das ist nicht fair«, schmollte sie jetzt.
»Das war doch nur eine Frage«, tat Hans unschuldig.
»Nein, du wolltest nur wissen, ob ich mit ihm schon habe.«
»Und? Hast du?«
»Und wenn? Was ist schon dabei?«
»Der stinkt doch«, hetzte mein Kollege weiter.
»Du bist gemein«, Uta rückte ein wenig von ihm ab, blinzelte in das grelle Licht der Sonne und sagte dann: »Damals hat er nicht gestunken. Heute stinken wir alle ein bißchen.«
»Der stinkt immer«, sagte jetzt Hans lauter und richtete sich auf.
»Wie meinst du das?«
»Wie ich's sage.«
»Wenn er sich wäscht, stinkt er nicht!«
Ich sagte: »Die Wassertanks sind leer.«
»Er wäscht sich aber auch sonst nicht«, wollte Hans das letzte Wort haben.
Dann lehnte er sich wieder, so gut es ging, zurück, zog seinen Hut über die Augen und schnaufte: »Entschuldigung, Utamaus, es geht mich auch nichts an. Ich möchte nur nicht, daß man dir weh tut.«
»Weiß ich doch«, sagte Uta zu meiner großen Überraschung, »ihr seid eben alle Männer und habt es nicht leicht.«
»Wenn du mir das schriftlich geben könntest«, schmunzelte Hans und legte seinen braungebrannten Arm um Utas Schulter.
»Hat er denn jetzt einen neuen Schlafsack gekauft?« setzte Hans die Befragung fort, und da Uta nicht antwortete und der Fragesteller mein

Kopfschütteln nicht sah, klärte ich auf: »Natürlich nicht. Gino ist der Ansicht, daß für seinen Schlafsack der Reiseveranstalter zuständig ist.«
Uta ergänzte: »Er deckt sich aus Trotz noch nicht einmal zu, obwohl ja Decken da sind.«
»Verreckt ist wie verfroren«, schloß ich das Thema ab und schaute auf den Tacho. »Wenn nichts dazwischen kommt, schaffen wir es heute noch bis Istanbul.«
Wir schafften es. Das Camp, das wir uns aus einem Reiseführer empfehlen ließen, machte auf uns eher den Eindruck eines Militärlagers als den eines Campingplatzes. Doch wir wurden von den Bewachern freundlich empfangen und bezahlten pro Person 1.700 Lira, was etwa fünf Mark entsprach.
Einerseits waren wir froh, eingelassen worden zu sein, andererseits wurden wohl sehr viele frohe Menschen eingelassen, und es kamen an diesem Abend noch etliche hinzu. »Londra Camp«, zitierte Uta aus dem Reiseführer, »großzügige Ferienanlage...«
»...klein und überfüllt«, ergänzte Hans und schlug sich auf seinen Oberarm, »wir müssen uns unbedingt irgendwelches Gift kaufen, diese Moskitos bringen mich noch um.«
»Das Getier hungert nach gesundem, gestähltem, deutschem Blut«, meinte ich und wurde auch gestochen. Nebenan saß eine türkische Familie auf blaugelb gestreiften Campingstühlen. Ich ging zu ihnen hin und begrüßte sie.
»Was machen Sie, daß Sie nicht abgestochen werden?« fragte ich nach einer Weile. Der Wohnwagenbesitzer machte einen freundlichen, gesitteten Eindruck, sah auch irgendwie wissend aus, verstand aber gar nichts. Sein Goldzahn blinkte in der untergehenden Abendsonne, als er sagte: »Kein Problem, alles sicher, überall Militär.«
Ich bedankte mich mit einer leichten Verbeugung und lächelte ebenfalls freundlich.
Krank, und wohl auch ein wenig fiebrig, kam Gino aus dem Wohnmobil gekrochen: »Wo sind wir hier?«
»In Istanbul.«
Er glotzte mich blöd an, wenn er mich überhaupt erkannte. Hans rief: »Ich kriege von dir noch fünf Mark.«
Auch das scherte ihn nicht. Seine lila Trainingshose nach oben ziehend, schlurfte er fort und verschwand im internationalen Gedränge der Camper.

»Wo geht er denn hin?« fragte unser Mädchen. Ich zeigte den Mittelfinger und zog den Wasserschlauch durch das Klappfenster des Fahrzeugs. »Habt ihr denn nichts gegen Mückenstiche dabei?« wollte sie dann wissen, und leider mußte ich auch diese Frage verneinen. Uta blieb ganz ruhig, zog sich ein graues, verwaschenes, aber bodenlanges Kleid an und ließ über den Kopf ein dünnes, großes Kopftuch wie ein Beduinenzelt baumeln.
»So schlimm war das doch noch nirgends«, ich schlug mir auf den Oberschenkel.
»Man muß die erste Mücke einfangen, darf sie aber nicht töten...«, erklärte Uta unter ihrem gemusterten Tuch.
Hans holte sich seine Zigaretten aus dem Führerhaus, zündete sich eine an: »Und weiter?«
»Dann muß man dieser Mücke liebevoll sagen, daß man ihr nichts tun würde, und sie möchte dies all den anderen weitersagen«, schloß Uta die Geschichte.
»Und dann?«
»Dann stechen dich die Mücken nicht mehr.« Da ich das sommersprossige Gesicht nicht sehen konnte, wußte ich jetzt nicht, ob Uta grinste, uns verkohlen wollte oder dies ernst meinte. Ich nahm aber letzteres an. Hans hatte bereits eine dicke Nase bekommen, weil diese Viecher vor nichts zurückschreckten. »Und warum schützt du dich mit einem Tuch und machst es nicht wie gerade empfohlen?«
»Weil ich noch keine Mücke lebend einfangen konnte.«
»Da kommt ein Schwein in einen Sargladen«, sagte ich, so ernst ich nur konnte, und hielt den Wasserschlauch fest, »›Haben Sie Benzin?‹ ›Nein‹, antwortet der Sargladeninhaber, ›nur weißen Käse mit Marmor.‹ ›Macht nichts. Dann füllen Sie mir bitte drei Liter in dieses Einkaufsnetz‹.«
»Drehst du nun völlig durch?« fragte mein Kumpel.
»Ich höre dich nicht, das Wasser rauscht so laut«, ging ich der Frage aus dem Weg.
Während ich mit dem Schlauch einen der Wassertanks auffüllte, schlängelte ich tastend mit seinem Ende bis zum Tankboden hinunter. Irgendwie kam ich aber gar nicht nach unten. Es machte den Anschein, daß beinahe ein Viertel des einen Tanks mit diesen Krüger-Rand-Münzen gefüllt war, nur das konnte - überschlug ich unser in Klagenfurt investiertes Vermögen - gar nicht möglich sein. Zu gerne hätte ich mit einer Taschenlampe hineingeleuchtet und es golden glitzern sehen, doch auf-

grund des gebogenen Rohrstutzens war dies nicht möglich, und den Flansch nochmals abzuschrauben, nur um meine Neugierde zu befriedigen, erschien mir zu riskant. Immerhin waren, kamen wir in Indien an, die Münzen gründlich gewaschen.
Irgendwo in unserer Nachbarschaft schrie einer im Ruhrpottdialekt eine wüste Verwünschung, wir blickten alle in die Richtung und vergaßen die Mücken. Wer so wütend war, konnte man nicht ausmachen. Warum jener jedoch fluchte, war zu vermuten, denn genau aus dieser Richtung tauchte nun unser Gino wieder auf. Schnurgerade, ohne Rücksicht auf ausgelegte Decken, Material und Campingliegen, stakste er mit zwei grünen Dosen in der Hand zum Fahrzeug zurück. Bereits einen Meter davor fing er nun an, beidhändig zu sprühen. Er nebelte sich total ein, lief weiter, betrat den Wohnwagen und sprühte und sprühte und sprühte.
Uta sagte: »Nicht, Gino, du machst alles kaputt.«
Unser Besserwisser sprühte wortlos weiter. Vielleicht hatte er einen Krampf in den beiden Zeigefingern, ich wußte es nicht. Ohne ABC-Schutzanzug hätte man ihn aus diesem Insektenvertilgungsnebel auch nicht mehr befreien können. Ich nahm Uta am Arm: »Komm zurück, sonst vergiftest du dich auch noch.«
»Er hat alles kaputt gemacht, diese Mücken werden uns jetzt hassen und uns auffressen.«
Soweit wollte ich gedanklich nicht gehen, doch daß er sich bei dieser Aktion keinen großen Gefallen tat, war auch mir klar.
Hans erklärte bierernst: »Die Türken haben damals die Restbestände der Amerikaner aus Vietnam aufgekauft. Eine Freundschaftsaktion innerhalb der NATO. Dieses Gift verkaufen die jetzt hier in grünen Dosen - an Touristen.«
Da Gino die Tür hinter sich geschlossen hatte, drang der Nebel nun nur noch aus dem kleinen Fenster, aus dem bereits einmal anderer Rauch gequollen war.
»Eines ist sicher«, resümierte mein Freund und erfreute sich seiner Erkenntnis, »irgend jemand stirbt nun einen qualvollen Tod: entweder die Mücken oder Gino«, er machte eine Denkpause: »Oder beide.«
Der Türke mit dem Goldzahn hatte die Situation beobachtet, schüttelte den Kopf und lächelte wissend.
Ich fragte: »Was soll man machen?«
»Schnecken - sehr gut.«

Der hatte wieder nichts verstanden, dachte ich und lächelte wieder freundlich zurück.
Dann schrie ich in das offene Seitenfenster: »Wir gehen in das Lokal am Eingang.«
Ich hatte keine Antwort erwartet, es bestand ja auch die Möglichkeit, daß dieser Idiot bereits in den letzten Zuckungen lag. »Gehen wir?« fragte ich die anderen, und sie stimmten zu.
Nachdem Uta beinahe über ein kleines Stahlrohrtischchen gestolpert war, hörten wir wieder dieses rheinische Fluchen.
»Wat seid ihr denn für a Zigeunerbagage?«
Hans drehte sich zu dem verärgerten Mann um, der es sich vor seinem Wohnwagen gemütlich gemacht hatte, während seine Frau drinnen wohl das Geschirr abwusch: »Du bist doch auch behindert!«
»Wie behindert?«
»Rassisten sind alle behindert«, griente Hans, zeigte auf den mit einem Stück Gummistrumpf überzogenen Unterschenkel des Mannes: »Du nicht nur im Kopf - offensichtlich.«
»Schäfchen, hast du das gehört.«
»Nein. Was ist?« Die blondgesträhnte Frau steckte ihren Kopf aus der Wohnwagentür.
»Zuerst fällt diese islamische Kuh über meinen Tisch, und dann beleidigt uns ihr deutscher Freier auch noch.«
Uta stand immer noch mit ihrem riesigen Kopftuch bei uns. Ich hatte sie am Arm genommen, damit sie nicht gegen weitere Einrichtungsgegenstände der Campbewohner tappte. »Laß ihn«, versuchte ich Hans zu beschwichtigen.
Die potentielle Frohnatur machte nun Anstalten aufzustehen. Hans löste seine Armbanduhr vom Handgelenk. Ich sprang dazwischen: »Kommen Sie! Ich entschuldige mich! Unsere Freundin hat sich das Tuch über den Kopf geworfen der Mücken wegen. Also nochmals: Entschuldigung.«
Er setzte sich wieder: »Dem«, er zeigte auf Hans, »schlage ich den Kopf ab.«
Die Frau kam aus dem Wagen: »Hartmut, laß ihn doch.«
»Ich laß mir doch nicht blöd kommen. Oder?«
Hans grinste immer noch. Ich stieß ihn an, wurde nun ärgerlich: »Du hörst jetzt auf zu grinsen und fängst hier keinen Streit an.«
»Gegen Mücken gibt es vorne im Laden solche Räucherschnecken«, sagte die Frau zu mir, »und auch ein Öl für die Haut.«

Der Türke mit dem Goldzahn hatte also doch verstanden, ich war der Hammel. Ich bedankte mich, zeigte auf meine Begleiter: »Vielen Dank, wir sind schon alle ganz wahnsinnig.«
»Schäfchen«, sagte der Typ mit dem Gummistrumpf, »du hältst dich da raus und gibst denen nicht noch Ratschläge.«
Schäfchen lachte nochmals etwas verlegen, dann ging sie zurück zu ihrem Abwasch.
»Gut«, meinte ich, »daß alles seine Ordnung hat.«
Wir nahmen die schwer sehbehinderte Uta in die Mitte und liefen weiter zum Lokal. Als wir uns gesetzt hatten, stellte ich erleichtert fest: »Hier sind keine Moskitos. Du kannst das Tuch abnehmen.«
Uta tat so, orientierte sich und fragte: »Was war denn vorhin los?«
»Nichts, Utamaus, gar nichts«, beruhigte mein Freund und zog seine Armbanduhr wieder an.

Am nächsten Morgen stand ich gegen fünf Uhr auf, duschte, füllte nochmals die Wassertanks nach und entband das Fahrzeug vom elektrischen Strom.
Dann fuhr ich los, rangierte das schwere unbewegliche Fahrzeug durch das Campinglager und kam an der Pforte mit dem Schlagbaum zum Stehen.
Der Pförtner mußte eingeschlafen sein, denn alles war so andächtig still wie im Hinterraum meines Fahrzeuges.
Gerade wollte ich hupen, als das blondgesträhnte Schäfchen unserer rheinischen Frohnatur vom letzten Abend um die Ecke geschlichen kam.
Ich lehnte mich aus dem Fenster, drückte ein Auge zu: »Sehr früh - oder sehr spät?«
Sie erkannte mich erst nach dem zweiten Blick, verzog das Gesicht und nahm den Zeigefinger vor die Lippen: »Muß machen - bevor er aufwacht.«
Ihre tiefen Augenränder erzählten mir den Rest der Geschichte: »Wein, Weib und Gesang?«
»Ohne Weiber, bin doch nicht lesbisch«, flüsterte sie fast leiser, als der schwere Dieselmotor nagelte.
»Dann lassen Sie sich mal nicht von Ihrem Gatten erwischen.«
»Das ist ja gar nicht mein Gatte«, sagte sie zu meiner Überraschung, »das ist nur so eine lose Beziehung, der Kerl ist verheiratet und macht auch noch mit seiner Sekretärin rum.«

»Dann würde ich auch nicht mit ihm in den Urlaub fahren«, trieb ich den Keil zwischen zwei fremde Menschen.
Sie überging das, sagte: »Wie heißen Sie denn?«
»Flick.«
»Na dann, Flick, mach mal Platz, ich fahr mal irgendwie 'ne Runde mit.«
»Ach was? Wir kommen aber nicht mehr zurück.«
»Wohin fahrt ihr denn?« Sie zerrte an der Wagentür.
»Nach Sile, dann weiter Richtung Iran, Pakistan, Indien, Nepal«, erklärte ich und entriegelte meine Tür.
Ohne Rücksicht auf Verluste kletterte sie zu mir in den Wagen hoch, hätte ich sie nicht am Arm festgehalten, sie wäre hinterrücks wie ein Maikäfer nach unten gefallen.
Über meinen Schoß zwängte sie sich auf die Bank rechts von mir: »Auf geht's, Flick. In Sile ist ein Strand, bis dahin fahre ich mit.«
Mein neuer Fahrgast hatte eine spannende Karriere hinter sich, wie ich sie ausfragen konnte. Sie war, bis sie diese rheinische Frohnatur kennenlernte, mit einem recht prominenten Schauspieler verheiratet.
»Der hat mich irgendwie mehr geschlagen als geliebt«, erzählte sie, als wir bereits auf der Autobahn fuhren.
»Wie lange waren Sie denn verheiratet?«
»Dreizehn Jahre?« überlegte sie, daß ich lachen mußte: »Na, mich müssen Sie nicht fragen.«
»Ist ja auch egal, Flick. Laß uns von etwas anderem reden.«
Mir sollte es recht sein. »Was machen Sie denn dann in Sile am Strand?«
»Was macht man am Strand - schwimmen, in der Sonne liegen.«
»Na, Schäfchen«, schüttelte ich den Kopf, »da wird dein Mann aber zornig sein.«
Schäfchen hörte mich nicht mehr, sie war eingeschlafen. Nach einer Stunde hatte ich etwa 50 km geschafft, und Hans streckte seinen Kopf aus der Luke zur Fahrerkabine: »Uta? Mensch, Werner, was hast du dir denn da geangelt?«
»Das ist Schäfchen«, lachte ich, »wenn sie ihren Rausch ausgeschlafen hat, kommt das große Erwachen.«
»Du spinnst doch«, stellte mein Freund lakonisch fest und zog den Kopf wieder zurück.
Irgendwann konnten wir Schäfchen bewegen, sich nach hinten auf die Bank zu legen. Sie murmelte nur noch: »Flick, ich schlaf noch 'ne Runde« und schlief sofort wieder ein.

In Sile schlummerte Schäfchen immer noch, und bestimmt war in der Zwischenzeit die gesamte türkische Polizei alarmiert worden.
Als Hans endlich mitbekommen hatte, daß sie die Frau dieses Rassisten war, dem er noch am Vorabend eins aufs Maul hauen wollte, nahm er die Unterstellung, ich würde spinnen, mit Bedauern zurück.

An dem wunderschönen Strand in Sile sprang Hans fröhlich in den Sand, bummerte von außen an die Seitenwand des Wagens und rief: »Schäfchen, aufstehen! Es ist Zeit für den Abwasch.«
Nur eine Familie mit einem Unimog und ein Trucker, der auch nach Nepal wollte - aber auf sein Visum für den Iran wartete -, waren die einzigen Strandgäste weit und breit. Gino kam ins Freie gelaufen, zum ersten Mal sah ich ihn wieder seit seiner Nummer mit dem Fliegenspray. Er war total entstellt. So zerstochen und geschunden hatte ich noch keinen Menschen gesehen. Es grenzte an einen Mordversuch.
»Diese armen Mücken«, konnte ich nicht bei mir halten. Aber unser Besserwisser war abgetreten. Richtung Meer blickend, forderte er: »Ich will in Istanbul aussteigen.«
Hans kniff das rechte Auge zu: »Wir sagen dir Bescheid.«
Uta lief vorsichtig zu Gino hin, wollte ihn berühren, doch er schlug sofort wild um sich. »Gino? Du hast Fieber. Was hast du nur gemacht?«
Gino reagierte nicht. Seine Lippen waren noch schwulstiger als sonst, hatten fast die Farbe der Trainingshose, waren aufgeplatzt, und die untere pulsierte nervös und fiel rechts leicht ab.
»Er wird doch keinen Gehirnschlag gehabt haben?« sorgte sich Uta.
»Doch! Sicher!« höhnte Hans, als wäre dies das normalste der Welt, und kniff die Augen zusammen, da die Sonne furchtbar vom Himmel brannte.
Uta schaute hilfesuchend zu mir. Ich war vollkommen ratlos: »Was soll man jetzt machen?«
Hans packte unseren Italiener hart am Oberarm und zerrte ihn zurück in das Fahrzeug.
»Ich will in Istanbul aussteigen«, wiederholte sich der Kranke.
»Ich hätte gute Lust, nochmals zurückzufahren, damit ich deinen Wunsch erfüllen kann«, überlegte Hans laut.
Gino wehrte sich gegen die Zwangseinweisung, was meinen Kollegen nur zu einem festeren Griff animierte. Als der ungleiche Kampf entschieden war, lag Gino wieder im Schlafmodul. Hans machte ein Hand-

tuch naß, pflatschte es ihm auf die Stirn: »Los, schön liegenlassen.«
»Ich will in Istanbul aussteigen«, sagte unser Hitzkopf, hielt aber das feuchte Handtuch auf der Stirn fest.
Uta hatte den Tisch ins Freie gestellt und Kaffee aufgesetzt. Trotz dieser überirdischen Sonneneinstrahlung freute ich mich auf eine Tasse heißen Kaffee.
»Ich liebe dich«, rutschte es mir heraus, als sie mir den Kaffee servierte.
»Wie meinst du das?«
»Ach, Uta«, resignierte ich.
Pünktlich zum Kaffee blinzelte auch unser Schäfchen aus der Wohnwagentür und suchte wohl ihren Hartmut. Uta fand das überhaupt nicht lustig, was ich an ihrem Gesichtsausdruck zu erkennen glaubte.
»O Liebster mein. Welch Teufel ritt mich von dir fort? Daß du nun suchen mußt, an welchem Ort ich weile. Ich schwöre dir - ich eile!« zitierte ich einen alten Griechen und machte allseits einen guten Eindruck.
Schäfchen hielt sich den Kopf, und sagte zu mir: »He, Flick. Wo sind wir?«
Ich klärte sie auf, und sie sagte dazu nichts, dafür aber: »Habt ihr für mich auch einen Kaffee? Mir ist irgendwie schlecht.«
»Fahr mit uns nach Indien«, sagte meine Freund überraschenderweise, »das Saufen muß sich aber im Rahmen halten.«
»Gestern«, stellte sie fest, »war das irgendwie zuviel.«
»Aber an mich kannst du dich noch erinnern?« forschte ich.
»Natürlich, Flick«, das Schäfchen machte eine Pause, sagte dann etwas leiser: »Hatten wir irgendwas?«
»Ja, selbstverständlich«, belustigte ich mich, »ich fuhr, und Sie schliefen.«
Sie war deswegen nicht erleichtert, schaute aber trotzdem zu Uta mit bösen Blicken hinüber, die aus ihrer Antipathie ebenfalls keinen Hehl machte.
»Habt ihr ‘ne Tablette?«
Hans bejahte und stand auf, um ihr irgendwelche Schmerztabletten zu holen.
»Hier, deine Tablette. Da wird das Dickerchen aber Augen machen, wenn sein Schäfchen ausgebrochen ist.«
Die junge Frau erschrak: »Ich habe gar nichts dabei außer meiner Tasche.«
»Tja«, schmunzelte ich, »wie geht’s denn nun weiter?«

»Dieser Idiot«, sie meinte ihr Dickerchen, »fährt ohne mich weiter. Ich muß hier nur irgendwie den Campingplatz finden, da wird er irgendwann auftauchen.«
»Wolltet ihr auch nach Sile?« fragte Hans.
Sie verzog verächtlich ihre Mundwinkel: »Er! Mich fragt er ja irgendwie nie.«
»Und warum seid ihr dann zusammen?« rätselte ich.
»Weil ich ein Schaf bin.«
Nur Uta lachte nicht.
Tief dunkle Wolken türmten sich am Himmel hoch. Wir ignorierten sie anfänglich, aber als die ersten dicken Regentropfen kamen, hatten wir Mühe, den Tisch und die Stühle in Sicherheit zu bringen und die Luken dicht zu machen.
Im Donner und sintflutartigen Regen harrten wir im düsteren Fahrzeug auf den Weltuntergang. Das Prasseln des Regens verursachte solchen Lärm, daß man sich nicht mehr unterhalten konnte, sondern anschreien mußte. Regenwasser drückte sich durch die Ritzen des Oberlichts. Die Naturgewalten zerrten an dem tonnenschweren Mobil, als wäre es eine kleine Seifenkiste.
»Wenn es aufhört, schwimmen wir auf dem Ozean«, brüllte ich. Uta faßte mich am Arm, kam ganz nahe an mein Ohr und flüsterte: »Du hast doch mit der nichts gehabt? Oder?«
Offenbar hatte sie keine anderen Sorgen. Ich schüttelte den Kopf: »Kann ja noch werden!«
»Nein«, schrie sie zurück.
»Was ist schon dabei?« zitierte ich sie, da ich mich sehr genau an das Zwiegespräch mit Hans erinnern konnte.
»Das ist was anderes!«
»Das sagen alle Frauen! Viel schlimmer noch, in den meisten Fällen vergessen sie ihre Sünden einfach.«

Nach einer halben Stunde war das Unwetter vorbei. Wir beschlossen, den Campingplatz zu suchen, um unser Schäfchen dort abzuliefern.
Ein Polizist zeigte uns nach langem Suchen den Weg, und wir sahen uns gezwungen, wieder ein Stück zurückzufahren.
Vor dem Schlagbaum des Camps warteten mindestens fünf Wohnmobile bzw. Autos mit Anhängerkupplung und Wohnwagen. Darunter auch ein schwarzer Personenwagen mit Düsseldorfer Kennzeichen.

Uta, die ihren Platz zwischen uns Männern beanspruchte und nicht gewillt war, unserem Gast Platz zu machen, hatte das Schäfchen nach hinten verdrängt. Deshalb rief Hans nach hinten: »Schäfchen, dein Alter steht hier bereits an der Schranke.«
Vorsichtig linste sie durch die Luke. »Fahrt hier weg, ich steige irgendwo anders aus.«
Das ging nun aber nicht mehr, weil sich zwei weitere Fahrzeuge hinter uns angestellt hatten.
»Wegen dieser dummen Kuh müssen wir jetzt hier warten.«
»Uta! Das sind ja ganz ungewohnte Töne«, zog ich sie auf, »Wo bleibt deine Sanftmut?«
›Irgendwie‹, dachte ich schmunzelnd, ›sind ihre Sommersprossen noch intensiver, wenn sie irgendwie eifersüchtig ist. Irgendwie eben.‹
Schäfchen wurde nun unruhig. »Wenn ich weiß, daß er da ist, bin ich irgendwie wie gelähmt... Doch danke, Flick, fürs Mitnehmen«, stieg aus und klopfte mit der flachen Hand seitlich an das Autoblech.
Ich raunte ihr zu: »Was sagst du denn jetzt?«
Sie hob die Schultern: »Mal schau'n. Der ist so blöd, mir fällt bestimmt was ein.«
Die Tür klappte. Gino rief von hinten: »Ich will in Istanbul aussteigen«, und unser Schäfchen lief, ihre schwarze Tasche über den Rücken geworfen, von uns weg, trat von hinten an den großen, schwarzen Pkw heran, öffnete die Beifahrertür und stieg zu ihrer rheinländischen Frohnatur ins Auto.
Hans schüttelte den Kopf: »Als wäre nichts gewesen!«
»Hier sagt sie: ›Dieser Idiot!‹, und in einer Stunde macht sie ihm wieder den Abwasch«, vermutete ich laut.
»Ich hätte ihm eins auf die Fresse schlagen sollen«, bereute Hans wieder.
»Glaubst du denn, daß nur er Schuld hat?« fragte Uta.
Hans blieb ihr die Antwort schuldig.
Wir fuhren zurück an den schönen Strand am Schwarzen Meer und machten für den Rest des Tages Pause.

Die Fahrt bis nach Hendek führte durch eine schöne und abwechslungsreiche Landschaft.
Meine Hände hatten sich erstaunlich gut erholt, nachdem mir Hans ein seit Generationen geheim gehaltenes Hausmittel empfohlen hatte. Aber

noch hatte ich ein größeres Pflaster an der rechten Hand.
In Hendek kostete ein Glas Tee umgerechnet einen Groschen, das Essen für uns 10,- DM. Nur, wo sollte man in Ruhe essen? Überall standen Leute um uns herum, Kinder gafften uns an, als wären wir Affen, die aus dem Zoo ausgebrochen waren. Trotzdem, die Türken waren sehr nett zu uns. Als Gino noch bei Sinnen war, hatte er uns erzählt, die Türkenkinder stünden, nach Zigaretten bettelnd, mit Steinen am Straßenrand, und würden wir keine aus dem Fenster werfen, so würden sie die Steine schmeißen. Zum Glück war dem aber nicht so.
Uta ging mit einem gebratenen Hackfleischspießchen zu Gino, weil sie der Ansicht war, daß er etwas essen müsse. Gino fühlte sich jedoch sofort bedroht und schrie laut um Hilfe.
»Du Blödmann«, wurde Uta nun ärgerlich, lief zurück in unsere Küchen-Dusche-WC-Kombination und drückte das Fleisch mit einer Gabel vom Spieß auf einen Teller.
»Hier, iß was, sonst stirbst du«, hörte ich sie zu ihm sagen. Doch Gino spuckte bereits den ersten Bissen durch das Schlafmodul.
Als sie wieder bei uns war, hatte sich eine senkrechte Falte auf ihrer Stirn gezeichnet.
Hans sagte: »Utamaus, soll ich diesem Widerling etwas Kebab in seine Fresse stopfen?«
»Ach, Hans«, resignierte sie und schwieg für den Rest des Abends.
Während das Schlafmodul zum Krankenlager wurde, schliefen Hans und Uta, nur durch den Klapptisch getrennt, auf den Wassertanksofas, ich im Führerhaus.
Geweckt wurden wir am nächsten Morgen durch spielende, schaulustige Kinder. Bevor die Menschenmenge größer wurde, machte ich, daß wir davonkamen. Die Morgentoilette konnte warten, bis wir in eine unbewohnte Gegend kamen.
Etwas zu ruckartig fuhr ich an, Uta schrie auf, weil sie sich wohl an dem heißen Kaffeewasser verbrühte. Ich bückte mich zur Seite, wollte während des Fahrens nach ihr schauen, da hörte ich irgendwas, ein kleines Geräusch nur, doch ich trat sofort auf die Bremse. Rechts und links huschten zwei etwa sechsjährige Bengel davon. Hinten polterte es nun ganz furchtbar, Uta schrie, Hans rief: »Verdammt, was ist passiert?«
Ich drehte den Zündschlüssel, um den abgewürgten Motor ohne Vorglühung wieder zum Laufen zu bringen. Dann machte ich langsam, aber zügig, daß wir Land gewannen.

Hans sagte vorwurfsvoll durch das Loch zur Fahrerkabine: »Die Uta hat sich verbrüht, der Gino flog mit Trainingshose direkt vor das Klo, und du fährst seelenruhig weiter.«
»Und ich hätte beinahe zwei Kinder überfahren, die sich einfach in den Weg stellten. Wir müssen erst einmal schauen, daß wir hier wegkommen, sonst gibt es ein riesiges Palaver.«
Von Hendek sollte die Fahrt über Boln, Gerede nach Karabük gehen. Die Straßen waren einigermaßen in Ordnung. Von Menschen, die mich wie einen Affen im Käfig begafften, hatte ich jedenfalls erst einmal die Schnauze voll. Rechts der Straße lag eine Bretterbude mit Wellblechvorbau. Man brauchte schon etwas Übung, um die Raststätten und Tankstellen in dieser Gegend zu entdecken, aber das Coca-Cola-Schild war auch hier nicht zu übersehen.
»Frühstück und Pause und Tanken, wenn ihr noch am Leben seid.«
Ich bremste, wirbelte Staub auf, verscheuchte dabei den gelbbraunen Tankstellenhund, der vor der Zapfsäule lag, und kam zum Halten.
Der Liter Diesel kostete 58,39 Pfennig.
Uta hatte wieder aufgeräumt und schmierte ihren linken Handrücken gerade mit einer Brandsalbe ein. Der Kaffee war inzwischen gebrüht.
So beeilte ich mich, ging ins Bad, um mich zu waschen und mir die Zähne zu putzen. Als ich fertig war, saßen Uta, Hans und Gino am Tisch.
»Guten Morgen«, lachte ich, »heute kann es nur noch besser werden.«
Gino blutete aus der Nase, hielt sich ein Papiertaschentuch davor, und ich bemühte mich, mir den Appetit nicht versauen zu lassen.
»Fieber wieder weg?« fragte ich den Rekonvaleszenten und brach mir einen Kanten türkisches Brot aus dem Fladen. Der antwortete nicht, griff dafür auch zum Brot. Ich sah die tief schwarzen Ränder unter seinen Fingernägeln, und mich überkam ein Würgen der besonderen Art.
Blitzschnell griff ich nach dem Brotkorb. »Du Drecksau!« Uta zuckte zusammen: »Was ist denn nun schon wieder?«
»Dieser Typ hat die ganze Fahrt über nichts getan. Er ist nicht gefahren, weil er das nicht kann. O.k.« Tief holte ich Luft. »Er hat auch sonst nichts gearbeitet, nie den Wagen saubergemacht, kein Trinkwasser aufgefüllt, geschweige denn einmal die Toilette geleert. Aber geschissen hat er!«
Meine Augen müssen gefunkelt haben, als ich das Brot an mich drükkend aufstand, den Klappstuhl umschmiß und rückwärts wegging. »Dieses verwahrloste Element sieht aber aus, als hätte er in Karabük die Kohlen mit den Fingern abgebaut.«

Hans verzog das Gesicht, als hätte er eine Zitrone gegessen. Uta hatte wieder diese steile Falte auf der Stirn. Das beruhigte mich alles nicht mehr. Ich schrie: »Steh auf! Los!«
Hans preßte leise heraus: »Paß auf, der Flick schlägt auch Brillenträger.«
Immer noch hatte ich das Fladenbrot vor meiner Brust. Nun ging ich auf ihn zu, weil er sich auf seinem Stühlchen nicht rührte. Da stand er langsam auf, schob den Stuhl zur Seite, lief einen, zwei Schritte zurück. Ich zeigte auf einen der gelb und braun gezeichneten Flecken auf seiner lila Trainingshose: »Hier, er hat nicht nur Finger wie ein Kohlenkumpel, sondern...«
Hans grinste wieder: »Da hilft kein Schütteln und kein Klopfen, in die Hose geht der letzte Tropfen.«
»Halt die Schnauze mit deinen verdammten Witzen!«
Hans grinste trotzdem.
Ich legte das Brot in den Korb zurück, nahm mir eine von seinen Zigaretten, die auf dem Tisch lagen, und suchte nach Feuer. Eisige Stille. Hans streckte mir sein Feuerzeug nach oben.
Uta weinte.
»Hör zu! Ich will dich nicht umbringen, aber wir können darüber reden.« Gino schaute betreten zu Boden.
»Schau mich an!« schrie ich, immer zorniger werdend. »Ich will mich vor allen Dingen nicht durch deine Seuchen fertig machen lassen. Du hast dich hier noch kein einziges Mal gewaschen, an deinen Zähnen wuchert der Zahnstein, deine Haare stehen vor Fett. Soll ich weitermachen?«
»Heute wollte er sich waschen«, schluchzte Uta und schneuzte in ihr Taschentuch, »dann hast du gebremst, und er fiel auf die Nase...«
Hans schenkte sich Kaffee nach, zündete sich selbst eine Zigarette an und lehnte sich zurück.
Ich schrie nicht mehr, ich kramte nach meinem Geld, zählte und sagte leise: »Hier deine 1.000,- DM. Du bist draußen! Pack deine Sachen und verschwinde. Vor allen Dingen fahre ich mit diesem asozialen Element keinen Meter mehr im selben Fahrzeug.«
Dann drehte ich mich um und lief die paar Meter zur Tankstelle, gedacht habe ich nichts. Läuft das Faß über, kann man nicht denken.
»Mercedes, gutes Fahrzeug«, wiederholte sich der Tankwart, es war wohl einer der wenigen Sätze, die er auf deutsch sagen konnte. Gequält lä-

chelnd fragte ich ihn nach einem Bier und bezahlte gleich zwei. Das Bier war sogar kalt, und ich setzte mich mit der Halbliterdose auf die rückwärtige Holzbank. Auf keinen Fall sollte mir noch einmal dieses Würgen kommen, während dieser Schmierfink seine Sachen zusammenpackte.

Nach einer Weile schnorrte ich mir vom Tankwart eine weitere Zigarette, für Nichtraucher wie mich sind die Marken egal. Das Bier schwemmte meinen Ärger leider nicht weg.

Nachdem ich mir die zweite Büchse besorgt hatte, schnorrte ich nochmals eine dieser Zigaretten, die so ähnlich rochen wie diese Räucherschnecken gegen die Moskitos, die wir immer abglimmen ließen.

Dann kam Uta. Wortlos setzte sie sich neben mich, nahm nach einiger Zeit meine Hand. Ich wollte sie wegziehen, wollte auf keinen Fall von dem, was ich erklärte, nun irgend etwas zurücknehmen müssen.

»Ich hole mir auch ein Bier«, sagte das Mädchen und stand wieder auf.

»Hast du Geld?«

Sie bejahte lächelnd. Als Uta auch mir noch ein Bier mitbrachte, trank ich die alte Dose aus.

»Werner?«

»Hm.«

»Werner, es gehört hier überhaupt nicht dazu. Paßt nicht zum Thema, weißt du«, fing sie das Gespräch an, »aber ich wollte es dir seit Klagenfurt... Du weiß schon.«

Uta nahm wieder meine Hand, drückte sie, sah mich an. Schwieg zuerst, und ich wußte wirklich nicht, was jetzt kommen könnte. Dann sagte sie: »Ich habe mit ihm nicht geschlafen. Es geht dich nichts an, ich sage es dir trotzdem...«

»Das ist mir...«

Sie unterbrach mich: »Sage nichts. Wir haben uns damals nur geküßt, mehr nicht. Sicher nicht.«

Ich hatte vergessen, was sie studierte. Ich sah ihre Sommersprossen, ihre große häßliche Sonnenbrille. Ja, ich sah das alles, hatte ihre Worte gehört und auch verstanden. - Aber warum, warum zum Teufel kam sie damit jetzt heraus? Ich hatte doch nie gefragt, nie insistiert wie Hans vor ein paar Tagen.

Irritiert trank ich noch einen Schluck Bier, hatte das ungute Gefühl, jetzt irgendeine falsche Karte zu spielen, und war lieber ruhig.

Nach einer Weile kam der Tankwart um die Ecke und bot mir noch eine Zigarette an. »Mercedes - gutes Fahrzeug«, sagte er wieder, und ich mußte lachen.
Dann kam Hans, der sein Bier bereits mitgebracht hatte. ›Morgens um neun Bier zu trinken, ist der Anfang jedes Untergangs‹, dachte ich.
»Entschuldigung«, sagte ich zu meinem Freund, »mir lief vorhin einfach die Galle über.«
»Schon vergessen.« Er setzte sich.
Zu fragen, ob dieser Schmierfink bereits seine Plünnen gepackt hatte, getraute ich mich nicht. Hans trank einen kräftigen Schluck und sagte dann unvermittelt: »Er will nicht gehen.«
»Was soll das heißen? Er will nicht.«
»Das heißt, er duscht sich gerade, und im nächsten Laden kaufen wir ihm eine neue Hose«, sagte Hans so trocken, ernst und nüchtern, wie Hans eben etwas sagen konnte.
»Was sagst du dazu?«, fragte ich das Mädchen.
»Ich halte mich da raus. Dir gehört das Auto, ihr beide müßt das entscheiden.« Uta blickte in den hellen Staub zu ihren Füßen.
»Das ist ja keine Antwort«, maulte ich.
»Die Antwort«, sagte sie, »auf deine wirkliche - nicht ausgesprochene - Frage habe ich dir vorhin gegeben.«
Sie dachte wohl, ich wäre eifersüchtig auf Gino gewesen. Sollte ich jetzt erklären, daß ich es nicht war? Sollte ich ihr bedeuten, daß es mir egal wäre, mit wem und wie oft sie mit anderen Männern verkehrte? Ich wußte es nicht.
Und welcher schlechte Film lief hier ab? Fremde Länder, schöne Landschaften, Völker und Kulturen hätten wir auf dieser Reise verstehen, begreifen und lieben lernen können, statt dessen kurvten wir mit einem kleinen deutschen Zimmerchen mit Lenkrad und Dieselmotor durch die Gegend. Sperrte man vier völlig unterschiedliche Individualisten z. B. in einen Fahrradschuppen, so würden die gleichen Geschichten ablaufen wie auf unserem Trip nach Indien. Da war ich mir sicher.
Hans grinste wieder.
»Und was gibt es da zu grinsen?« fragte ich.
»Er kann so wenig aus seiner Haut wie wir«, sagte mein Freund im gleichgültigen Ton, »zudem ist es ein widerliches Arschloch.« Hans trank die Büchse leer und warf sie in eine aufgeschnittene Öltonne. »Vielleicht ist Gino ein Irrer, der uns alle umbringen wird. Aber das, Flick, was du jetzt

machen willst, ist nur ein kleines Machtspielchen. Morgen wachst du wieder auf, die Sonne scheint, und er fehlt dir. Flick, glaube mir, er fehlt uns allen.«
»Das war dann aber der letzte Warnschuß!« sagte ich trotzig und lachte dann doch über mich selbst.
»Oder der vorletzte«, griente mein Freund und klopfte mir auf die Schulter.
»Du bist lieb«, sagte Uta und küßte mich blitzschnell auf den Mund.

Zur Weiterfahrt setzte sich Uta nach oben auf den Gepäckträger. Das wäre vor ein paar Tagen noch unmöglich gewesen, weil größere Entfernungen von der Toilette für uns alle zu riskant waren.
Hygiene - und ich hoffte inständig, daß dies jetzt auch Gino kapiert hatte - war für uns lebenswichtig, wollten wir nicht die gesamte Reise auf der Chemietoilette verbringen.
Schon bald mußten wir uns von der türkischen Polizei sagen lassen, daß sie das Sonnenbad von Uta nicht gut fanden. Nach einigem Hin und Her bezahlten wir anstatt 10.000 Lira Strafe nur 5.000,-, und Uta saß wieder in unserer Mitte.
Zwischen Arac und Kastamon übernachteten wir auf freiem Feld. Ich hatte den Eindruck, daß es sich um ein ehemaliges Militärgelände handelte, auf das wir uns da ›verfahren‹ hatten, und hielt insgeheim immer wieder Ausschau nach Panzerfahrzeugen, die plötzlich am Horizont auftauchen könnten. Doch nichts derartiges geschah.
Ein dunkelroter Feuerball fraß sich in das Erdreich, und die Luft flimmerte so, als würden uns hauchdünne Vorhänge vor den Moskitos schützen.
Uta hatte ihren Kopf an meine Schulter gelehnt und flüsterte: »Ist das nicht herrlich!«
Die Landschaft und die Mannschaft hatte an diesem Abend ihren Frieden gefunden.
Gino hatte eine Jeans und wohl auch frische Unterhosen an, die ihm Hans bei irgendeinem Zwischenstop gekauft hatte und servierte uns unaufgefordert türkischen Tee.
So hätte es bleiben können.

In der Nacht kam dann Wind auf, und als ich des Morgens mit schlafender Mannschaft losfuhr, ging es nicht sehr lange, und das Wetter kühlte sich merklich ab. Bereits beim Frühstück zog sich Uta eine Strickjacke über.

Landschaftlich war die Strecke atemberaubend. Durch die Berge schafften wir jedoch nicht mehr als 40 km pro Stunde. Als Uta nach dem Frühstück nach vorne kam, bat sie mich, auch mal fahren zu dürfen.
Hans, der gerade am Steuer saß, hatte alle Hände, besser gesagt, Arme voll zu tun, das Fahrzeug durch die sehr schlechten Bergstraßen zu lenken.
»Utamaus, das ist nun der denkbar ungünstigste Augenblick, eine Fahrstunde zu nehmen. Ich bin froh, wenn ich die Karre heil über den Berg bekomme«, ließ sich Hans dann auch nicht ablösen.

In Gerze, einem sehr schönen, am Schwarzen Meer gelegenen Ort ohne Tourismus, hielten wir an, um irgendwo Mittag zu essen.
Gino war wieder völlig gesund, wie er sagte. Dafür riß ich mir an dem Holztisch, an dem wir unser Essen aufgetischt bekamen, eine Sprieße ein und bekam sie nicht mehr ausgesaugt.
Mit dem Daumen im Mund stellte ich fest, daß ich meine Lesebrille im Auto liegengelassen hatte, ein Umstand, der mich meinen Mitreisenden auslieferte.
Uta kümmerte sich erst gar nicht, und von Hans war keine Hilfe zu erwarten.
Gino aber sagte - welch eine Wandlung: »Laß mich mal schauen, ich kenne mich da aus.«
Er setzte seine Brille ab, nahm meinen Daumen, hielt ihn sich vor die Augen und brachte es tatsächlich fertig, mir dieses kleine Holzstück herauszuziehen.
»Das ist mir ein Rätsel«, frotzelte mein Freund sofort, »vielleicht kannst du auch Auto fahren - ich meine, ohne Brille.«
Das Essen war gut, nur der Nachtisch wie immer viel zu süß. Ich würde Sodbrennen bekommen und steckte mir vorsichtshalber gleich zwei Kanten Brot ein.
Wir kamen an diesem Tag bis Terme und verbuchten 411 km, eine riesige Strecke im Verhältnis zu den Tagen davor.
Da ich ein ausgesprochener Frühaufsteher bin, behielten wir das System bei, und ich fuhr jeden Tag mit der schlafenden Mannschaft erst einmal weiter.
Die Holperstrecken häuften sich jetzt. Unbefestigte Paß-Straßen lehrten mich das Fürchten. Auch das Trinkwasser, das man noch vor wenigen Tagen als unbedenklich einstufen konnte, wurde kritischer. Bis Tuzluca

schafften wir es in zwei weiteren Tagen, doch dann war die sprichwörtliche Luft beinahe draußen.
»Die 51 km könntet ihr ja nun auch noch fahren«, nörgelte Gino.
»Wohin soll's denn gehen?« fragte einer von uns.
»Na hier, in Dogubayazit ist das Ishakpasa zum Campen«, zeigte Gino auf eine Stelle im Reiseführer.
»Du hältst das Buch verkehrt herum«, stellte Hans fest und schlug mit der Rückhand leicht gegen den gebundenen Lesestoff.
»Wie?« staunte Gino, »auf dem Umschlag kann man doch gar nichts erkennen.«
»Das ist ein selten blöder Hund«, Hans war eben der geborene Diplomat, »die Schrift steht auf dem Kopf.«
Gino schaute verdutzt nach oben, blickte irgendwo desorientiert zwischen mich und Uta und meinte: »Das ist doch egal, wenn man lesen kann, ob das Buch auf dem Kopf steht oder nicht.«
Utas Blick sprach Bände, gesprochen hat sie kein Wort, aber gedacht wird sie haben: ›Ihr blöden Männer, jetzt fangt doch nicht schon wieder Streit an. Es war so schön, in Frieden zu fahren.‹
»Das ist nicht so einfach, Uta«, antwortete ich laut, »vielleicht kann sich das liebe Mädchen noch daran erinnern, als das Schäfchen ein paar Kilometer mitfuhr.«
Uta verzog ihr Gesicht.
Hans stieß mich an: »He, Kumpel, fängst du jetzt an überzuschnappen, die Utamaus hat doch gar nichts gesagt.«
Das Mädchen lachte: »Er kann Gedanken lesen.«
Gino fragte verwundert: »Was ist denn jetzt? Wer ist dieses Schaf, das hier mitfuhr?«
»Schon gut. Das erkläre ich dir später. Wie soll das Kaff heißen? Wir fahren die 50 Kilometer noch.«
Uta küßte mich auf die Wange, und Hans schüttelte den Kopf.
»Gino hat recht, ich habe auch die Schnauze voll, am staubigen Straßenrand zu campieren«, erklärte ich und schaltete in den nächsten Gang.

Dogubayazit gefiel uns allen sofort. Der Ort liegt sehr malerisch am Fuße des über 5000 m hohen Ararat und hat ca. 30.000 Einwohner. Das Camp lag hoch oben am Berg, und es gab seit langem wieder gutes Wasser und richtige Stromversorgung.
Als wir eintrafen, wurde es bereits dunkel. Einheimischen war der Zu-

tritt in das Camp verwehrt, und die Chance, für den notwendigen Konvoi durch den Iran hier die Partner zu finden, war groß.
Nachdem wir unseren Standplatz auf dem Camp zugewiesen bekommen hatten, stellte sich die Frage, wie der Abend noch zu organisieren sei.
Gino hing in einer Ecke und las ein Buch, dieses mal richtig herum, was Hans beruhigte. Da er überhaupt keinen Alkohol trank, war ihm jegliches gesellige Beisammensein fremd. Zumindest in der Form, wie wir das verstanden.
Hans ließ die Beine aus dem Wagen baumeln und schaute über die Lichter der kleinen Stadt hinweg. Ich setzte mich zu ihm. »Und?«
»Was, und?«
»Was wir heute noch machen, wollte ich wissen.«
»Feiert doch Verlobung, dann weiß ich einen, der bezahlt«, schlug mein Kumpel vor.
»Na, ich kann dir auch so einen ausgeben, wenn du darauf Wert legst.«
»Merkst du denn nicht, daß Uta dich anhimmelt?« Hans sah mich verständnislos an. »Auf mich brauchst du jedenfalls keine Rücksicht zu nehmen.«
»Nehme ich schon«, erklärte ich, »ich möchte ihre Eigenständigkeit bewahren. Verstehst du? Sie, du, Gino, ich - wir alle sind Individualisten, keiner spricht für den anderen. Nicht Ehepaar Flick gegen den Rest der Welt. So kommt das aber, ist man ein Pärchen.«
»An so etwas denkst du?«
»Wenn es gut zwischen uns ist, da bin ich mir aber noch gar nicht so sicher, dann ist es auch gut, wenn wir wieder in Berlin sind...«
Hans schaute mich plötzlich groß an, er hatte den gleichen Gedanken: »Ilse anrufen!«
»Verdammt, ich fuhr einfach los, dabei wartete Ilse sicher täglich auf ein Zeichen.«
»Hast du denn nicht wenigstens mal eine Karte geschrieben?« warf mir Hans vor.
»Nein, wann denn?« versuchte ich mich zu entschuldigen.
»Na, dann geh mal nach vorne, die Schlange am Telefon wird lang sein«, orakelte Hans, »und sage ihr einen schönen Gruß.«
»Wo ist denn unser Mädchen?« fragte ich noch, als ich mich aufmachte, einen freien Telefonapparat zu suchen. Hans wußte es auch nicht.
Es dauerte, trotz aller Befürchtungen, nicht sehr lange, und ich hatte Ilse

an der Strippe.
»Warum meldest du dich denn nicht?« eröffnete sie das Gespräch.
»Ich melde mich doch«, sagte ich lauter als gewöhnlich, denn die Verbindung war nicht gerade Hi-Fi-Qualität.
»Hast du Markus?«
»Wir sind hier kurz vor der iranischen Grenze, an Markus ist doch noch gar nicht zu denken.«
»Das sieht dir ähnlich«, schimpfte sie spitz. Das war nun schon wieder zuviel.
»Bist du denn ein wenig blöd? Ich rufe dich an, bin halb tot, und du machst mir Vorwürfe.«
»Da habe ich auch allen Grund dazu. Ich hätte zumindest gedacht, daß du, wenn du dich schon nicht meldest...«, den Rest verstand ich nicht, irgend etwas ratterte nun dauerhaft und lang anhaltend.
»Hörst du mich?« hörte ich dann wieder.
»Ja«, sagte ich.
»Was hast du gesagt?«
»Ja, habe ich gesagt.«
»Was ›Ja‹?«
»Daß ich dich höre.«
Sie sagte mir jetzt, daß sich Markus nicht gemeldet hätte und daß ihre Mutter schon ganz verzweifelt wäre.
»Ich melde mich wieder, wenn ich etwas Neues weiß«, schrie ich in den Telefonhörer.
Sie wechselte das Thema: »Liebst du mich noch?«
»Bitte?« fragte ich zurück, »ich verstehe dich so schlecht.«
Dann drückte ich den Hörer auf die Gabel und hatte über diese meine Reaktion einen faden Geschmack im Mund. Natürlich wußte ich genau: Nur wenige liebe Worte, die sie hören wollte - und alles wäre friedlich und harmonisch verlaufen. Doch es würgte mich, hätte ich auf ihre letzte Frage diplomatisch antworten müssen.
Meine Armbanduhr zeigte jetzt kurz vor zehn. Als ich am Wohnwagen ankam, war außer Gino keiner mehr da. »Wo sind die denn hin?« wollte ich wissen.
»Weiß nicht. Hans ging Uta suchen, das ist aber schon lange her«, sagte Gino, ohne vom seinem Buch aufzusehen.
»Gut, ich gehe jetzt Hans suchen.«
Gino meinte: »Das ist nicht logisch.«

»Warum?«
»Suche doch Uta, dann triffst du Hans, ohne etwas dafür zu tun, weil er selbst Uta treffen will. Schalte also die Energie nicht in Serie, sondern parallel.«
»Ach so!« quittierte ich seinen Ratschlag und ging davon.
›War das nun wieder so ein ausgemachter Blödsinn? Oder hatte Ginos Rede etwas Wahres?‹ überlegte ich und war felsenfest davon überzeugt, daß ich dies nicht verstanden hatte.
Wie dem auch sei, ich fand in der nächsten halben Stunde weder Uta noch Hans. Zweimal hatte ich bereits das Camp umrundet, doch die beiden hatten sich in Luft aufgelöst. Ich fand das nicht gerade fein, denn falls sie in die Stadt gelaufen waren, hätte man mir doch wenigstens Bescheid sagen können. Ich beschloß, einen letzten Versuch zu starten und zurück zu Gino zu gehen.
Etwas abseits sah ich in Sichtweite unseres Fahrzeugs einen weißen VW-Käfer. »Welcher Idiot fährt denn hier auf diesen Straßen mit einem Käfer?«, murmelte ich, da fiel es mir wie Schuppen von den Augen.

»Der Müller«, platzte ich in die Gesellschaft, »unser verehrter Zahnarzt aus Garmisch.«
Er erkannte mich sofort, stand auf und verbeugte sich etwas steif. »Darf ich Ihnen eines meiner importierten Biere anbieten?«
Ich verstand nicht. Hans erklärte lachend: »Der Müller hat doch wirklich vier Kästen Weizenbier auf seinen Käfer geladen.«
»Unter diesen blauen Plastikfolien war Bier?«
»Sicher, junger Mann!« bestätigte Müller, »vier Kästen und ein Kasten mit den nötigen Ausrüstungsgegenständen.«
»Dann sind Sie ja mehr Müller als Zahnarzt«, meinte ich trocken.
»Müller backen doch kein Bier, sondern Brot«, alberte Uta und zog mich zu sich auf eine Kiste herunter.
»Flüssiges Brot«, verbesserte ich.
»Genau!« rief Hans, »unser Biermüller ist eben ein Indienreisender mit System.«
Biermüller lachte unvermittelt: »Kennen Sie den?«
Uta hatte mir eines seiner Biere eingegossen, offenbar hatte der Zahnarzt in der fünften Kiste Weizenbiergläser transportiert.
»Müllerchen, erzähl!« munterte ihn Uta auf.
»Da muß man vorwegschicken, daß die Versorgung einer Zahnarztwitwe

auf äußerst schwachen Beinen steht...«, versaute sich Biermüller den Witz.
Ich sagte zu Uta: »Ich habe euch ganz lange gesucht.«
»Du Armer, wir saßen doch hier.«
»Na, jetzt weiß ich es auch.«
»Ich habe den weißen Käfer gesehen, und Müllerchen schenkte mir sofort zur Begrüßung ein Bier ein«, klärte das Mädchen ihr Verschwinden auf.
»Das ist gar nicht so gut, wenn so kleine Mädchen wie du soviel saufen«, sagte ich, »dann machen sie nämlich Dinge, die sie später bereuen.«
Uta schaute mich skeptisch an, offenbar wollte sie abschätzen, wie ernst ich dies gemeint hatte. Dann verriet sie: »Ich nicht, ich werde nur dick und fett.«
»Ach so«, schmunzelte ich, »dann bin ich ja beruhigt.«
»...bei einer Schwangerschaft können Zahnarztfrauen bis zu 27,5 Kilogramm an Gewichtszunahme verzeichnen...«, vernahm man zuerst den Biermüller und dann Hans, der halblaut sagte: »Das ist ein selten blödes Arschloch...«
»Und warum laufen die Elefanten in der Butter? Na!« Müller war heute besonders witzig. Da keiner antwortete, lachte er selbst: »Ganz einfach, ha, ha, ha, damit die Fußstapfen...« Jetzt merkte er, daß er diesen Witz verdreht hatte, und lachte und lachte: »Anders herum, hören Sie zu, Herr Flick, anders herum...« Er klopfte sich wie wild auf die Oberschenkel und war ganz aus dem Häuschen.
»Das verstehe ich nicht«, klagte Uta ihr Leid.
Ich erklärte und trank davor noch einen kräftigen Schluck: »So wie bei Ginos Buch: Wer den Witz kennt, kann auch so lachen.«
Hans lehnte sich nach vorn, stütze seine Ellenbogen auf die Knie: »Biermüller! Ab heute hast du Witzverbot!«
»Warum?« schmollte Uta, »ist doch sehr nett.«
»Eben«, frotzelte ich, »kaum noch auszuhalten.«
Müller hielt sich natürlich nicht an das Witzverbot, auch ließ er sich nicht für Geld und gute Worte davon überzeugen, daß sein VW-Käfer für diese Tour ein Auslaufmodell wäre.
»Geländetauglich, meine Herren«, prahlte er, »die einzige vernünftige Werbung in den letzten 40 Jahren. Er läuft und läuft!«
Hans schüttelte den Kopf: »Er läuft nicht mehr, wenn du einen halben Meter im Wüstensand steckst.«

»Gerade die Wüste«, schwärmte der Mann aus Garmisch sofort, »die Wüste ist ein Element, ein Naturphänomen sozusagen, das meine Sinne beflügelt...«
»Mein Gott!« hörte ich Hans stöhnen, »der ist vielleicht irgendwo ausgebrochen...«
Biermüller ließ sich nicht aus dem Konzept bringen, immerhin hatte er ja die Biere spendiert: »Ich kann Ihnen genau sagen, was meine Sinne noch mehr beflügelt als die Wüste...«
Alles schwieg, hörte ausnahmsweise zu.
»...einen Vortrag auf dem Kassenzahnärztlichen Kongress in München zu hören!«
Das hätte ich nun auf keinen Fall angenommen. Auch Hans war sprachlos.
Uta zog die Nase hoch: »Bin ich denn so doof? Das habe ich wieder nicht verstanden. Was meint er denn damit?«
Ich sagte: »Liebe Uta, du bist Psychologiestudentin, da kann man solche Sachen nicht verstehen.«
Zu unser aller Überraschung kam nun Gino an, brachte sich eine Tasse heißen Tee mit, grüßte freundlich und setzte sich auf die letzte Kiste, die noch frei war.
Hans stellte dem Zahnarzt Gino vor und umgekehrt. Biermüller freute sich, daß er einen weiteren Zuhörer hatte, und produzierte sich mit voller Kraft.
»Indien, junger Mann, war ein Schlaraffenland, als wir es noch unter unserer Kontrolle hatten. Heute hat ja die Krone nichts mehr zu sagen... Aber schauen Sie sich einmal die alten Kolonialbauten an, da läuft Ihnen das Wasser im Mund zusammen.« Biermüller schaute sich um, offenbar wollte er Applaus, doch keiner klatschte.
Gino trank einen Schluck von seinem Tee und schüttete, nein, trielte sich die Hälfte auf sein frisch gewaschenes Hemd.
Hans kommentierte: »Nimm doch einen Strohhalm, wenn du das nicht mehr auf die Reihe bekommst.«
Überall auf dem Areal brannten gelbe Lichter, hell war es natürlich trotzdem nicht. Biermüller, der gerade zu einem neuen Witz ansetzen wollte, kniff die Augen zusammen, beugte sich kritisch nach vorne und sagte: »Sie hatten einen kleinen Apoplex?«
Gino, der verstand, um was es sich dabei handelte, schüttelte den Kopf: »Nicht, daß ich wüßte.«

»Dann hatten Sie diesen schiefen Mund von Kind an? Oder hatten einen Unfall?« bohrte der Mediziner weiter.
Gino schob die Unterlippe verächtlich nach vorne, bellte: »Ich habe keinen schiefen Mund!«
»Nun gut«, sagte Biermüller, »ich will Ihnen nicht zu nahe treten, nur diese Störung beim Trinken ist typisch für periphere Lähmungserscheinungen.«
Hans konterte: »Trink du mal diesen Tee, dann kriegst du auch Störungen.«
»Was ist denn ein Apodingsbums?« fragte ich Uta leise.
»Ein Schlaganfall«, erklärte sie.
»Da sieht man mal diese Mediziner. Besoffen, können aber sofort erkennen, ob einer aufs Hirn geschlagen worden ist oder nicht.«
»Das ist nicht witzig«, wurde sie ernst.
Die nächste Runde Weizenbier wurde entkront und im individuellen Zeremoniell umständlich eingeschenkt, was nichts anderes heißen sollte, als daß jeder selbst versuchen mußte, wie er den Flascheninhalt vollständig in das Glas gekippt bekam. Biermüller und sonderbarerweise auch Uta lagen in dieser Disziplin ganz vorn.
Da die Stimmung allmählich abzukippen drohte, stimmte nun der Zahnarzt aus Garmisch das schöne Lied »Wenn bei Capri die rote Sonne im Meer versinkt...« an. Mir war nicht zum Singen, dachte ich an das Gespräch mit Ilse, und sonst sang auch keiner mit.
Dann plötzlich ließ Gino seine Tasse fallen, die er mit der rechten Hand samt Untertasse gehalten hatte. Es schepperte, Gino war selbst überrascht, und ich bemerkte noch, wie er mit der anderen Hand versuchte, das Geschirr aufzufangen - vergebens.
Biermüller unterbrach zur Freude aller Beteiligten seine Arie und sagte wieder vollkommen klar und anscheinend nüchtern: »Junger Mann, mit Ihnen stimmt etwas nicht. Ich bin als Arzt verpflichtet, Sie darauf hinzuweisen, daß Sie sich umgehend in Behandlung begeben sollten.«
Hans sagte locker: »Was ist denn los, Gino? Laß dich mal anschauen«, drehte des Lichtes wegen etwas den Kopf und rief überrascht: »Du hast ja wirklich ein schiefes Maul!«
Zornig stand unser Besserwisser auf: »Ich habe keinen schiefen Mund!« Er schaute kampflustig in die Runde: »Verstanden!?« Dann hob er mit der linken Hand die Tasse vom Boden auf, griff mit zwei Fingern nach der Untertasse und lief davon.

»Herr Flick«, sagte der Bierdoktor, »Sie als Reiseleiter sind mein Zeuge, daß ich mit allem Nachdruck versucht habe, diesem störrischen jungen Menschen zu helfen.«
Ich gähnte: »Ich bin nicht der Reiseleiter. Ich bin nur der Flick.«
»Tja«, sagte der Fachmann und überlegte wohl, welchen Witz er jetzt erzählen könnte. Lange zum Überlegen hatte er nicht gebraucht.
Hans war aufgestanden und unterhielt sich etwas abseits mit einer jungen Frau aus einer französischen Campergruppe. Da ich beobachtete, wie er von Zeit zu Zeit nervös über die Schulter blickte, schloß ich aus seinem Verhalten, daß die Dame wohl einen Freund oder Mann hatte, der jeden Moment kommen konnte.
Der aufschäumende Alkoholismus steuert zur Unterhaltung eine Menge bei. Die Kritikfähigkeit sinkt, das Urteilsvermögen wird eingeschränkt, und vor allen Dingen schwimmen die guten Vorsätze weg, als wären sie aus Tropfbier.
Der erste richtige Kuß, den ich mit Uta austauschte, war somit eine läßliche Sünde, da mir die klare Erkenntnis aufgrund des Weizenbiers fehlte. Gegessen hatte ich auch nicht viel, vertragen tat ich wohl noch weniger.
Biermüller schaltete sein Autoradio ein und kurbelte so lange, bis für unsere Ohren hörbare und erträgliche Musik gespielt wurde.
Ich stand auf und tanzte nicht gerade anständig, weil viel zu eng, mit Uta.
Wäre ich in meiner Jugend nicht so schüchtern gewesen, Uta hätte zumindest theoretisch meine Tochter sein können.
So taumelte ich nun zwischen allen Gefühlen, Welten und Abgründen, die es für einen Indienreisenden nur geben konnte.
»Wir gehen jetzt hinter diese Sträucher«, flüsterte ich Uta zu, »und heiraten.«
»Du immer mit deinen Späßen«, lächelte sie und stupste mich in die Seite.
»Warum«, sagte ich unschuldig, »in Las Vegas macht man das auch, direkt von der Tanzfläche weg.«
»Wir sind aber nicht in Las Vegas.«
»Eben, wir sind in der Türkei, da geht es hinter die Sträucher.«
»Ich könnte dich auffressen«, hauchte sie mir lieb ins Ohr.
»Ich weiß«, wurde ich plötzlich vernünftig, »laß uns trotzdem hier am Lagerfeuer bleiben. Nicht, daß wir morgen etwas bereuen müssen.« Das

war meine größte Leistung, die ich heute vollbrachte.
Uta schmiegte sich noch mehr an mich. »Also nicht hinter die Sträucher?«
»Ich glaube nicht.«
»Oh, Flick, damit machst du nichts besser, eher alles schlimmer.«
Wir hatten aufgehört zu tanzen, setzten uns wieder zu Biermüller.
Ich kippte mir eine weitere Flasche Bier ins Glas.
»Ja«, erklärte Uta, »hinter den Sträuchern hätte nämlich auch die Chance bestanden, daß wir morgen alles mit ein wenig mehr Abstand betrachten könnten.«
»Willst du denn Abstand?« lauerte ich.
»Du mußt richtig zuhören. Unser Sehen bestimmt jetzt unsere Vorstellungskraft und unser Wollen. Koche ich Kaffee für dich, so ist dies eher eine Ersatzhandlung. Schaue ich dich an, wird mir manchmal vor Liebe ganz schlecht...«
»Und du meinst, der Strauch an sich ist das Ventil?«
Sie lachte schallend: »Der Strauch ›an sich‹ nicht!«
Zugegeben, das hätte ich alles einfacher haben können. Den Strauch, das Weizenbier und Uta auch. Aber so war es nun mal, und Biermüller kam von seinem Radiogerät zurück und setzte sich zu uns.
Während also das Radio spielte, ich Uta im Arm hielt und mir Biermüllers Safari-Ratschläge anhörte, machte Hans sich mit seiner französischen Touristin auf und davon. Genauer gesagt, er verschwand in unserem Wohnmobil.
Ich zeigte mit dem Kopf in Richtung unseres Wohnwagens: »Der macht sich keine Gedanken.«
»Meinst du, die treiben's?« fragte Uta und wurde ganz hektisch. Ich wiegte den Kopf hin und her: »Schwer zu sagen. Daß er dieser Frau aber unseren neuen Sicherungskasten zeigen will, ist unwahrscheinlich.«
Uta kippelte auf ihrer Bierkiste hin und her.
»Mein Mädchen, was bist du so nervös?«
»Die kennen sich doch gar nicht.«
»Wir uns ja auch nicht.«
»Doch, doch - dich kenne ich«, stieß sie mich an.
»Also«, beruhigte ich sie, »halt mal die Füße still. In unserem Wohnwagen gibt es nur eine einzige Stelle, wo man es ungestört tun kann.«
»In der Küche!« Uta machte einen überzogenen Schmollmund.
»Quatsch, im Schlafmodul.«

Sie tat erstaunt.
»Aber«, sagte ich, »im Schlafmodul liegt Gino. Die können somit schlecht zu ihm sagen, er solle liegenbleiben und sich die Ohren zustöpseln.«
»Das ist spannender als ein Krimi«, freute sich meine Freundin.
»Laß mich den Ausgang erraten. Sie werden auf den Wassertanks sitzen, etwas trinken und dann Gino bitten, für eine Stunde spazierenzugehen.«
»Was du alles zu wissen glaubst.«
»Wetten, daß es so kommt. Entweder kommt Gino alleine heraus oder - Hans mit Frau«, ich tippte ihr auf eine Sommersprosse, »und nichts war.«
Es dauerte dann doch ziemlich lange. Ich überlegte: »Vielleicht machen sie einen Dreier« und wendete mich ab.
Uta fragte: »Meinst du, die Frau macht so etwas mit?«
»Ach, Uta, woher soll ich das wissen?«
Biermüller unterhielt sich mit einem der türkischen Lagerbewacher über Schweinsknödel mit Sauerkraut. Ohne Spaß. »Das ist doch dieser typisch deutsche Standardfraß«, hörte ich den Zahnarzt schimpfen, »Schweinsknödel, pah.«
»Nein, Herr Professor, Schweinsknödel mit Sauerkraut..., herrlich!« sagte der bewaffnete Aufseher draußen am Zaun.
»Ich dachte immer, ihr dürft kein Schweinefleisch essen?«
»Ja, ja«, bestätigte der Türke.
»Aber Schweinsknödel ist doch Schwein«, klärte der Deutsche auf.
Der Mann mit dem kräftigen Schnauzbart schüttelte energisch den Kopf: »Schweinsknödel ist Knödel - nichts Schwein.«
Das war mir neu. Uta stieß mich an: »Wette verloren! Sie treibt's mit Gino!«
Ich blickte wieder in die Richtung unserer mobilen Hütte. Tatsächlich, Hans war alleine herausgekommen und lief nun eilends zu uns.
»Der hat sicher eine Stinkwut«, analysierte ich meines Freundes festen Tritt.
Trotzdem war ich jetzt an der Reihe zu grinsen, als Hans auftauchte.
»Grins nicht so blöd«, fauchte er mich an, »helft mir lieber. Der Gino wollte aus seiner Hütte steigen und ist umgefallen.«
»Wie umgefallen?«
»Na, umgefallen.«
Wir rannten Richtung Fahrzeug. Mit blutender Wunde am Kopf saß Gino auf dem Bettrand. Sein Gesicht war merkwürdig entstellt, sein rechter Arm hing schlapp nach unten.

»Gino«, sagte ich, »du mußt sofort ins Krankenhaus, das hatte mein Opa auch.«
Gino lallte: »Icl bil nicht die Großvaler!«
»Das ist jetzt egal, ob du mein Großvater bist oder der Kaiser von China. Du mußt zum Arzt!« erregte ich mich, »Uta, hol mal diesen Bierfritzen.«
Doch Uta war schon gegangen. Mit sanfter Gewalt drückte Hans unseren Besserwisser auf die Bank über dem Wassertank: »Leg dich hin und bleib da liegen, sonst schlage ich dir eins auf die nicht gelähmte Seite deines vorlauten Mauls.«
Uta kam zurück - ohne den Doktor.
»Der ist verschwunden!« rief sie, der Panik nahe.
»Der wird pissen sein«, meinte Hans. Wir gingen nun alle raus den Zahnarzt suchen. Die Französin machte Hans deutlich, daß sie nun gehen würde, doch Hans hatte keinen Sinn mehr für das Techtelmechtel und war eher froh darüber.
Wir schwärmten durch das nächtliche Lager und riefen halblaut: »Müllerchen! Herr Müller!« Doch Biermüller blieb verschwunden. Vorne am Schlagbaum des Camps fragte ich nach einem Arzt. Der Mann zuckte mit den Schultern: »Dogubayazit!«
Uta hatte mich eingeholt, sagte: »Nicht zu finden.«
Ich schlug vor: »Wir fahren Gino in die Stadt hinunter. Komm mit.«
Wir rannten zurück. Aus dem Käfer dudelte die Musik, vom Zahnarzt keine Spur.
»Der Zündschlüssel steckt«, bemerkte Uta.
»Na, dann los.« Ich stieg in den VW und räumte die gesamte Rückbank leer. Kaum zu glauben, was sich in einem VW-Käfer alles auf der Rückbank verstauen läßt. Doch es war wesentlich einfacher - und ging schneller -, mit dem VW zu fahren, als jetzt unseren Laster von den Versorgungsleitungen abzukoppeln und danach umständlich durch das Camp zu manövrieren.
Rückwärts fuhr ich die paar Meter bis zu unserem Wohnmobil. Gino lag immer noch so, wie wir ihn gebettet hatten.
»Los, Gino, wir fahren dich ins Krankenhaus.« Ich packte ihn an der Schulter.
»Neil, neil«, wehrte er sich mit kräftigen Bewegungen.
»Wo ist dieser irre Witzbold, wenn man ihn braucht?« fragte der eintreffende Hans.
»Wir haben ihn auch nicht gefunden. Pack mit an. - Gino will nicht!«

Uta flehte: »Lieber Gino, laß dir doch helfen - es geht um dein Leben.« Doch Gino wußte es besser und strampelte mit der nicht gelähmten Seite dumm herum.
Hans packte ihn von hinten: »Los, du Rindviech, wenn du dich wehrst, werde ich dich fesseln.«
Gino schlug um sich. Irgendwoher kannte Hans noch den Griff, wie man Bewußtlose transportiert. Gino schrie, als würde man ihn aufspießen. Fremde Leute kamen an unser Mobil. Hans kümmerte sich um niemanden mehr. Wertvolle Zeit verstrich, bis endlich der Italiener auf der Rückbank unseres provisorischen Krankenwagens verstaut war. Uta setzte sich ebenfalls nach hinten, Ginos Kopf auf ihrem Schoß. »Wer fährt?« fragte Hans.
Einem, der herumstand und gaffte, rief ich zu: »Sagen Sie dem Biermüller Bescheid, wir haben sein Auto ausgeliehen.«
Dann setzte ich mich ans Steuer. Vor mir tanzten die gelben Lichter des Camps. Hans sagte: »Auf geht's.«
Ich fuhr an: »Hoffentlich machen wir keine Dummheiten mit dieser Aktion.«
Aber Hans machte sich keine Sorgen: »Mehr als verrecken kann er nicht.« Dann kurvte ich, so schnell es ging, durch das Camp und hinunter in die Stadt. Irgendwo sahen wir ein Schild mit einem roten Halbmond, das türkische Rote Kreuz. »Rechts«, befahl Hans, »da vorn ist so eine Station, ich kann mich wieder erinnern, da sind wir schon mal vorbeigefahren.«
»Na also«, freute ich mich. Der Wagen kam ins Schleudern. Ich fuhr zu schnell. Erschrocken bremste ich ab. Jetzt nur nicht das Kind mit dem Bade ausschütten und die Gesunden noch durch einen Verkehrsunfall umbringen, weil man den Kranken retten wollte. Von Gino war nichts mehr zu hören.
»Immer schön seinen Kopf streicheln«, meinte ich zu Uta.
»Halt!« schrie Hans. Ich war vorbeigerauscht. Der Dreck der Straße wühlte sich auf, ich suchte den Rückwärtsgang, schaute aus dem Seitenfenster und kurvte mit Vollgas zurück.
Das war kein Krankenhaus, sondern höchstens eine etwas größere Ambulanz mit Apotheke.
Es war jetzt nach Mitternacht. Ich hupte wie wild. Hans stieg aus, klopfte an die Tür, stellte fest, daß sie gar nicht verschlossen war, und nach einiger Zeit hatten wir einen männlichen Menschen im weißen Kittel aktiviert.

Nach langem Palaver auf englisch konnten wir Gino auf die Liege im dortigen Behandlungszimmer legen. Das war jedoch nur möglich, weil Hans im Auto eine von Biermüllers Krawatten gefunden hatte und deshalb mit ihr Ginos Beine fesselte.
»Zwangsbehandlung nennt man dies«, griente Hans.
Der Arzt oder Pfleger, vielleicht war es auch nur ein Englisch sprechender Nachtwächter, wollte unsere Diagnose nicht glauben. Immer wieder zeigten wir auf Ginos Mund.
Natürlich sah dies der Ambulanzmensch ebenfalls, doch er sah auch unsere besoffenen Blicke, roch unsere Weizenbierfahnen.
Ich erkannte das in einem lichten Moment und sagte: »Hören Sie zu. Wir haben dort oben im Camp einen Zahnarzt getroffen, der meinte sofort, das wäre eine Apolexdingsbums oder so.«
»Eine Apoplexie«, verbesserte Uta.
Praktische Ärzte und Zahnärzte sind sich wohl auch nicht gerade gut Freund. Denn als unser Weißkittel etwas von Zahnarzt hörte, sagte er verächtlich: »Hairdresser.«
Hans fing wieder an zu grinsen, ein Zeichen, das unser Medizinmann völlig falsch verstand. Denn plötzlich schnappte ihn mein Freund am weißen Kragen und drückte ihn mit einer Hand die weiß getünchte Zimmerwand hoch, dann lächelte er auf deutsch: »Du machst jetzt irgend etwas, verstanden« und ließ ihn fallen.
»Geben Sie ihm Aspirin«, schlug Uta vor, »wenn er einen Gehirnschlag hat, muß doch das Blut verdünnt werden.«
Vorsichtig schlich sich der Weißkittel an Hans vorbei. Sagte nach einer Weile zu mir: »Diese Frau hat vielleicht Recht...«
»Na, also«, meinte ich erleichtert.
»Das ist aber nur bei einem Blutgerinsel richtig, verstehen Sie?«
Ich schüttelte den Kopf.
»Bei einer Gehirnblutung bringe ich ihn damit um! Er müßte in ein Krankenhaus zwecks Diagnose.«
Gino fing wieder an zu strampeln, schrie: »No, no, no.«
Uta säuselte: »Ginolein, du mußt jetzt machen, was der Onkel Doktor sagt.«
Das Ginolein wollte aber nicht.
»Frißt du denn Aspirin?« fragte Hans.
Dagegen hatte Gino nichts einzuwenden.
»Na also, dann geben wir ihm erst mal eine Hunderterpackung Aspirin,

wenn er sich nicht erholt, kann er immer noch ins Krankenhaus«, freute sich mein Freund über die dilettantische Lösung des Problems.
Der Weißkittel verzog verächtlich die Mundpartie, griff ins Regal und holte eine Packung Tabletten.
»Da steht aber nicht Aspirin drauf«, stellte Hans drohend fest.
»That's possible, Acetylsalicylsäure«, meinte der Medizinstationsmensch, »auf Ihre Verantwortung.«
»Was denkst du, was wir schon alles verantwortet haben? Los, schlukken!« sagte mein Freund.
Mit einem Glas Wasser schluckte Gino nun drei dieser Tabletten. Der Medizinmann wollte einen Krankenwagen rufen, doch Gino schrie »No, no, no«, so laut er nur konnte.
»Wenn er in Ohnmacht fällt, kommen Sie wieder«, sagte der Arzt resignierend und hatte es plötzlich sehr eilig, daß wir die Station verließen.
»Was bin ich Ihnen schuldig?« fragte ich.
»Nichts«, sagte er, »Sie waren nie hier.«
»Auch gut«, meinte ich und steckte das Geld wieder ein.
»Wenn es nicht schlimmer wird, täglich eine Tablette«, rief er uns nach.
Gino wurde ruhiger. Wir stützen ihn ab und schleppten ihn zu Biermüllers »Geländefahrzeug« zurück.
»Das glaubt mir kein Mensch«, sagte ich zu Hans, als wir für einen Augenblick allein waren, »der Typ ist sterbenskrank, läßt sich nicht behandeln, will nicht ins Krankenhaus...« Mein Freund schüttelte den Kopf: »Da steckt mehr dahinter. Ich hätte an seiner Stelle Todesangst und würde mich über die Kreditkarte nach Hause fliegen lassen.«
»Der hat ja keine.«
»Na, egal - trotzdem, da ist was oberfaul.«

Am nächsten Morgen dröhnte nicht nur mir der Kopf. Das Frühstück wurde erst zur Mittagszeit eingenommen, und wenn ich es richtig interpretierte, hatte Uta schlechte Laune. Während ich mir, an den vorderen Kotflügel gelehnt, noch den Schlaf aus dem Gesicht zu reiben versuchte, sprang Hans frohgelaunt aus dem Fahrzeug und gab Uta einen beschwingten Klaps auf ihr Hinterteil.
»Laß das!« fauchte sie und tat so, als wäre das Decken unseres Frühstückstischchens eine Wissenschaft für sich.
Wir hatten wohl alle viel zuviel Weizenbier getrunken, aber soweit mir erinnerlich war, gab es keinen Grund, verstimmt zu sein.

»Was macht Gino?« fragte ich besorgt, als sich die Erinnerungsfetzen wieder langsam zusammenfügten.
»Frühstücken!« sagte der und sprang ebenfalls aus der seitlichen Tür unseres Mobils.
»Laß mal sehen«, er wendete den Kopf, ich sagte: »Der ist ja immer noch schief.«
»Das wird schon wieder«, hoffte unser Sorgenkind und griff mit der Linken nach der Kanne, um sich Kaffee einzuschenken. »Ich habe im rechten Arm ein taubes Gefühl«, erklärte er dazu und drückte sich mindestens fünf dieser Tabletten auf den Tisch.
»Eine hat der Arzt gesagt«, meinte ich.
»Der hatte doch keine Ahnung«, kommentierte der Italiener und schluckte die Pillen, als wären es Zuckerdrops.
»Laß ihn doch«, meldete sich Hans, »jeder hat das Recht, sich nach Belieben selbst zu töten.«
Wir setzten uns auf die Klappstühle und begannen mit dem Frühstück. Uta mied meinen Blick, und obwohl ich gar nicht wußte, was nun schon wieder Schieflage hatte, spürte ich die gedrückte Stimmung. Mit Gino hatte es nichts zu tun, denn der war ja weder gestorben, noch hatten sich seine Lähmungserscheinungen verschlimmert - im Gegenteil.
So schwiegen wir uns an und waren sichtlich erleichtert, als sich Biermüller zu uns gesellte und etwas über seinen zusammengestellten Konvoi erzählte.
»Ein Pärchen aus Nürnberg würde sich uns anschließen«, erzählte der Zahnarzt, »glauben Sie mir, es ist von Vorteil, wenn wir nicht einzeln über die Grenze fahren.«
Gino ergänzte: »Und wir brauchen Whisky, mindestens zwei Flaschen.«
»Ich habe von der Sauferei die Schnauze voll«, wehrte sich Uta und verzog verächtlich das Gesicht.
»Für die Zöllner im Iran«, belehrte uns Gino.
»Da steht die Todesstrafe drauf«, meinte Hans mit einem Fladenbrot zwischen den Zähnen, »du willst uns wohl umbringen.«
»Es ist wirklich so«, beharrte Gino, »die müssen etwas zum Beschlagnahmen haben, sonst warten wir ewig.«
Müller mußte aufstoßen, hielt sich die Hand vor den Mund: »Wenn's schiefgeht...« und machte dann einen vielsagenden Schnitt mit der Handkante über seine Kehle.
»Ihr habt wohl alle zuviel Restalkohol in der Birne«, schimpfte ich jetzt,

»in mein Fahrzeug kommt jedenfalls kein Schnaps zum Beschlagnahmen.«
»Ihr werdet ja sehen«, meinte unser Besserwisser. Mein Freund verzog das Gesicht, und Biermüller beschwichtigte: »Meine Herren, ich habe keine Ahnung. Die Leute, die sich uns anschließen wollen, verlassen sich auf uns.«
»Wie heißen die denn?« fragte ich.
»Herr und Frau Weiß.«
»Wenn die wüßten«, sagte Hans trocken.
»Ich gehe ein wenig spazieren. Wir fahren ja heute sowieso nicht mehr«, eröffnete Uta ihre Absichten.
»Und darum bist du sauer?« wollte ich wissen.
»Nee, laß mich in Ruhe.«
Uta zog sich ein Kopftuch übers Haar und entfernte sich. Biermüller stellte uns das Ehepaar vor, das in den Konvoi eingegliedert werden sollte. Die beiden jungen Menschen, die Frau war höchstens zwanzig, er nicht viel älter, machten einen etwas naiven Eindruck. Biermüller mußte ihnen bereits die tollsten Geschichten erzählt haben, denn sie betrachteten ihn wohl als Spezialist für Indienfahrten.
»So wie ihr ausschaut«, sagte ich in Anspielung auf das Flower-Power-Image, »müßtet ihr doch für solche Touren die Spezialisten sein.«
»In Indien kennen wir uns gut aus«, sagte Weiß und zupfte an seiner Nickelbrille, »bisher sind wir aber immer geflogen.«
»Macht nichts«, beruhigte der Zahnarzt, »haltet euch nur an mich, ich kenne mich da aus.«
Frau und Herr Weiß versprachen es, und ich mußte an diesem etwas verkorksten Tag zum ersten Male lachen.
»Die anderen schließen sich uns erst an der Grenze an, dann sind wir vier Fahrzeuge«, prahlte Müller, und mir sollte es recht sein.
Gegen Abend kam ich mit Hans ins Gespräch, denn auch bei ihm hatte ich den Eindruck, daß er mir aus dem Weg ging.
»Was soll schon sein?« meinte er auf meine diesbezügliche Frage.
»Na, Uta hat sich verdrückt, und du weichst mir aus.«
»Ich habe nichts zu verbergen«, tat Hans ab.
»Und warum ist unsere junge Frau dann so zerknirscht?«
»Weil die beiden in der Nacht zusammen...«, warf Gino ein, dem das Hin und Her zwischen mir und Hans wohl auf die Nerven ging.
»Paß auf, was du sagst«, unterbrach ihn Hans blitzschnell.

»Was zusammen?« Ich war etwas schwer von Begriff.
»Nichts«, knirschte Gino, nahm sein Buch vom Tisch und verzog sich. Hans blieb ruhig. Ich griff nach seinen Zigaretten, ein Zeichen, daß mir die Sache nun überhaupt nicht mehr gefiel. Mein Auspusten des Rauches war in der Stille, die zwischen uns herrschte, überlaut.
Ich zog nochmals an der Zigarette. Hans wollte aufstehen, irgendwohin gehen.
Zorn stieg in mir auf: »Hau jetzt ja nicht ab!«
»Du hast mir nichts zu befehlen«, parierte er, konnte mich dabei aber nicht ansehen.
»Hast du es mit Uta getrieben?« platzte ich heraus.
»Nee«, antwortete er kurz, zu kurz, und blickte verlogen auf das spärliche Gras unter unserem Campingtisch.
»Was dann?« insistierte ich.
»Nichts was dann?«
»Hans!« beschwor ich ihn, »hör mit der Lügerei auf.«
Er schwieg. Uta war wieder zurückgekommen. Ich hatte sie gar nicht bemerkt, sah sie erst, als sie hinter mir vorbeigehen wollte, um im Wohnwagen zu verschwinden.
»Uta, komm doch bitte mal her.«
Sie kam nicht zu uns heran, blieb aber stehen und drehte sich widerwillig zu uns um.
Hans sagte: »Du bist ein doofes Flittchen.«
»Wenn nur ihr Macker wißt, was ihr seid, dann ist es ja gut«, trotzte Uta und drückte mit dem Zeigefingernagel an dem Dichtungsmaterial der Wohnwagentür herum.
»Ich verstehe diesen Plural nicht«, schimpfte ich.
»Ist ja auch egal«, druckste sie und schob sich jetzt wohl ein winziges Stück Wohnwagentürgummi in den Mund.
So langsam wurde ich wütend. Fast jähzornig schrie ich sie an: »Setz dich jetzt hierher, verdammt!«
Sie gehorchte wortlos. Worauf ich mich wieder veranlaßt sah, mich bei den beiden zu entschuldigen.
»Mensch, Flick«, meinte jetzt Hans, »wir waren doch gestern alle besoffen.«
»Ja. Und?«
»...und irgendwann in der Nacht kam Uta zu mir rüber.«
Das Mädchen sah meinen entsetzten Blick, schüttelte energisch den Kopf:

»Es war nicht so, wie du denkst.«
Diese Floskel fehlte mir in meiner Sammlung noch. Ich stand auf und ging weg. Biermüller war gerade dabei, seine weißen und bügelfreien Hemden an einer Schnur zum Trocknen aufzuhängen.
»Hast du noch ein paar von diesen Weizenbieren?«
»Klar, Flick«, freute er sich, »noch acht Stück. Kommt rüber, und wir genießen hier den angebrochenen letzten Abend.«
»Eigentlich wollte ich nur eins, als Medizin sozusagen.«
»Nichts da! Meine Biere werden nur in geselliger Runde getrunken.«
Unverrichteter Dinge lief ich zurück. Uta und Hans saßen noch genau so da, wie ich sie verlassen hatte, warteten auf meine Reaktion, doch ich wußte nicht, was ich sagen sollte.
»Wir sollen zu Biermüller kommen«, sagte ich statt allem anderen.
Die beiden reagierten nicht. Ich setzte mich wieder. Am liebsten wäre ich in einem Erdloch verschwunden und unterirdisch nach Berlin zurückgelaufen. Warum nur hatte ich die ganze Mission nicht bereits vor ein paar Tagen abgebrochen, als dieser Eklat mit Gino war?
Wieder einmal fragte ich mich, warum ich überhaupt nach Indien fahren wollte. Ich wußte, und das war viel schlimmer, eigentlich gar nicht so recht, warum ich so eifersüchtig war. Trotzdem verspürte ich tief in mir eine unbändige Wut. Gesagt habe ich, eher gepreßt und kaum hörbar: »Jeder kann machen, was er will.«
Uta kam zu mir, wollte ihren Arm um mich legen, angewidert schüttelte ich sie ab: »Laß mich, ich lasse euch ja auch. Und stelle mir nie wieder nach.«
»Es war doch gar nichts, zumindest nichts Ernsthaftes«, sagte Hans.
»Warum?« meinte ich kalt, »ich habe kein Recht auf Uta. Ich glaube, ich will es auch gar nicht mehr.«
»Flick«, klopfte mir Hans jetzt auf die Schulter, »häng's tiefer. Als ich heute morgen aufwachte, lag sie bei mir. Ich kann dir beim besten Willen nicht mehr sagen, wie das kam.«
Uta weinte jetzt. Ich sagte, immer noch verächtlich: »Krokodilstränen?«
»Ich«, schluchzte sie, »wollte doch von Hans gar nichts.«
»Wenn niemand etwas wollte, jeder ein reines Gewissen hat, dann ist es ja gut«, entgegnete ich, richtete mich auf und meinte etwas klarer: »Fragt sich nur, warum ihr mir dann heute morgen nicht in die Augen schauen konntet?«
»Sei froh, daß wir nun darüber reden. Und laß die Polemik, das führt zu

nichts«, meinte Hans.
Uta wischte sich die Tränen ab: »Bestimmt habe ich mich nur...«
Wir warteten auf das Ende des Satzes.
»Was?« fragte ich.
»Nichts!« sagte sie kurz.
Auch Hans war wohl gespannt, denn er drängte: »Los, raus damit, was immer es auch sei.«
»...im Bett verirrt.«
Jetzt ließ sich das Mädchen von mir nicht mehr abweisen, legte wieder ihren Arm um mich: »Werner, glaub mir, es war nichts, auf das du eifersüchtig sein könntest.«
»Es war also ein Unfall?«
»Mensch, Flick«, atmete Hans erleichtert auf, »ja, es war ein Unfall. Ich vor allen Dingen bin heute morgen genauso überrascht gewesen wie die Utamaus.« Er lachte verlegen und schüttelte den Kopf: »Ich fragte mich nur die ganze Zeit, ob du mir das glauben würdest.«
Aber ich war immer noch alles andere als erfreut: »Ich habe davon doch gar nichts mitbekommen. Erst als ihr euch so sonderbar verhalten hattet, interpretierte ich, daß da etwas war, was mich vielleicht anging.«
Biermüller war mit den restlichen Weizenbieren zu uns herüberspaziert, hatte die letzten Sätze gehört und mischte sich ein: »Meine Herren, genauso war es mit dem Sündenfall. Der liebe Gott wußte gar nichts. Erst als sich Adam und Eva so sonderbar verhielten, wurde ihm klar, daß die beiden die Schlange verspeist hatten.«
Uta sagte zweifelnd: »Haben die denn die Schlange gegessen?«
Biermüller war nicht aus dem Konzept zu bringen: »Natürlich - das war ja die Sünde. Lest nach im Alten Testament, Moses, Kapitel 47, Vers 11: Alles dürft ihr essen, die Äpfel und Birnen, die Aprikosen und Sultaninen, Hunde und Katzen, Schweine und Ochsen, nur laßt mir diese Schlange in Frieden.«
Ich schüttelte nur den Kopf. Als ich mir ein Bier eingeschenkt hatte, sagte ich nachdenklich und eher zu Uta als zu den anderen: »Meine Nachbarin hatte einmal zwei Kanarienvögel. Die beiden Hähne trillerten fröhlich ihr Liedchen, und solange sie von der Hoffnung und dem Traum lebten, war alles in bester Ordnung...«
»Und was hat das jetzt mit der Vertreibung aus dem Paradies zu tun?« unterbrach Hans.
»Laß ihn doch erzählen«, bat Uta.

»Nun«, erklärte ich, »es hat viel mit uns zu tun. Mit Hans und mir - aber auch mit dir, Uta. Denn eines Tages flog meiner Nachbarin ein dritter Vogel zu. Es war ein Kanarienweibchen...«
Biermüller forderte: »Kommen Sie zur Sache, Flick.«
Hans lachte: »Das mußt gerade du sagen.«
»...dieses Vögelchen lebte sich in seiner neuen Heimat gut ein. Dann kam im Sommer die Paarungszeit. Die beiden Hähne warben um das Weibchen, balzten und stritten mehrere Wochen lang. Meine Nachbarin glaubte, das wäre die Natur, der Käfig wäre groß genug, und eben diese Natur würde alles regeln...«
»Und?« fragte Uta.
»Eines Morgens lag das Weibchen tot im Käfig«, löste ich die Geschichte auf, »die Natur hatte es geregelt.«
»Was Sie nicht sagen«, meinte Biermüller, »ich habe da einmal eine Geschichte mit zwei Elefantenbullen gehört...«
»Halt doch mal die Schnauze«, ermahnte ihn Hans ärgerlich.
Ich sah Uta in die Augen, dann bat ich: »Laß uns etwas daraus lernen. Ich habe dir bereits gestern gesagt: Sind wir wieder in Berlin, so sieht alles ganz anders aus. Wenn es gut werden soll, so ist es auch dann noch gut.«
»Meinetwegen braucht ihr da aber keine Rücksicht zu nehmen«, gab Biermüller zum besten.
»Na, dann ist ja alles in Ordnung«, freute sich Hans.
Und das Mädchen sagte: »Ich glaube, Werners Geschichte ist gar nicht so dumm.«

Einen Tag später fuhren wir im kleinen Konvoi aus dem Campinglager. Nicht alles, was zwischen uns im Raum gestanden hatte, war nun bereinigt. Irgendwie hatte ich nämlich das Gefühl, daß der letzte Vorfall zwischen mir und meinem Freund die Grenzen unserer Freundschaft aufzeigte. Männerfreundschaften sind eben nur solange Männerfreundschaften, solange keine Frauen mit im Spiel sind. So banal es klang, so wahr war es wohl.
»Habt ihr den Schnaps?« fragte Gino so nebenbei.
»Laß den Quatsch«, tat ich ab und schaltete einen Gang höher.
»Das ist kein Quatsch, ohne Whisky kommen wir nicht durch die Grenze.«
Ich schüttelte den Kopf: »Gino, ich weiß nicht, woher du diese Weisheit

nimmst, aber die Sache ist mir zu gefährlich.«
»Ihr müßt es ja wissen«, meinte Gino scheinbar gleichgültig und lehnte sich zurück.
Uta war nach vorne gekommen, brachte uns jedem eine Büchse Cola und setzte sich rechts von Gino: »Kommen wir heute noch über die Grenze?«
»Morgen früh«, schätzte ich ab, und Gino beharrte: »Ohne Whisky gar nicht.«
Das Ehepaar Weiß fuhr mit ihrem Ford-Transit hinter uns, dann kam, last but not least, Biermüller. Nun hatte er nur noch einen Kasten auf dem Dachgepäckträger verzurrt, es war der Kasten mit den Weizenbiergläsern. Die Bierkästen mit den leeren Flaschen hatte er, trotz schwieriger Verhandlungen im letzten Lager, ohne Flaschenpfand zurückgelassen.
Tja, das Leben war nicht einfach.
»Komm, ich mach sie dir auf«, sagte Uta, die bemerkt hatte, daß Gino Schwierigkeiten hatte, die Dose zu öffnen.
»Danke«, sagte er und trielte beim Trinken wieder sein Hemd voll.
»Das wird wohl nicht besser«, sagte ich etwas ratlos.
»Doch, doch«, widersprach Gino, »das gibt sich.«
Ich schüttelte den Kopf: »Nimmst du denn diese Tabletten noch?«
»Zehn Stück täglich.«
»Eine hat der Arzt gesagt«, empörte sich Uta, »du wirst noch innerlich verbluten.«
»Dann kriegst du alles, was ich habe«, sagte Gino.
»Was soll das heißen? Ich kann mit deinen Männerklamotten doch nichts anfangen.«
Gino schaute sie lange an, es sah aus, als würde er nach Worten ringen, dann orakelte er: »Es bleibt was über, das gehört dann dir.«
Schweigen. Dann sagte Gino: »Du mußt nur suchen.«
»Hört jetzt mit diesem Gefasel auf«, unterbrach ich ihn, »hättest du dich ordentlich behandeln lassen, so wäre jetzt alles auf dem Weg der Besserung.«
»Gar nichts wäre dann. Gar nichts!« widersprach der Italiener.
»Egal«, schimpfte ich, »zudem hast du Hans die beiden neuen Jeans, die er dir kaufte, noch gar nicht bezahlt.«
Beim nächsten Stopp boten uns irgendwelche Türken Whisky an. Das war Wasser auf Ginos Mühlen, doch wir überstimmten ihn, und Gino

resignierte vollends. Leider mußten wir noch unzählige Male anhalten, weil Biermüller stets nach wenigen Kilometern zu hupen anfing, stoppte und austreten mußte.
»Wenn du laufend scheißen mußt«, hatte Hans ihm vorgeschlagen, »dann fahre mit uns, und ich fahre den Käfer.« Doch Biermüller wußte es besser und beteuerte nach jedem Austritt, er hätte jetzt ein Medikament genommen, und nun sei alles in bester Ordnung.

Dann endlich hatten wir das türkisch-iranische Grenzgebiet erreicht. Wir bildeten wenige Kilometer vor dem Übergang so etwas Ähnliches wie eine Wagenburg, was mit einem VW-Käfer, einem Ford-Transit und unserem Fahrzeug eigentlich gar nicht möglich war. Biermüller schien glücklich zu sein und hielt nach dem vierten Konvoi-Mitglied Ausschau. Unser Flower-Power-Pärchen war mit sich selbst beschäftigt.
Die bergige Landschaft in 2000 Meter Höhe, in der kein einziger Baum oder Strauch auszumachen waren, bot, zumindest was das Ankommen von Fremden betraf, einen optimalen Überblick. Dann brach die Nacht herein, aber unser von Biermüller anvisierter Konvoipartner war noch nicht eingetroffen.
»Ohne Bier ist es natürlich nur halb so schön«, meinte er dann in die auch uns plagende Langeweile hinein.
»Wir hätten zu dem Türken gehen sollen, der uns eingeladen hatte«, bereute Hans die vergangenen Stunden.
»Das ist hier der vereinbarte Treffpunkt. Wir können doch die beiden nicht versetzen«, rechtfertigte sich der Zahnarzt und zeigte mit dem Zeigefinger senkrecht auf den Boden.
»Was sind das denn für Typen?« nörgelte ich. »Jetzt sitzen wir hier in dieser Steppenlandschaft und warten auf ein Phantom. Zudem bezweifle ich, daß wir überhaupt einen Konvoi brauchen, um durch den Iran zu kommen.«
»Laß gut sein«, sagte mein Freund und zeigte zur Straße, »da kommt einer wie eine wildgewordene Sau angefahren.«
Tatsächlich, in schneller Fahrt und mit aufgeblendeten Scheinwerfern kurvte ein schwarzer Pkw mit einem zweiachsigen Wohnanhänger über das Steppengras. Der Anhänger schleuderte zur Seite aus, riß das Kombifahrzeug halb mit, Staub wirbelte auf, dann stand der Todesfahrer seitlich unserer dreieckigen Burg.
»Herr Doktor«, rief eine Stimme.

»Kennen wir den nicht?« fragte ich Hans sofort.
Hans kniff die Augen zusammen: »Irgendein Wahnsinniger, das steht vor allem fest.«
Federnd sprang der etwas dickliche Typ aus seinem Audi.
»Jeder Raudi...«, lästerte Uta und griff nach meiner Hand, als bräuchte sie Beistand. Den hatte sie auch nötig. Ehe wir uns mental auf dieses Ereignis vorbereiten konnten, mußten wir die ganze schlimme Wahrheit erkennen.
»Darf ich vorstellen«, rief Biermüller, »Herr Schlickmeier mit Gattin.«
»Um Gottes willen«, entfuhr es Uta.
»Wußte ich es doch«, sagte ich.
Hans bohrte wortlos seine Fäuste in die Hosentaschen der Jeans.
»Tag!« preßte ich hervor.
»Komm, Schäfchen«, sagte die bierbäuchige Frohnatur zu seiner blondgesträhnten Frau, »sag den Herrschaften schön brav guten Tag.«
Schäfchen tat so, als hätte sie uns noch nie gesehen. Das war natürlich das schlechte Gewissen.
Schlickmeier ließ seinen Goldzahn blinken und streckte mir die Hand hin.
»Flick«, sagte ich, »die Welt ist klein.«
»Ich wußte doch nicht, daß wir einen gemeinsamen Bekannten haben«, meinte der Rheinländer etwas verlegen.
»Der Streit ist ja begraben«, setzte ich die knappe Konversation fort.
Hans nickte nur, für ihn war der Streit nicht begraben -, doch mitgegangen war mitgefangen.
Schäfchen lächelte freundlich und schaute zu ihrem großen starken Mann empor, wartete wohl auf Anweisungen, die dann auch prompt kamen: »Sei's drum. Ich habe einem Türken eine Flasche Whisky abgekauft. Die Kerle kennen ja die Preise nicht. Schäfchen, mach uns allen etwas zu essen, und dann machen wir es uns gemütlich...« Er wollte ihr aufs Hinterteil schlagen, doch sie wich geschickt aus und ging zum Wohnwagen zurück.
Als ich bemerkte, daß die junge Frau Anstalten machte, den Wohnwagen alleine zu arretieren, wollte ich ihr zur Hand gehen.
»Hau ab«, zischte sie nur und mühte sich mit den ausziehbaren eisernen Füßen des Gefährts ab.
»Was ist? Ich kann doch einer alleinstehenden Frau bei so einer schweren Arbeit zur Seite stehen«, neckte ich sie.

»Kommst du zurecht, Schäfchen?« rief bereits ihr Alter.
»Ja, ja«, rief sie zurück.
»Nüchtern fehlt wohl etwas Mut?« frotzelte ich weiter und half nun doch, den Wohnwagen anzuheben.
»Er schaut schon blöd herüber«, flüsterte sie, »Flick, hau endlich ab. Ich mache uns irgendwie etwas zu essen.«
»Du hattest uns ja gar nicht erzählt, daß ihr auch nach Indien wollt...«
»Ph«, machte sie, »dieser Idiot hat sich in Sile von diesem Doktor mit dem Käfer überreden lassen. Irgendwie geht das doch gar nicht, ich muß nämlich in drei Wochen wieder arbeiten.«
»Da haben sich ja die richtigen Spezialisten getroffen.«
»Ja, ja«, drängte sie, »hau jetzt ab, ich will nicht, daß er etwas denkt.«
Mir war das egal, und ich ging zu den anderen zurück.
Uta schaute bereits grimmig.
»Es gibt nur ein Verbrechen, das ich je bestraft sah: die Torheit, die entzweit, das Geschick vom Bösen befreit«, schmunzelte ich schelmisch.
»Du immer mit deinen alten Griechen«, mußte Uta ihren Groll lachend verdrängen.
»Das war kein alter Grieche...«, wollte ich gerade erklären, doch Schlickmeier unterbrach mich und sagte: »Die wollen den Bußgeldkatalog erhöhen, steht heute in der Bild-Zeitung.«
»Was für eine Zeitung?« fragte Hans.
»In der Bild-Zeitung!«
»Kenn ich nicht«, Hans war so trocken, daß er jeden Moselwein veredelt hätte.
»Die ist doch international«, wunderte sich der Goldzahn und setzte sich auf einen unserer Campingstühle, »kann ich Ihnen borgen.«
Gino schaute von seiner Lektüre hoch, diesen Idioten wollte er sich wohl auch nicht entgehen lassen.
»Wenn die diesen Bußgeldkatalog erhöhen, dann sollen sie mal was erleben. Kann ich Ihnen sagen.«
»Ach«, verarschte Hans ihn weiter, »was macht man denn dann so als internationaler Zeitungsleser?«
»Das hat damit nichts zu tun. Ich kenne ja den Vorsteher des Flensburger Punkteamtes persönlich...«, hörte man ihn prahlen, »da kann man nämlich einiges machen.«
»Heißt das *Flensburger Punkteamt?«* fragte Uta ungläubig.
»Kraftfahrzeug-Bundesamt«, verbesserte ich.

»Nein, nein«, sagte der Goldzahn, »das haben die jetzt umbenannt wegen der UNO und der EWG und so.«
»Tut das nicht weh?« fragte mein Freund unschuldig.
»Hans!« ermahnte ich ihn streng.
»Mir ist das ja egal...« Der Oberprotz wurde von seinem Schäfchen unterbrochen, denn sie brachte die Flasche mit dem Whisky und mehrere Büchsen Cola.
»...man kann mir ja den Führerschein gar nicht abnehmen«, sagte er jetzt und goß sich einen Whisky ein, »die deutschen Behörden sind da nämlich machtlos. Ich fahre seit Jahren mit einer Pappe aus U.K.«
Wir saßen nun alle um das Tischchen herum, außer Biermüller, der sich wohl irgendwo in der Dunkelheit mit seiner Verdauung herumärgerte, und starrten auf die leeren Gläser.
Schäfchen kam an den Tisch, servierte einen Topf Ravioli und brachte die Teller und das Besteck gleich mit.
»Warum schenkst du denn den Leuten nichts ein?« schüttelte sie den Kopf.
»Ach«, sagte der Bild-Leser, »Schäfchen, dafür bist doch du zuständig.«
Während Schäfchen einschenkte und servierte, griff ihr Gatte sein Thema wieder auf: »Nun, diese U.K.-Führerscheine können die deutschen Behörden nicht einziehen...«
Hans kniff die Augen zusammen: »Du hast doch wohl nicht alle? Was soll das denn sein, ein U.K.-Führerschein?«
»Wenn ich's sage!«
»Stimmt«, meinte seine Partnerin, »mein Mann hat einen Führerschein aus U.K.«
»U.K.?« Hans schüttelte den Kopf.
»Hier«, prahlte unser Besucher, »lesen Sie selbst: U.K.! Das ist eine internationale Organisation für Vielfahrer. So eine Pappe kann ich Ihnen auch besorgen.«
Hans nahm ihm den angeblichen Führerschein achtlos aus der Hand, ging in unser Wohnmobil, um die große Taschenlampe zu holen.
»Prost! Auf unsere gemeinsame Fahrt«, freute sich der Goldzahn, »keine Angst, ich mach das schon, sollte man Ihnen Schwierigkeiten bereiten.«
»Dein Mann ist wohl ein Universalgenie«, giftete Uta zu Schäfchen, das sich nach hinten in die zweite Reihe gesetzt hatte.
Sie machte so etwas wie »päh«, und Uta wußte nicht so recht, wie diese

Bemerkung zu interpretieren war. Es spielte auch keine Rolle mehr, denn Hans kam, sich den Bauch vor Lachen haltend, aus dem Wohnmobil. Als er nicht aufhörte, steckte er mich an, und bald lachten alle, außer der rheinischen Frohnatur.
Biermüller war von seinem Verdauungsspaziergang wieder eingetroffen und entschuldigte sich, daß er der frohen Runde nicht beiwohnen konnte.
Hans fragte: »Du hast deine Pappe wohl in der Kneipe gekauft?«
Schlickmeier fing an zu stottern.
»Hier lies: U.K. United Kingdom, das ist ein ganz normaler englischer Führerschein. - Die deutsche Pappe haben sie dir wohl abgenommen?« insistierte mein Freund.
Für einen Augenblick schien es so, als platzte des Vielfahrers Kopf, dann griff er nach seinem so stolz angepriesenen Führerschein und sagte: »Ja, ja - äh - das ist ja auch egal. Mir kann jedenfalls keiner die Pappe abnehmen.«
»Natürlich nicht«, sagte Hans, »weil du keine mehr hast. Und wenn sie dich in Deutschland erwischen, sitzt du ein wegen Fahrens ohne Fahrerlaubnis.«
Die Sache war peinlich, besonders deshalb, weil wir ja quasi, was das Essen und Trinken anbelangte, seine Gäste waren.
Biermüller fragte: »Haben Sie sich denn die nötigen Papiere für die Weiterreise besorgt? Einen Führerschein haben Sie ja, wenn auch einen fragwürdigen, wie ich eingestehen muß.«
Sofort hatte Schlickmeier wieder Oberwasser: »Das ist kein Problem, diese Kaffer sind ja alle korrupt.«
»Ich meine nicht die Visa, sondern die Carne de Passage.«
Ich hätte gewettet, daß er überhaupt nicht wußte, was das ist. Doch unser Großmaul prahlte sofort: »Alles geklärt! Nicht, Schäfchen, dein Mann, der macht das schon.«
»Ihr Wort in Gottes Ohr«, meinte Biermüller und wechselte das Thema, »übrigens, sollten Sie mit dem Magen- Darmtrakt gewisse Schwierigkeiten haben, ich habe da ein ganz vorzügliches Mittel.«
Ich schüttelte den Kopf und schimpfte: »Ich möchte von einem, der uns nun den ganzen Tag durch seine Scheißerei aufgehalten hat, nichts von einem Wundermittel gegen Diarrhöe erzählt bekommen.«
»Aber lassen Sie den Herrn Doktor doch aussprechen, er ist der Arzt«, sagte der Schwätzer mit der englischen Pappe.

»Gibt's noch Ravioli?« fragte Gino.
»Mit denen - das steht fest - kommen wir nie bis nach Indien«, flüsterte Uta und kuschelte sich an mich.
Ich sagte: »Denke an die Kanarienvögel.«
»Wie meinst du das?«
»Schon gut, Utamaus.«

Geschlafen hatte ich in dieser Nacht nicht gut, was dazu führte, daß ich bereits vor dem Morgengrauen die Leute mobilisierte und drängte, in Richtung Grenze zu kommen. Ich wollte nicht bis Mittag in der Schlange stehen, sondern einer der ersten sein. Der eigentliche Idiot des Konvois, es war Biermüller, der den Rheinländer zufällig in Sile auf dem Campingplatz getroffen hatte, war von dem sinnlosen Unterfangen, mit einem Pkw nach Indien zu fahren, genausowenig abzubringen wie der überredete Rheinländer selbst.
Eigentlich hätte ich mich Tag und Nacht totlachen können, überlegte ich, was für ein irrer Haufen sich hier an der Grenze versammelt hatte.
»Sag deinem Häuptling, daß er sowieso nicht bis nach Indien kommt. Das ist ein Auto für die Autobahn, aber nicht für Indienfahrer«, schimpfte ich Schäfchen an, als ich sie wider Erwarten früh alleine vor ihrem Wohnmobil stehen sah.
»Der glaubt mir doch nichts«, lachte sie und kniff zwinkernd ein Auge zu.
»Wer nicht hört, wird zurückfahren!«
»Irgendwie stinkt mich das schon lange an.«
»Was?«
»Na, der Schlickmeier und seine ewige Lügerei«, beschwerte sich seine Frau.
Ich lachte: »Du bist ein freier Mensch. Oder hat sich hier ein Schaf mit einem Ochsen gepaart?«
»Werd nicht frech, Flick«, gab sie zurück.
So half ich ihr, den Wohnwagen anzuhängen, weil ihr Gatte wohl noch träumte.
»Hast du denn einen Führerschein?« wollte ich etwas außer Atem wissen.
Das Schäfchen hatte einen.
»Dann setz dich mal hinters Steuer und fahr mir nach.«
Ich bummerte bei dem anderen Pärchen an die Blechwand: »Los, wer

wach ist, fährt los.«
Biermüller kam vom Austreten zurück und war, nachdem er sich die Hosenträger hochgezogen hatte, abreisefertig. Meine Mannschaft schlief ruhig und unbeirrt weiter, die kannten meine nächtlichen Aufbrüche zur Genüge.
Ich schaute aus dem Fenster, der Zahnarzt winkte aus seinem Käfer heraus, Schäfchen machte mit ihrer schwarzen Limousine einen kräftigen Satz und würgte den Motor ab, spätestens jetzt war ihr Macker aus der Koje geplumpst. Im spärlichen Licht des Morgens erkannte ich die Nikkelbrille unseres Herrn Weiß. »Die könnten uns ein Stück ihrer Harmonie und Eintracht abgeben«, murmelte ich vor mich hin, hupte kräftig und löste die Handbremse.
Bald schon sahen wir die ersten Häuser der türkischen Grenzstation. Die Landesfahne hing müde am Mast herunter, ein großes Tor aus Maschendraht war weit geöffnet, Europa war hier wohl zu Ende.
Der türkische Grenzbeamte hatte ein beachtliches Gewehr geschultert, eine weiße Pistolentasche am Gürtel, und seinen rechten Unterarm hatte er bequem über eine Maschinenpistole gelegt. Ich suchte nach Abwehrraketen an seinem Gürtel, fand sie nicht und fragte: »Sie tragen wohl die Waffen der Kollegen spazieren?«
Er verstand mich nicht - das war auch besser so -, und ich reichte ihm sämtliche Ausweispapiere, die ich am Abend zuvor von den Konvoiteilnehmern eingesammelt hatte.
Er nahm den Dokumentenstapel und verschwand ohne weiteren Kommentar in seiner Baracke. Ein Zollbeamter kam auf mich zu, unbewaffnet, wie mir schien: »Gütersloh?«
»Ich?«
»Zi, Gütersloh?«
Ich sagte: »Schöne Stadt!«
Er sagte und deutete auf sich: »Schwager, Gütersloh!«
»Ist ja schön«, sagte ich so herzlich, wie ich nur konnte.
Ob argwöhnisch oder nur amtlich wichtig schritt er danach unsere Fahrzeugkolonne ab. Im Rückspiegel erkannte ich, wie Schäfchen den Kopf einzog, Herr Weiß lächelte fröhlich aus seinem Fahrzeug heraus, und während ein weißer Dunst am Horizont ahnen ließ, daß dahinter die Sonne aufging, hörte ich, wie Biermüller zu unserem Zöllner sagte: »Junger Mann, Gütersloh ist doch das letzte Kaff, da müssen Sie einmal nach München kommen.«

Von der aufgehenden Sonne war nun nichts mehr zu sehen. Biermüller fuhr an uns vorbei und packte seinen ungezählten Kram auf den noch türkischen Boden.
Der Grenzbeamte kam mit unserem Reisepaßstapel wieder aus dem Büro heraus, zeigte nach hinten und machte mit der Hand eine buckelige Bewegung.
»Hier drüben«, klärte ich auf und deutete nach links auf den weißen VW. Scheppernd folgte gerade die Kiste mit den Weizenbiergläsern den Gesetzen der Schwerkraft.
Der Grenzbeamte lugte um mein Fahrzeug herum, sah seinen Kollegen mit der Beute und schimpfte aufgeregt, aber in türkisch zu ihm hinüber. Der Zöllner hatte nun eines dieser Weizenbiergläser in der Hand und streckte es vielsagend in die Luft. Der Grenzbeamte zuckte mit den Schultern und hob ratlos beide Arme.
Ein wortreiches Palaver entstand, währenddessen der Zöllner immer wieder eines der noch heilen Gläser in die Höhe hob, ab und zu war auch eine große Scherbe dazwischen.
»Was ist denn los?« hörte ich Hans müde von hinten fragen.
»Alles in bester Ordnung«, prophezeite ich, und tatsächlich wechselten schon bald die Weizenbiergläser den Besitzer, und Biermüller durfte wieder einpacken.
Wir bekamen unsere Pässe zurück, und Schäfchen würgte wieder mit einem großen Ruck den Motor ab. Dann fuhren wir durch das Niemandsland bis zur iranischen Grenze. Der aufkommende Wind ließ die iranische Fahne wehen, doch das Tor öffnete sich dadurch keinen Zoll breit. Die frühe Abfahrt war vergebens gewesen. Ich stellte den Dieselmotor ab und schwang mich aus dem Fahrzeug. Es war fünf Minuten nach fünf.

Schlickmeier war wohl doch nicht aus der Kajüte gefallen, denn er meldete sich erst jetzt schlaftrunken zu Wort.
Bevor er jedoch seinem Schäfchen irgendwelche Vorhaltungen machen konnte, wurde er von Biermüller eingenommen, der ihm völlig aufgebracht von der seiner Ansicht nach mutwilligen Zerstörung der bayerischen Weizenbiergläser durch einen türkischen Zollbeamten zu berichten hatte.
»Herr Doktor«, meinte der Goldzahn, »hätten Sie mich doch gerufen, ich hätte das für Sie geregelt.«

Das war nicht anders zu erwarten. Uta kam und fragte müde: »Wo sind wir denn?«
Und Hans sagte: »Das ist vielleicht gar nicht so gut, daß dieses ganze Idiotenpack wach ist. Vielleicht sollten sich alle wieder schlafen legen, wenn wir durch den iranischen Zoll fahren.«
Nachdem wir vor Langeweile eine halbe Stunde lang mit den Schuhspitzen im Erdreich herumgestakst hatten, beschlossen wir, Kaffee zu kochen und uns häuslich zwischen den Welten einzurichten.
»Eines muß man dir lassen«, frotzelte Hans, »die ersten sind wir immer.«
»Mir ist es eigentlich egal«, meinte daraufhin Uta, »ob ich hinten oder vorne in der Schlange warte.«
»Das ist aber, wenn sich das Tor öffnet, nicht mehr egal«, versuchte ich recht zu behalten.
Biermüller meinte aber: »Vom wissenschaftlichen Standpunkt aus betrachtet hat Ihre Freundin recht.«
Pünktlich um sieben Uhr wurde von zwei Soldaten das Tor geöffnet. Hektisch räumten wir unsere Campingmöbel in die Fahrzeuge, ich sprang auf den Bock und glühte den Motor vor. Doch die Grenzsoldaten machten uns deutlich, daß wir auf keinen Fall losfahren dürften.
So beruhigte sich alles wieder, und nach weiteren dreißig Minuten hatte Uta das kleine Campingtischchen nochmals aufgebaut, und Biermüller suchte unter den Anwesenden einen dritten Mann zum Skat.
»Du kannst doch Skat spielen«, stieß ich Hans in die Seite.
»Aber nicht mit diesen Idioten«, konterte der.
So verpflichtete letztendlich die rheinische Frohnatur seine Gattin, den dritten Mann zu mimen.
»Aber ich kann doch gar keinen Skat«, jammerte diese.
»Das macht nichts«, belehrte sie ihr Mann, »in fünf Minuten hab ich's dir beigebracht.«
»Na du?!« machte mich Uta an und stellte sich ganz dicht neben mich.
»Selber du!« gab ich zurück.
Gino kam und verzog leicht verächtlich den nicht gelähmten Mundwinkel: »War schon was?«
»Ja«, erzählte ich, »sie haben dem Biermüller die Weizenbiergläser abgenommen, und hier haben sie das Tor aufgemacht.«
»Es kommt bald einer und fragt nach Whisky«, sagte Gino, und fügte eine gotteslästerliche, rassistische Bemerkung hinzu, die ich hier nicht

wiederholen will, »aber ihr habt ja keinen.«
Eine tiefe Falte mußte sich auf meiner Stirn eingegraben haben. Gino merkte, daß ich seiner These skeptisch gegenüberstand. Deshalb resignierte er: »So stehen wir garantiert noch morgen früh hier. Ich lege mich wieder hin.« Er drehte sich um und verschwand, wie er gekommen war.
»Und jetzt?« fragte Uta.
»Jetzt legt er sich wieder hin«, antwortete ich.
»Aber wenn doch einer kommt...«
»Siehst du einen?«
»Nee.«
»Na also.«
Am Tisch von Schlickmeier war in der Zwischenzeit die Spannung auf den Höhepunkt gestiegen.
»Wenn ich das Spiel habe, können Sie Ihrer Gattin doch nicht meinen Skat zeigen«, beschwerte sich Biermüller empört.
»Sonst lernt sie es doch nicht, die dumme Kuh.«
»Das ist mir vollkommen egal«, verlor der Zahnarzt seine Fassung, »zudem sind die fünf Minuten längst vorbei.«
»Welche fünf Minuten denn?«
»In fünf Minuten wollten Sie ihr das Spiel erklärt haben.«
»Ich konnte doch nicht wissen, daß Ihr Spiel 32 Karten hat«, rechtfertigte sich der Rheinländer.
»Ein Skatspiel hat immer 32 Karten.«
»Bei uns hat ein Skatspiel 24 Karten«, behauptete der andere.
»Doppelkopf hat 24 Karten«, meinte der Zahnarzt.
Schäfchen sagte: »Aber die Doppelkopfkarten meines Großvaters sind irgendwie ganz viele.«
»Ja«, ärgerte sich Biermüller, »es sind ja auch zweimal 24 Karten.«
»Sag ich doch«, sagte der Goldzahn und schaute seiner Gattin in das Blatt.
Nachdem nun Schäfchen richtig und folgsam Biermüllers Stiche mit Karten derselben Farbe anreicherte, übersah ihr Götterochse seine einzige Pik-Karte - eine Dame -, bediente nicht und sonnte sich in dem für ihn günstigen Spielverlauf. Die Freude hielt natürlich nur so lange, bis der Rheinländer mit seiner gebunkerten Dame Biermüller stechen wollte. Ohne Bier brauchte dieser einen Moment, bis er den Fauxpas reklamierte, da schmollte Schäfchen bereits mit unschuldiger Miene: »Ich

dachte, man müsse bedienen.«
»Dann mach das doch auch, du dumme Kuh.«
»Das war Ihre Pik-Dame«, stellte Biermüller fest.
»Kann gar nicht sein«, der Rheinländer schüttelte energisch seinen dikken Kopf, »ich hatte überhaupt kein Pik.«
»Das ist ja eine unverschämte Lüge«, donnerte der Mann aus Bayern und schmiß die Karten auf den Tisch, »diese Dame hier ist doch Schippen.«
»Was schippen?«
»Schippen heißt diese Farbe, Pik ist französisch«, wußte unser Zahnarzt und stach mit seinem Zeigefinger direkt und mehrere Male auf die Dame ohne Unterleib.
»Die hat doch meine Frau gespielt.«
»Lügen Sie mich nicht an«, drohte Müller mit rotem Kopf, »Ihre Frau spielte die Karo acht.«
»Es geht los!« Schäfchen zeigte nach vorn.
Tatsächlich kam ein einzelner Zollbeamter in meine Richtung gelaufen. Uta löste sich von meiner Seite, und ich stieß mich von der Stoßstange ab, an der ich gelangweilt gelehnt hatte.
Der Zöllner tippte sich an seinen Hut und fragte auf englisch: »Wie viele Fahrzeuge gehören zu Ihrem Konvoi?«
»Drei«, sagte ich und verbesserte mich sofort, denn ich hatte den Wagen von Weiß vergessen, »vier, four!«
Der Iraner zeigte vier Finger seiner rechten Hand, dann mit dem Zeigefinger auf meine Brust: »What's your name?«
»Flick!«
»You are the leader.«
Ich schüttelte den Kopf.
»You are the leader!«
»Nein, ich bin nur der Flick.«
Er ließ sich nicht beirren, zeigte mit seinem Finger auf sich, dann auf mich und sagte wieder: »Only with you. You are the leader.«
Ich hatte den Packen Pässe in der Hand gehabt, den nahm er, ohne die Pässe nachzuzählen, mir einfach aus der Hand und ließ mich stehen. Ich rief hinterher: »Wann geht's denn los?« Doch er reagierte nicht.
»Was hat er gesagt?« fragte Uta, die zurückgekommen war.
»... daß ich das Arschloch wäre, das hier für diese Gruppe den Kopf hinzuhalten hätte.«

Gegen zehn hatte »Ehepaar« Schlickmeier fünf Dollar von Biermüller gewonnen, aber auch wieder verloren, weil Hans nach einiger Zeit dem Schäfchen zur Hand gegangen war. Das war für Biermüller (der Finanzen wegen) nicht ungefährlich und auch für das traute Glück der Schlickmeiers -, denn Hans hatte bereits seinen Arm um Schäfchen gelegt. Der Rheinländer registrierte dies wohl, Hans war jedoch bares Geld wert, denn der spielte fast so gut wie Schlickmeier selbst - meinte er jedenfalls.
Dann kam der iranische Grenzbeamte wieder zurück, deutete mit dem Kopf auf die seitliche Tür unseres Wohnmobils, bückte sich und stieg ein.
Desinteressiert schaute er mal in diese, dann in jene Ecke. Gino streckte seinen Kopf aus seinem Schlafelement und nickte dem Uniformierten zu. Doch der Typ grüßte nicht einmal, machte den Kühlschrank auf und fragte: »Whisky?«
»Keinen Tropfen«, sagte ich und schüttelte ärgerlich den Kopf.
Der Zöllner drehte sich zu Gino um und sagte auf deutsch: »Haben Sie Whisky?«
Gino, der wohl das beste Englisch von uns allen sprach, sagte in gebrochenem Deutsch: »Ich nix trinken, vielen Dank.«
Dann verließ uns dieser Repräsentant des iranischen Gottesstaates aufrecht und ohne Kommentar.
»Na«, Gino war mächtig stolz, »geht dir endlich ein Licht auf?«
»So wird man zum Rassisten«, ich kochte vor Wut, »es steht die Todesstrafe auf Alkohol, und haben wir welchen, so sind wir deren Willkür ausgesetzt...«
Gino war aufgestanden: »Wenn du Willkür vermeiden willst, mußt du in Europa bleiben, in Deutschland oder so. Zudem lassen die uns vor dem Grenzübergang stehen. Merkst du was?«
»Und wer läuft jetzt zurück und besorgt Whisky?« erkannte ich unsere Notlage mit einer geistreichen Gegenfrage.
Gino machte eine weit ausholende Handbewegung: »Das ist mir egal. Ich nicht! Ich habe es euch oft genug gesagt.«
»Dann schlaf weiter«, ich mußte lachen und ging Richtung Schlickmeier, der nun offensichtlich vollends der Spielsucht verfallen war.
Zwischen einem leichtsinnigen Contra von Biermüller und dem übermütigen Grinsen meines Freundes brachte ich mein Anliegen an die Konvoiteilnehmer.

»Das habe ich ja gleich gesagt«, behauptete der Schäfchengatte. Ich sagte trocken: »Außer Gino hat keiner was gewußt. Nur Biermüller hat sich rausgehalten.«
»Was soll das heißen?« Schlickmeier versuchte, in die Karten von seiner Gattin zu schielen.
»Ich möchte es mal so formulieren...«, ich machte eine gekünstelte Pause, »...du holst den Sprit, weil du zuerst gerufen hast, ich bin der Mann, der schwere Fälle lösen kann.«
Er schmiß die Karten auf den Tisch: »Das ist verloren. Ich kann mich nicht mehr konzentrieren.«
»Quatsch«, sagte Hans, doch es war zu spät.
»Was ist jetzt?« drängte ich.
»Ja, ja - äh - Schäfchen, geh doch mal mit dem Flick Whisky holen.«
»Schäfchen muß sich zuerst einmal etwas anderes anziehen, weil ihr kurzes Röckchen mit dem niedlich getigerten Muster wohl gerade noch den Bär verdeckt, aber die Schamgefühle der Dingsbums verletzt«, knurrte ich.
Biermüller sagte: »Also, Herr Schlickmeier, passen Sie besser auf Ihr Fräulein Tochter auf. Normalerweise müßte sie einen Schador tragen, einen weißen. Sie ist doch noch unberührt!?«
Der Rheinländer war für einen kurzen Moment sprachlos, dann sagte er: »Äh, ja, ja, selbstverständlich, Herr Doktor.«
»Das will ich auch meinen«, war der Bayer mit der Antwort sichtlich zufrieden.
Hans klopfte der jungen Frau aufmunternd auf die Schulter: »Na, mach schon, Schäfchen, zieh dich um. Ich geh auch mit.«
Es war ein langer Fußmarsch zurück über die türkische Grenze. Hans und die angebliche Jungfrau waren nur schwer zu überzeugen, die Flaschen verschlossen zu lassen. Gegen Mittag waren wir dann endlich zurück, stellten die beiden Tüten an das rechte Vorderrad unseres Fahrzeugs und wurden schon bald zur Abfertigung gerufen.

»**U**nser einziger Wunsch ist, als Märtyrer zu sterben«, las Gino auf einer an der - im Vergleich zur Türkei - prächtig breiten Autostraße angeschlagenen Propagandatafel.
»Mit unserem Whisky in der Birne«, griente Hans.
»Und zusätzlich 80,- DM Schmiergeld in der Tasche«, hetzte ich.
»Dafür haben wir den Zwangsumtausch gespart«, freute sich Uta, »Wer-

ner, das hast du gut gemacht.«
»Wieso?« Hans zeigte auf mich, »der mußte doch als einziger welchen bezahlen.«
»Ja«, lachte Uta, »er hat sich als Leader für uns geopfert.«
Für eine DM bekam man auf der Bank 32 Rials, auf dem Schwarzmarkt 300, und 200 Liter Dieselkraftstoff kosteten 480 Rials.
Das Tanken stellte sich jedoch als besonderes Problem dar, weil an den Dieselzapfsäulen lange Schlangen von Lastwagen standen. Schlickmeier und Biermüller hatten es da besser.
»Das dauert doch Tage«, spekulierte ich, als wir die erste Tankstelle passierten, ohne tanken zu müssen.
»Laß mich das machen«, meinte Gino, »bei der nächsten Straßenkontrolle regle ich das.«

Am ersten Tag passierten wir mindestens drei Straßenkontrollen mit Hilfe von Dollarnoten. Die Polizei verdiente sich wohl damit ihren Lebensunterhalt. Am Abend redete Gino mit einem der Militärs, und wie geschmiert konnten wir unter deren Schutz sämtliche Lastwagenfahrer an der Tankstelle überholen und waren plötzlich die ersten.
In sieben Tagen mußten wir den Iran durchfahren haben, denn unsere Visa waren nur so lange ausgestellt. Wir hatten ausgerechnet, daß wir pro Tag mindestens 500 km fahren mußten, eine Höllentour, denn am ersten Tag hatten wir nur 226 km geschafft. Zu lange hatten wir an der Grenze unsere Zeit vertrödelt.
Am zweiten Tag hielten sich noch alle an die Konvoiordnung: das langsamste Fahrzeug voraus, das waren wir. Dann kamen Weiß, Biermüller, und am Schluß fuhr Schlickmeier mit seinem Schäfchen.
Nach 524 km, weiteren vier Kontrollen und einem Aufenthalt zum Essen kurvte ich das Fahrzeug rechts über den Straßenrand hinaus auf einen Rastplatz.
»Die Rastplätze unterscheiden sich von deutschen Autobahnraststätten nur geringfügig«, stellte Hans, über deren trostlosen Zustand resigniert, fest und streckte sich müde.
»Ja«, bestätigte ich, »natürlich gibt es hier keine Toiletten...«
»Ja, ja«, resümierte mein Freund, »dafür liegt das Toilettenpapier im Umkreis von 100 Metern in der Landschaft verstreut.«
»Das ist doch keine Raststätte«, meinte Uta.
»Doch, doch«, ärgerte sich Hans, »die bösen Briten, die verteufelten

Amerikaner haben ihnen jedoch die Abfallkörbe und den Rest der Zivilisation geraubt. Was blieb, waren die Märtyrerbildchen und die Gewehre.«
»Das ist differenzierter zu betrachten«, mischte sich Biermüller ein, »Europa hat die Zeiten des theokratischen Fanatismus bereits hinter sich. Die westliche Welt bringt hier keinen Fortschritt im Sinne einer technisch kulturellen Entwicklung, sondern versetzt diesen Ländern einen Kulturschock. Nachholende Industrialisierung führt so zur Verschuldung anstatt zu Wohlstand.«
»Wo sind denn hier die Toiletten?« fragte Schlickmeier.
Hans machte eine weit ausholende Handbewegung: »Wir haben den einen Gott, die eine Welt, die eine Natur - nur die Kanalisationssysteme sind unterschiedlich.«
Biermüller winkte verzweifelt ab. Da hatte er schon einmal einen gescheiten Gedanken, und keiner wollte ihn verstehen.
»Du bist doch einer der größten Rassisten«, schimpfte nun Hans zu Biermüller hinüber, »tu doch nicht so scheinheilig.«
Das war nun kein Argument, und bevor der Streit eskalierte, bat Uta: »Laß uns hier das Beste daraus machen, die haben uns nicht gerufen, sondern wir wollen ja hier durchfahren.«
Gino erklärte: »Im Gegensatz zu Pakistan ist das hier ein Schlaraffenland. Auf den deutschen Parkplätzen kacken die Leute ja auch in den Wald.«
»Das sagt der Richtige«, warf ich ein, »du schmeißt doch ganze Autoradios aus dem Fenster.«
»Meine Herren«, meinte Biermüller jetzt, »wer sein Gesäß nicht mit Wasser wäscht, sondern nur mit Papier abwischt, braucht mir nichts mehr von Hygiene zu erzählen.«
Betroffenes Schweigen. Verlegen drehte Schlickmeier die Rolle Toillettenpapier in seinen Händen und hielt sie sich dann auf den Rükken.
»Ist etwas mit dem Klopapier?« fragte Schäfchen.
In der weiten, kargen Landschaft, durchzogen von einer scheinbar ins Nichts führenden, breiten Autostraße, erschien wieder einmal ein kleiner Militärkonvoi am staubigen Horizont. Von Ferne erkannte man eine Konvoianordnung, deren Schlußlicht ein kleiner Jeep mit einer riesigen Kurzwellenantenne bildete. Eine verführte Revolution und ein sinnloser Krieg hatten das Land geprägt.

Ich zeigte in die Richtung dieser Lastwagen: »Das paßt doch zu diesem Beton, Staub und Dreck: Militärkonvois! Gibt es etwas Schöneres als diese modernen Kamelkarawanen?«
»Ja, stimmt«, sagte Uta und drückte meine Hand, »wenn die jetzt auch noch an uns vorbeifahren, dann ist alles gut.«
Sie fuhren an uns vorbei, und ich ließ wieder den Dieselmotor an, um unsere Batterien zu schonen.
»Kraftwerk läuft!« lachte Hans und überredete den Rheinländer, dem Biermüller noch eine Revanche zu geben. Da Schäfchen beim Skatspielen keine Hilfe mehr benötigte, spielten sie nun zu viert, indem immer einer pro Spiel aussetzte.
Am gleichen Tag setzte sich Weiß von unserer Truppe ab. Er rückte verlegen an seiner Nickelbrille und sagte zu mir: »Lisa und ich kamen zu dem Entschluß, unsere Fahrt alleine fortzusetzen.«
Lisa hieß also seine Frau, denn keiner in der Truppe hatte je ein Wort mit ihr gesprochen. Ich riet ab: »So ein Konvoi bietet Ihnen Schutz. Wollen Sie es sich nicht noch mal überlegen?«
»Ja, das mag schon sein«, stimmte Weiß mir zu und schaute mir offen und klar in die Augen, »aber diese vielen und doch recht unterschiedlichen Menschen stören unsere Harmonie.«
»Tja«, verstand ich seine vorsichtige Kritik, »wir hatten die Wahl zwischen einer Zwangseinweisung in die Klapsmühle oder dieser Fahrt. Wenn ich gewußt hätte, was ich heute weiß, ich hätte die Psychiatrie vorgezogen.«
Weiß lächelte nur schwach, machte eine Verbeugung und trug mir auf, den Rest der Truppe herzlich zu grüßen.
Als ich am Kartentisch war, sagte ich: »Viele Grüße von Weiß, er verläßt uns.«
Der Rheinländer fragte: »Wer ist denn Weiß?«
Hans fuchtelte mit seiner Kartenhand vor des Rheinländers Nase herum: »Kümmere dich um unser verpatztes Spiel und nicht um andere Leute.«

»Daß Schlickmeier immer noch im Konvoi mitfährt, liegt daran, daß ich ihm bereits 100 Dollar abgezockt habe«, erzählte Hans, der mich irgendwann beim Fahren abgelöst hatte. Ich ernährte mich von Kohletabletten und wußte nicht, ob ich der vergangenen Diskussion die Schuld geben sollte oder dem iranischen Essen.
Es war den ganzen Tag über sehr heiß, und als wir am fünften Tag über

Salzseen und durch die gigantische iranische Wüste fuhren, waren wir nicht nur von 6 Uhr morgens bis 20 Uhr abends unterwegs, sondern das Thermometer war auch noch über 40 Grad gestiegen.
Zur Mittagszeit war Schlickmeier unserem Biermüller hinten aufgefahren, und wir hatten in der gleißenden Sonne große Mühe, die Auseinandersetzung zu schlichten.
»Das ist doch Wurst, wann Ihre Karre in Eimer geht«, sagte Gino in seiner höflichen und diplomatischen Art, »fünfzig Kilometer Pakistan, und ihr seid sowieso alle beide Schrott.«
»Sie sind krank, junger Mann«, bemerkte der Zahnarzt.
Schlickmeier meinte: »Das ist alles halb so schlimm, kommen Sie nach Duisburg, ich kenne da einen Spezialisten.«
»Ich brauche keinen Arzt«, meinte Gino.
»Der kennt einen Automechaniker«, stellte Hans richtig.
»Ach so. Den brauche ich aber auch nicht.«
Hans drehte sich zu der Frohnatur um, sagte unvermittelt und in einem Ton, der keinen Widerspruch duldete: »Schlickmeier, du mußt dich mit deiner Frau am Steuer abwechseln. Verstanden?«
»Ja, ja - äh - machen wir ja«, stotterte dieser.
Das hatte er bis dahin natürlich nicht gemacht, und sein hochrot angelaufener dicker Schädel war selbstverständlich nicht aus Verlegenheit rot, sondern weil der Typ offensichtlich zu hohen Blutdruck hatte und kurz davor war abzutreten.
Da standen wir nun auf diesen Krusten des Salzsees, über uns brannte erbarmungslos die Sonne, und mußten erkennen, daß Größenwahn, Selbstüberschätzung und der ganz normale tägliche Wahnsinn uns vielleicht noch zum Trauerzug machen. Doch richtig Rücksicht, Verständnis und Liebe für den Einzelnen in der Gruppe aufzubringen, das hatte von uns keiner gelernt und deshalb auch nicht praktiziert.
»Du siehst aus, als würdest du gleich platzen«, sagte ich zu dem Rheinländer.
»Nein, nein«, sein Goldzahn blitzte in der Sonne, »Hitze vertrage ich. Was glaubt ihr denn, was wir schon für Touren hinter uns gebracht haben.«
»Nach Mallorca, mit der TUI«, vermutete Hans.
»Nein, mit einem Billigflieger«, verbesserte Schäfchen, »das war irgendwie so eine Last-minute-Reise.«
»Was redest du denn da«, schimpfte er sofort.

Schäfchen erinnerte: »Das war doch, als deine Frau uns am Flughafen so eine Szene machte...«
»Ach, red nicht. Ja - äh..«, er gab ihr den Autoschlüssel, »dann fahr du mal.«
»Und wer bezahlt meinen Schaden?« fragte Biermüller.
Gino konnte überraschend witzig sein: »Da gibt es in Pakistan eine Regelung: Wer mit dem Käfer durchkommt, kann ihn gegen einen neuen Lada tauschen und wieder zurück fahren.«
Wir stiegen alle wieder in unsere Autos und fuhren weiter.
Uta sagte noch zu uns: »Hoffentlich kriegt der keinen Herzinfarkt.«
Und Hans spekulierte: »Und wenn! - Der Zahnarzt jedenfalls wird ihm nicht mehr helfen.«
Plötzlich hupte es hinter uns. Ich sah in den Rückspiegel: »Die hupen beide, Schäfchen und der Biermüller.«
Ich dachte, irgend etwas ist schief. Hans lehnte sich aus dem Fenster, dann riefen wir gleichzeitig im Chor: »Die Feder hinten ist gebrochen!«
Als wir anhielten, bestätigte sich unser Verdacht. Hinten rechts war eine Blattfeder gebrochen, aber der Aufbau hielt noch.
Schäfchen hatte andere Sorgen und kam zu uns nach vorne gelaufen. »Er kriegt irgendwie keine Luft mehr«, rief sie völlig aufgelöst. Wir rannten zu dem schwarzen Personenwagen mit den riesigen Außenspiegeln. Schlickmeier hatte bereits das Bewußtsein verloren. Ich riß die Tür auf. »Schlickmeier!«, doch er reagierte nicht.
»Um Gottes willen!« klagte Uta bestürzt.
Hans holte ihn mit seinem bereits bewährten Sanitätstransportgriff aus dem Fahrzeug. Biermüller rief: »Holen Sie kaltes Wasser, junge Frau.«
»Nicht nötig«, schnaufte Hans, »ich schleife ihn in Richtung Kühlschrank.«
Rückwärts gehend, beförderte mein Freund den über zwei Zentner wiegenden Bewußtlosen über die staubige Wüstenstraße. Leblos rutschten seine Beine über den Boden, und die braunen Sandalen markierten die etwa fünfzig Meter bis zu unserem Wohnmobil, als hätte einer im Weitsprung die Schuhe verloren. Niemand kümmerte sich darum.
Ich half meinem Freund, den Rheinländer auf die Liege über dem Wassertank zu legen. Biermüller fühlte seinen Puls, schaute in seine Pupillen. »Das ist leider kein Hitzschlag«, diagnostizierte der Zahnarzt, der seinen Arztkoffer bereits aus dem Auto hervorgewühlt hatte.
»Und was ist es dann?« fragten die Umstehenden.

»Wahrscheinlich ein Herzinfarkt!« sagte der Zahnarzt, zog eine Spritze auf und stieß sie dem Schlickmeier mit zitternden Fingern in den linken Oberarm.

»Ist das das Zeug, das mir mein Zahnarzt immer in den Kiefer spritzt?« fragte Hans respektlos.

Biermüller strafte ihn mit Verachtung.

Natürlich war auch kein Eis im Kühlschrank. Das von der Lichtmaschine angetriebene Gerät schaffte den hohen Temperaturunterschied nicht mehr. Aber kaltes Wasser konnten wir anbieten.

»Und jetzt?« fragte ich, nachdem jeder seinen Kommentar abgegeben hatte.

Der Zahnarzt war mit seinem Latein am Ende: »Beten.«

»Mehr kann man nicht machen?« empörte sich Uta.

Biermüller zeigte auf seinen Patienten: »Der hätte sich dieser Strapaze erst gar nicht aussetzen dürfen bei dem Übergewicht.«

»Der ist doch gar nicht so dick«, widersprach Uta.

»Na, du hast ihn ja nicht hierher gezogen«, meinte Hans.

»Sie bleiben am besten bei Ihrem Herrn Vater, fühlen seinen Puls, wenn sein Atem aussetzt, sofort anhalten«, sagte Biermüller zu Schäfchen, die sich an den Türrahmen gelehnt hatte.

Ein verächtlicher Zug bildete sich um ihre Mundwinkel, ihr braungebranntes Gesicht zeigte jetzt jede real existente oder zukünftige Falte. Wir schauten uns alle zu ihr um, warteten auf eine Reaktion. Dann sagte Schäfchen scheinbar ohne jegliche Erregung: »Das ist nicht mein Vater. Vielleicht simuliert er nur irgendwie.«

Biermüller bekam den Mund nicht mehr zu: »Aber Kindchen, Sie müssen ihm doch helfen.«

»Ich muß das Auto fahren«, sagte das Kindchen, »ich kann ihm nicht helfen, sonst wird's mir auch noch schlecht.«

Wir sagten nichts. Ohne Kommentar spielte Uta die Krankenschwester, und bald schon setzte sich der Konvoi wieder in Bewegung.

In der ersten halben Stunde meldete Uta bestimmt alle fünf Minuten das Ableben unseres Patienten, weil sie keinen Puls mehr zu fühlen glaubte. Ich ging zu ihr nach hinten und sagte: »Ganz ruhig, ganz ruhig bleiben. Du brauchst den Puls nicht zu fühlen, wenn sich der Brustkorb nicht mehr bewegt, heißt das, daß er nicht mehr atmet.«

»Aber Müllerchen hat doch gemeint, ich solle den Puls fühlen.«

Ich schüttelte den Kopf: »Vergiß es, ich bin hier der Leader. Müller ist

für den Goldzahn und ich für den Rest zuständig.«
»Und Schäfchen für das Auto«, brüllte Hans von vorne.
»Wenn er aufwacht, gebt ihm eine Aspirin«, meinte Gino.
Und in Anbetracht seiner großartigen Heilerfolge im Selbstversuch hatte er noch nicht einmal so Unrecht.
Ich mußte lachen: »Mach das. Gino nimmt täglich zehn, ihm gibst du in Relation zu seinem Körpergewicht ein paar mehr.«
Uta schrie weinend: »Ihr habt sie doch nicht alle.«
Ich gab ihr einen Kuß auf die Stirn: »Nicht die Nerven verlieren, meine liebe Uta.«
Es galt, Zahedan zu erreichen, dort befand sich ein Krankenhaus und eine Autoreparaturwerkstatt, beides hatten wir jetzt dringend nötig.

»**D**as ist kaltschnäuziger als eine Hundeschnauze«, schrie Uta beinahe hysterisch die Gattin von Schlickmeier an, die nicht bei ihrem Gatten im Krankenhaus blieb, sondern sich um ein Visum für Pakistan kümmern wollte. Genauer gesagt, Hans kümmerte sich um das Visum, Schäfchen hatte nur bei der Durchsicht der Ausweispapiere entdeckt, daß weder er noch sie entsprechende Visa-Papiere für Pakistan gehabt hätten.
Während sich ein stämmiger, äußerst liebenswerter, iranischer Automechaniker um unsere Blattfeder kümmerte, hatten wir Schlickmeiers Unterlagen durchwühlt und feststellen müssen, daß seine Tour an der Grenze zu Pakistan sowieso zu Ende gewesen wäre, da er auch kein Carne de Passage hatte.
Die Autowerkstatt hatte bereits größere Lastwagen als unser verhältnismäßig kleines Wohnmobil repariert, und letzeres war damit in den besten Händen, vorausgesetzt, man würde irgendwo eine passende Blattfeder auftreiben.
Betrachtete man jedoch die Unterbringung unseres Herzpatienten genauer, so bestanden darin erhebliche Mängel. Obwohl der Arzt der Notaufnahme dem Automechaniker zum Verwechseln ähnlich sah, konnte er das notwendige EKG-Gerät für eine Untersuchung nicht zum Laufen bringen.
Trotzdem bestätigte sich Biermüllers Wüstendiagnose aufgrund einer Blutuntersuchung: Schlickmeier hatte einen Herzinfarkt, und es war ein Wunder, daß er überhaupt noch lebte.
»Sind Sie Herrn Schlickmeiers Tochter?« hatte ein Arzt Schäfchen gefragt, und sie hatte wahrheitsgetreu verneint. Auch wollte sie weder sei-

ne Frau noch seine Freundin sein. Das war tragisch - sehr tragisch -, denn somit war Schlickmeier ohne Angehörige.
Am Abend saßen wir dann in einem gepflegten Restaurant nahe eines Campingplatzes, auf dem wir Biermüllers Käfer und Schlickmeiers Wohnwagengespann abgestellt hatten.
Ich schlug vor: »Wir rufen die Deutsche Botschaft oder das Konsulat an.«
Schäfchen meinte schnippisch: »Ich kann ja seine Buchhalterin in Duisburg anrufen, die bügelt ihm auch seine Hemden.«
»Vielleicht hat er die restlichen Papiere irgendwo anders«, meinte Uta, die die ganze Angelegenheit sichtlich mitnahm.
»Ph«, machte Schäfchen, »der lügt, wenn er das Maul aufmacht.«
Trotz der gepflegten Atmosphäre des Lokals war sich Uta nicht zu fein, jetzt Schäfchen zu sagen: »Du bist ein Flittchen! Wahrscheinlich hast du dich die ganze Zeit von ihm aushalten lassen...«
»Das stimmt ja gar nicht!« widersprach die andere empört, »der hat sich bei mir durchgefressen, hat von seinen Millionen erzählt, hat mein Telefon benutzt, ohne jemals nur einen Pfennig dazuzugeben. Und am Wochenende ist er mit der dreckigen Wäsche zu seiner Buchhalterin gefahren...«
»Du kannst hier viel erzählen...«, unterbrach Uta.
»Das ist die Wahrheit«, Schäfchen kramte aus ihrem Ledersack, den sie als Handtasche benutzte, ein goldfarbenes Notizbuch heraus: »Hier, ruf diese Nummer an, seine Frau glaubt, er wäre auf Geschäftsreise in Polen...«
»Wo ist die Nummer?« fragte ich. Sie zeigte mir die Stelle. »Uns bleibt nichts anderes übrig, als irgendeinen Angehörigen zu suchen. Wir können den Goldzahn doch nicht einfach hier im Krankenhaus liegen lassen.«
Als ich nach etwa einer halben Stunde zurückkam, hatte ich tatsächlich mit dieser Frau etwa fünf Minuten lang gesprochen. Die restliche Zeit hatte ich versucht, Inge anzurufen, dann ihre Mutter, nur hatte ich niemand erreicht.
»Und?« fragte Uta.
»Tja«, sagte ich, »diese Frau in Duisburg meinte, diese *Schlampe*«, ich zeigte nachdrücklich auf Schäfchen, »möchte sich um ihn kümmern. Sie selbst würde so lange annehmen, er wäre geschäftlich in Polen, bis er ihr selbst die Wahrheit sagen würde.«

Hans grinste wie ein Lebkuchenpferd: »Es gibt keine Liebe mehr unter den Menschen.«
»Das hat dieser Idiot nun davon«, sagte Schäfchen gleichgültig, »ich habe irgendwie schon lange darauf gewartet, daß er an seinen eigenen Lügen erstickt.«
Biermüller war entrüstet, wie sich dies für einen ordentlichen Katholiken gehörte.

Vier Mann hatten sich um unser Fahrzeug bemüht, und ich bezahlte am anderen Tag umgerechnet etwa 100,- DM für die Reparatur.
Schäfchen hatte fein säuberlich eine große Rechnung aufgestellt und aus Schlickmeiers Brieftasche genau das Geld herausgefischt, das, wie sie sagte, ihr gehörte. Für iranische Verhältnisse war der Rheinländer trotzdem noch ein wohlhabender Patient, denn es blieben ihm über 500 Dollar und das teure Auto auf dem Parkplatz des Krankenhauses. Wie der Wohnwagenverleih sein Gefährt wiederbekam, blieb als Frage wie so viele andere offen.
Ich drückte dem Arzt die Hand, übergab ihm gegen Quittung Schlickmeiers Papiere, Wertsachen, den Autoschlüssel und das Bargeld: »Wir haben das Auswärtige Amt in Deutschland verständigt. Seine Angehörigen hat er leider in den letzten Tagen alle verloren.«
»Ist ja schrecklich, so alleine auf der Welt zu sein«, meinte der Arzt, und ich wurde sichtlich verlegen.
Für kurze Zeit war der Patient wach gewesen und nun wieder eingeschlafen. Wir hatten ihm die jüngste Wahrheit nicht gesagt, und Schäfchen hatte es abgelehnt, überhaupt noch einmal ins Krankenhaus zu gehen.
Die beiden Frauen hatten sich bereits gestern abend ausgesprochen und waren wohl zu der Überzeugung gekommen, daß Männer an sich irgendwie alle Schlickmeiers waren - das vermutete ich wenigstens.

Dann ging es weiter. Die Straße von Zahedan bis zur pakistanischen Grenze war neu gemacht, und wir erreichten spät abends den iranischen Grenzposten. Alles dauerte wohl sehr lange, doch die Iraner machten keinerlei Probleme mehr.
Überall wimmelte es von Männern in staubigen graublauen Tuchhosen, mit und ohne Turban, meist schwerstes Gepäck schleppend. Sie schlurften, stampften und knirschten über die spitzen Steine des Zoll- und Abfertigungsgeländes.

Schäfchen und Uta hatten sich widerwillig ein Kopftuch umgebunden, nachdem zeitweilig die Grenzgänger unser Fahrzeug, wie die Kinder einen Affenkäfig umlagerten.
Ein schwerer, aus Vierkantrohren zusammengeschweißter Zaun mit einem Schiebetor markierte die Grenze zu Pakistan. Mit den Iranern waren wir fertig, in Pakistan hörte die Zivilisation und alles, was uns lieb und teuer war, schlagartig auf.
Immer noch hatten wir kein Visum für Schäfchen, die laut Paßdokument Monika Hein hieß. Den pakistanischen Einreisezöllner interessierte es überhaupt nicht, daß uns sein Botschafter im Iran ohne Visum an die Grenze geschickt hatte, und er bestand darauf, daß wir in den Iran zurückgehen sollten.
Herr und Frau Weiß, die Welt ist besonders an Grenzschleusen recht übersichtlich, hatten das gleiche Problem, und so versuchten wir, diesem Beamten klarzumachen, daß uns der Iran nicht mehr zurückließe und seine Botschaft falsche Auskünfte erteilte. Fünf andere Europäer hatten die gleichen Sorgen, und so bekamen wir nach etlichen Stunden ein Visum für 72 Stunden, das in Quetta verlängert werden mußte.
Ein paar Engländer mit einem Bedford, Herr und Frau Weiß, Biermüller und ein Motorradfahrer bildeten den nun neu formierten Konvoi. Genauer gesagt: In dieser Formation übernachteten wir auf dem Zollhof, denn niemand konnte in der Dunkelheit irgendwo eine Straße erkennen. Ich schlief schlecht, und Hans, der sich wohl mit Schäfchen näher befaßte, zog irgendwann zu mir nach vorne ins Fahrerhaus. »Die schnarcht«, sagte er etwas verstimmt. Ich nörgelte: »Wenn du dich hier vorne breitmachst, kann ich überhaupt nicht mehr schlafen.« Worauf Hans sich, in Decken verpackt, auf das Dach legte.
Am nächsten Morgen, es war 5.30 Uhr, mußten wir erkennen, daß von der Zollstation wohl ein nicht befahrbares Geröllfeld nach Nok-Kundi abging, aber keine Straße. Die Fahrzeuge verloren sich, jeder versuchte, so gut er konnte, seinen eigenen Weg zu finden. Als wir das zweite Mal im Sand steckenblieben, rutschte der Motorradfahrer an uns heran: »Ihr müßt nochmals zurück, der Typ mit dem Käfer steht da hinten...«
»Und?« fragte Hans. Der Motorradfahrer machte eine horizontale, flach auslaufende Handbewegung, was immer das auch heißen mochte, dann rutschte, schleuderte und schlingerte er weiter.
Schäfchen hatte sich von Uta eine abgeschnittene Jeans geborgt, was alles andere als aufreizend aussah, weil die Hosen viel zu groß waren.

Trotzdem hielten die Fahrer der Lastwagen unverholen an und gafften lüstern. Als wir endlich unser eigenes Fahrzeug wieder freigeschaufelt hatten, kümmerten wir uns um Biermüller. Wer sich einmal den Film »Ein toller Käfer« angesehen hatte, wußte spätestens jetzt den Unterschied zwischen Fiktion und Wirklichkeit. Das schöne, nur am Hinterteil leicht beschädigte, Fahrzeug war auf Grund gelaufen. Öl lief aus, und mindestens die letzten zwei Kilometer mußte Biermüller bereits auf den Felgen der Vorderräder gefahren sein.
»Das läßt sich wieder reparieren«, begrüßte uns der Zahnarzt.
»Sicher«, sagte ich, und Hans witzelte: »Mit einer Spritze in den Unterarm.«
Biermüller konnte gar nicht lachen. Uta sagte traurig: »Zuerst der Schlickmeier, jetzt dem Müllerchen sein schönes Auto.«
Schäfchen kniff die Augen zusammen: »So wäre es diesem Arschloch auch gegangen - genau so.« Schlickmeier hatte offenbar tiefe Narben in ihre Seele gebrannt, und auch wir dachten, trotz aller Strapazen, oft an ihn und sein unbestritten großes Maul.
Gino machte noch nicht einmal Anstalten, Biermüller beim Umpacken seines Gepäcks zu helfen, obwohl das mit seinem tauben rechten Arm auch nicht möglich gewesen wäre. Die Hände in den Hosentaschen vergraben, umrundete er verächtlich den Zahnarzt und dessen Schrottauto: »Wird wohl nichts mit dem Lada?«
Biermüller blieb unbeeindruckt. Ein Belgier mit einem Unimog erklärte sich bereit, den Käfer abzuschleppen.
»Fünfzig Dollar«, forderte er trocken, »aber ich kann das Ding nur an den Haken nehmen, also fahren können Sie damit nie wieder.«
Es war schon ein trauriger Anblick, als sich der Unimog in Bewegung setzte. Hart schleifte das hintere Teil von Biermüllers »Geländewagen« auf dem unbarmherzigen Schotter der pakistanischen »Autobahn«. Hans kümmerte das wenig. Uta hatte Mitleid, und auch Schäfchen sagte: »Irgendwie ist das alles sehr traurig.« Biermüller zog ein sauberes und gebügeltes Stofftaschentuch aus seiner zerknitterten Leinenhose und schneuzte sich die Nase.
»So langsam«, bemerkte ich nicht ohne Sorge, »wird es bei uns eng.«
»Ich kann ja ab heute bei dir schlafen«, meinte Uta.
»Denke an die Kanarienvögel«, lachte ich.
Am Abend trafen wir uns alle gesund wieder, auch der Unimogfahrer traf am vereinbarten Rasthaus des pakistanischen Militärs in Dalbadin

wohlbehalten ein, was natürlich nur für seinen Unimog und ihn selbst galt, das Fahrzeug des Zahnarztes hatte noch unzählige Gnadenstöße erhalten.
Als Biermüller mit irgendwelchen Militärs in Verhandlung trat, sie mögen ihm seinen Gebrauchtwagen abkaufen, gesellte sich Gino freiwillig zu ihm. Eine rein humanitäre Aktion, wie ich später feststellen mußte, denn die Pakistani betrügen Fremde, wo sie nur können. Gino war jedoch kaltschnäuzig genug, und sein Sprachtalent war bei dieser Prozedur ebenfalls nicht hinderlich gewesen. Immerhin, mußte Biermüller seine Carne de Passage retten, und so ging es um weit mehr Geld, als das Auto tatsächlich wert war.

Am nächsten Vormittag machten wir eine tolle Fahrt durch die Wüste und über einen Salzsee. Eines der größten Erlebnisse auf der ganzen Fahrt. Wer hat schon einmal die Möglichkeit, über eine spiegelglatte, meilenweit sich ausdehnende Ebene zu fahren. Übermütig fuhr ich mit dem schweren Fahrzeug Schlangenlinien. Die Salzkruste warf glitzernd die Sonnenstrahlen zurück, und die leichten gelblichen Verwehungen des Wüstensands huschten wie Diamantstaub von uns weg.
»Was bin ich Ihnen schuldig?« fragte Biermüller den Italiener, als wir mitten auf dem Salzsee eine Pause einlegten.
»Nichts!« winkte Gino ab.
»Das kann ich doch nicht annehmen«, floskelte unser Zahnarzt.
»Vergiß es!«
Hans konnte es sich nicht verkneifen, deshalb sagte er: »Biermüller, behalt dein Geld, du bist bestraft genug. Der Gino konnte diesen Militärs das Fahrzeug nur deshalb so überzeugend andrehen, weil er den Totalschaden nicht erkennen konnte.«
Alles lachte, nur Gino nicht: »Manchmal ist es von Vorteil, wenn man nicht gut sieht. Bei euch wäre ein wenig taub zu sein auch sehr angenehm.«

Nach zwei Tagen hatten wir einen unfreiwilligen Aufenthalt in Quetta, weil ich beim Rückwärtsfahren eine alte Mauer gerammt hatte. Darauf mußte der Eigentümer dieser Mauer oder zumindest einer, der sich dafür ausgab, wohl sein Leben lang gewartet haben, denn er wollte 100 Dollar Schadenersatz und drohte mit der Polizei.
Ich wollte bezahlen, doch Hans und Gino waren dagegen und drückten den Pakistani gegen seine eigene Mauer. Genauer gesagt: Hans drückte,

und Gino redete ohne Unterlaß in vier Sprachen auf ihn ein.
Nach drei Stunden ging's weiter. Wir passierten afghanische Flüchtlingslager, übernachteten in schäbigen Hotels, kauften Dosen-Cola, die nur mit Wasser gefüllt waren, streiften militärische Sperrgebiete und wurden zigmal in die verkehrte Richtung geschickt. Schon lange konnten wir kein einziges Straßenschild mehr lesen, alles war verwirrend, und ich sehnte mich nach dem Tag, wo wir endlich in Katmandu wären.
In Lahore eröffneten Hans und ich unseren Gästen, daß wir einen kleinen Abstecher nach Islamabad machen müssen, weil wir den Sohn einer Freundin aus den islamischen Krallen des Vaters befreien wollten.
Gino wehrte ab: »Was geht das uns an?«
Ich sagte: »Du brauchst ja nicht mitzukommen.«
Natürlich kam er mit, wo hätte er auch bleiben sollen. Schwatzend standen jederzeit eine Menge Menschen um unser Gefährt herum. Erwachsene Menschen drückten sich an den Scheiben des Wohnmobils die Nasen platt, und mit unseren Frauen irgendwohin zu gehen, war unmöglich. Die pakistanische Bevölkerung faßte uns an, zerrte an unserer Kleidung. Vielleicht, schoß es mir durch den Kopf, betrachteten uns diese Menschen als Außerirdische, vielleicht kamen daher diese ewigen Geschichten von den Begegnungen der dritten Art?
Ich versuchte nochmals, Inge zu erreichen. Der Besitzer des Telefons, vielleicht war es auch der Postschalterbeamte, hatte ein Gewehr geschultert, das brachte mir trotzdem keine Verbindung zu Inge, aber es hinderte irgendwelche Kinder, an meinen Hosenbeinen zu ziehen.
»Sorry«, meinte ich, »no connected!« Er schüttelte den Kopf und deutete auf ein Zählwerk. Danach wechselten 20 Rupien den Besitzer.

In Islamabad hatten wir Zeit, etwas neue Kraft zu schöpfen. Die Menschen waren nicht so aufdringlich wie auf dem Lande, jeder hatte offenbar schon einmal einen Touristen gesehen, vielleicht auch zwei. Am ersten Tag besuchten wir die Shah Faisal Moschee, die im herrlichen Glanz von der Größe und der Macht des Islams zeugte. Es ist eine der größten Moscheen der Welt, und die Gebetshalle bietet 20.000 Menschen Platz. Wir trafen einen pakistanischen Reiseführer, der sogar ein wenig Deutsch verstand, sein Englisch war wohl sehr gut, denn mit Gino unterhielt er sich fließend und angeregt.
Seit Lahore hatten wir versucht, unser Räuberzivil aufzubügeln. Nicht die Frauen, sondern Biermüller war eine große Hilfe, unsere Klamotten

zu waschen, und irgendwie schaffte er es, daß die Sachen gebügelt aussahen.
Schäfchen duschte am Tag dreimal, was, als uns das Trinkwasser ausging, zu großen Auseinandersetzungen mit Gino führte.
Da wir aber alle einen gewissen Zivilisationsstau hatten, quartierten wir uns für drei Tage in einem Luxushotel ein, was mehr kostete als die letzten 14 Tage Türkei und Iran zusammen.
Hans und ich nahmen uns ein Doppelzimmer. Uta und Schäfchen schmollten ein wenig, doch fügten sie sich schließlich und schliefen im Zimmer nebenan. Biermüller und Gino blieben übrig. Wie immer schimpfte Gino, aber das hatte, wie wir wußten, nicht viel zu bedeuten.
Würden sie sich erst einmal anfreunden, so könnte ja Gino Biermüller die Kunst seines Bücherlesens beibringen.
Am anderen Tag erschien Gino wie aus dem Ei gepellt, Müller sowieso, und die beiden jungen Frauen konnten leider nur innerhalb des Hotels zeigen, wie schön sie waren - geschminkt und mit frisierten Haaren.
»Ist das gefährlich, was ihr vorhabt?« fragte Uta beim Frühstück.
Ich wußte es nicht, trotzdem hatte ich ein flaues Gefühl in der Magengegend. Inge war immer noch nicht zu erreichen, auch ihr Anrufbeantworter war nicht eingeschaltet.
Hans sagte: »Es kann jetzt alles passieren. Sollten wir heute abend nicht zurück sein, dann macht hier keinen Aufstand, sondern wartet einfach ab.«
»Wie lange denn?« wollte der Zahnarzt wissen und fragte: »Sollte man in diesem Falle nicht die hiesige deutsche Vertretung benachrichtigen?«
»Was glaubt ihr, was die den ganzen Tag tun?« fragte ich rhetorisch zurück, ohne selbst eine Ahnung davon zu haben.
»Die Deutsche Botschaft ist ja unser Ziel, wenn wir den Jungen haben«, meinte Hans.
»Und dann?« Schäfchen war ganz aufgeregt.
»Dann sollen die einmal sehen, wie sie das Kind aus dem Land bekommen«, sagte ich, »wir jedenfalls fahren dann weiter wie vorgesehen.«
Biermüller fragte besorgt: »Und wenn wir bis morgen früh nichts von Ihnen hören?«
»Dann können Sie und Schäfchen ja bis zur Grenze fahren«, schlug ich vor, »dort treffen wir uns auf jeden Fall wieder.«
»Paß auf dich auf«, flehte Uta. Ich tupfte mir den Mund mit der Stoffserviette und gab ihr einen Kuß: »Wird schon schiefgehen.«

Hans grinste wie immer. Ich glaube, man hätte mit ihm von einem Berg stürzen können, er hätte sich während des Falls noch auf die Überraschung beim Aufschlag gefreut.
Unser Pakistani wartete bereits vor dem Hotel. Auch hatte er uns ein Taxi organisiert. Hans und ich setzten uns in den Fond des klapprigen Renault und zeigten dem Fahrer die Adresse, zu der wir wollten.
Sofort begann eine aufgeregte Diskussion zwischen dem Reiseführer und dem Taxifahrer. Offenbar wollte der Taxifahrer nicht zu dieser Adresse fahren, hatte irgendwelche Befürchtungen.
»Was ist los?« wollte ich wissen.
»Nichts, nichts. Es ist Sperrgebiet, keine Touristen«, erklärte unser Reiseführer.
Hans schüttelte den Kopf, dann hörte ich ihn plötzlich sagen: »Wir sind keine Touristen, sondern Spezialagenten des Auswärtigen Amtes von Germany.«
Wenn das nur gut ginge. Noch waren wir keinen Meter gefahren.
»Komm«, stieß mich Hans an, »zeige denen das Schreiben mit dem Stempel.«
Widerwillig zog ich den Brief, den Inge vom Auswärtigen Amt in Bonn erhalten hatte, aus der Tasche. In diesem Schreiben wurde lediglich versichert, daß man das Problem mit dem Jungen mit einem Aktenzeichen versehen hatte.
Hans zwinkerte: »Diplomatisches Corps, Spezialagent z.b.V. - General Flick.« Er zeigte auf mich. Automatisch richtete ich mich auf, machte eine wichtige Miene, der Fahrer eine leichte Verbeugung. Dann fuhr das Taxi an.
Nach einer verwirrenden, mindestens zwei Stunden dauernden Fahrt in einen der Außenbezirke Islamabads passierten wir einen Wachtposten. Wir hatten uns beide dunkle Sonnenbrillen aufgesetzt, hatten uns jeder eine Krawatte von Biermüller umgebunden, sahen jedoch trotzdem eher wie heruntergekommene Mafiosi aus als wie diplomatische Vertreter.
Der Wachmann mit goldenen Kordeln an der Uniform salutierte und öffnete die Schranke. Wahrscheinlich wußte er nicht, wie Mafiosi aussehen - und hat man keinen Vergleich, so ist alles gut oder schlecht, wie man eben will.
Als wir passierten, eröffnete sich uns eine andere Welt. Die Straßen waren so sauber, als hätte man den Teerbelag gebohnert. Die Grundstücke waren mit meterhohen weiß verputzten Mauern umfriedet, und die

schmiedeisernen Tore gaben kurz den Blick auf prächtige Villen in grünen Oasen frei.
»Herr General«, schmunzelte Hans, »wir sind in 1001 Nacht angekommen.«
Das schäbige Taxi hielt am Straßenrand. Vereinzelt lehnten Männer an den Mauern, lungerten, eine schwarze Perlenkette in ihren Händen drehend, in der vormittäglichen Sonne herum. Nirgendwo fuhr ein Auto. Tausend Blicke schienen uns zu treffen. Doch die weiß gekleideten Männer linsten nur verstohlen unter ihrer Kopfbedeckung hervor.
»Los, weiterfahren, wir müssen auf die Rückseite des Grundstücks.«
Der Taxifahrer machte keine Anstalten.
»Hören Sie nicht, was der General sagt?« schimpfte Hans mit rauher Stimme. Auch das wurde dem Fahrer übersetzt. Langsam, zögerlich fuhr er wieder an. Der gesamte Häuserblock wurde umrundet, dann schlug der Fahrer einen jämmerlichen, schmalen Feldweg ein. Wir hatten die Rückseite der glänzenden Fassade erreicht. Die Mauer zu unserer Rechten war grau, links des Weges lagen Unrat, Müll, und der Gestank von Fäulnis dampfte in die noble Luft.
Mir schlug das Herz bis zum Hals. Meine Kehle war trocken, ich konnte kaum noch sprechen. »Los, laß uns ohne Plan über die Mauer steigen«, sagte ich heiser, »mehr als schiefgehen kann's ja nicht.«
Da wir unserem Reiseführer viel Geld bezahlt hatten und noch mehr in Aussicht stellten, waren wir sicher, daß zumindest er warten würde. Nur der Taxifahrer wurde von seinem Auftraggeber wohl schlecht entlohnt, aber wir vertrauten auf die Geldgier im allgemeinen und auf ein wenig Glück im besonderen.
Der Wagen wurde als Bock mißbraucht, und wenige Minuten später sprangen ein »General des Auswärtigen Amtes und sein Adjutant« auf die Innenseite eines zumindest nach vorne mit Waffen bewachten Grundstückes. Der Taxifahrer hatte wohl noch »Bum, bum« oder so etwas Ähnliches gerufen. Doch das war unnötig, denn wir waren ja unbewaffnet.
Wir rannten in Richtung der Garagenrückseite. Offensichtlich hatte uns niemand bemerkt. »Komm«, raunte ich meinem Freund zu, und geduckt schlichen wir bis zur nächsten Ecke.
Vorne war das Zirpen eines automatischen Rasensprengers zu vernehmen, irgendwo bellte ein Hund. Alles schien eingeschlafen, schien unter der jetzt fast senkrecht stehenden Sonne in der Hitze zu dösen.

Die rückwärtige Stahltür der Garage war nicht verschlossen. Es knarrte extrem laut, als Hans sie zu öffnen versuchte. Vorsichtig zwängten wir uns durch einen schmalen Türspalt, kein Auto, nur ein Reserverad und ein Werkzeugwagen standen in dem geräumigen Raum. Das Garagentor war halb geöffnet, hing in einer Vier-Uhr-Position von der Decke herab. Wir rannten nach vorn. Hans stolperte über etwas. »Paß doch auf!« zischte ich, denn meine Nerven lagen blank.

Nirgendwo war jemand zu sehen.

»Was jetzt?« fragte mein Freund.

Ich wußte es auch nicht. Verließen wir die uns schützende Garage, so wurde die Gefahr, entdeckt zu werden, immer größer. Nahmen wir das Risiko nicht in Kauf, konnte unsere Mission auch keinen Erfolg haben.

»Du wartest hier«, sagte ich, »wenn ich zweimal pfeife, bin ich in Gefahr, pfeife ich nur einmal, haust du ab, weil du mir dann sowieso nicht mehr helfen kannst.«

»Das werden wir ja sehen«, meinte Hans und strich sich unternehmungslustig seine Haare nach hinten. Ihm bereitete ein solches Abenteuer wohl sichtlich Vergnügen, so nervös wie ich war er vor allem nicht.

Ich bückte mich unter dem Garagentor hindurch, lief um die vordere Villenecke und stand mit wenigen Schritten in einem großzügen Flur, in dem es trotz der offenen Türen angenehm kühl war. Irgendwo hörte ich Stimmen. Ich lauschte angestrengt: ein Radiogerät oder ein Fernsehapparat.

Natürlich wußten wir nicht, ob Markus überhaupt hier war. Immerhin bestand ja auch die Möglichkeit, daß ich gerade beim pakistanischen Kriegsminister eingebrochen war, denn Adresse und Hausnummer mit meiner auf dem Zettel notierten Anschrift zu vergleichen, war mir nicht möglich gewesen.

Ich legte mein Ohr an die hölzerne Tür auf der anderen Seite des Ganges. Zweifelsfrei, in diesem Raum lief ein Fernsehgerät. Wo ein Fernseher am Nachmittag läuft, kann Markus nicht weit sein, dachte ich und öffnete vorsichtig die Tür.

Weit entfernt in der Mitte des großen Raumes lag jemand auf einer Couch. Sollte ich nun durchs Zimmer laufen? Nein, ich lief die Gefahr, daß noch jemand den Raum betrat und mir den Weg absperrte. Lieber verharrte ich hier nahe der Tür im Halbdunkel.

»Markus«, krächzte ich kurz und halblaut. Ohne Ergebnis. Lauter als das TV-Gerät mußte ich schon sein, wollte ich Gehör finden. »MARKUS!«

Tatsächlich, der Junge auf der Couch richtete sich auf, ich sah sein Gesicht, es war der richtige. Der Befreiung stand nun nichts mehr im Wege. Sich nach allen Seiten absichernd, würde der Junge nun zu mir sprinten. Mir in die Arme fallen und etwas zu laut rufen: »Werner, Werner, Gott sei Dank, daß du gekommen bist.« Lässig würde ich abwinken: »Vergiß es, mein Kleiner, das war doch eine Selbstverständlichkeit.« Dann würden wir uns in todesmutiger Manier abseilen, würden uns rückwärtsgehend gegen säbelschwingende Mullahs verteidigen und dank unserer windhundartigen Schnelligkeit, unserer tigerähnlichen Kraft und unserer überlegenen Bewaffnung erfolgreich in das mit laufendem Motor wartende Fluchtfahrzeug schwingen. Und den pakistanischen Verfolgern würde nichts anders übrig bleiben, als laut zu fluchen und gleichzeitig Allah zu danken, daß sie so glimpflich davongekommen waren.
Der tatsächliche Ablauf dieser Aktion variierte nur geringfügig. Markus hatte mich erkannt und sich langsam von seiner Couch erhoben. Nur widerwillig verließ sein Blick die Mattscheibe des Fernsehgerätes. Beide Hände in den Hosentaschen, einen Kaugummi kauend, schlenderte er zu mir.
»Beeil dich doch!« raunte ich nervös und winkte hastig. Erstaunt und unverkennbar aufsässig begrüßte er mich mit: »Du? Wo kommst du denn her?«
Ich war zu nervös, um den Widersinn dieses Geschehens erkennen zu können.
»Los, komm mit«, raunte ich und wollte nach seinem Arm greifen. Aber der Junge wendete sich ab, wich mir aus.
»Hau ab«, forderte er lässig kauend, um danach zu fragen: »Wie bist du denn hier reingekommen?«
»Egal«, schnaufte ich, »ich bin hinten über die Mauer geklettert. Hans ist auch da. Los, komm, wir müssen uns beeilen.«
Aber Markus schüttelte nur verständnislos den Kopf.

Zwei Tage länger als eingeplant hatten Gino, Biermüller und die beiden Frauen auf uns gewartet. Dann packten sie unsere Sachen, bezahlten die Zimmer nach und verließen das Hotel. Auf dem Parkplatz stand immer noch unser wuchtiges Wohnmobil.
Uta sagte: »Ich trau mich nicht, so ein schweres Auto zu fahren.«
Biermüller prahlte: »Kein Problem, laßt mal einen Fachmann ran.«
Es wäre sicherlich gegangen, doch Biermüller war total ausgenüchtert.

Nur einmal hatte ihm der Kellner eine einzige Flasche Bier für umgerechnet 10 Dollar serviert. Die Augen des Bayern hatten gestrahlt, als er auf einem silbernen Tablett die braune Flasche mit dem Silberhals sah. Doch der Kellner machte ihm deutlich, dieses Bier gefälligst auf den Stufen der Hoteltreppe zu trinken. Auch das hätte sich Biermüller noch gefallen lassen, daß er jedoch kein Glas bekam, das war ihm dann doch zuviel.

Der Motor sprang nicht an. Gino machte eine besorgte Miene wie bereits die ganze Zeit über. Er war es auch gewesen, der das Fahrzeug mindestens zweimal am Tag aufsuchte und überprüfte, ob die Fenster und Türen noch verschlossen waren.

»Ich glaube«, sagte Schäfchen zu dem nüchternen Fahrer, »du mußt irgendwie vorglühen oder so.«

»Ja«, bestätigte Uta, »Flick zog immer an diesem Hebel.«

Biermüller tat mit zitternden Fingern, wie ihm befohlen, dann sprang mit rauchender Fahne der schwere Dieselmotor an.

Nach einigem Rühren war der Gang gefunden, und Uta tatschte vor lauter Aufregung unserem Zahnarzt auf den rechten Oberschenkel. Schäfchen saß in der Mitte, und Gino hielt sich krampfhaft am rechten Haltegriff fest.

Es dauerte lange, bis der Rückwärtsgang geschaltet war, dann wieder ein Vorwärtsgang, letztendlich würgte Biermüller den Motor ab. Nach vier Versuchen hatten sie einen Müllcontainer gerammt, und die relativ weit entfernte schmale Umrandung zum eigentlichen Hotelkomplex stellte sich für Biermüller als ein unüberwindliches Hindernis, die Kurve zu bekommen, dar. Kalter Schweiß stand auf seiner Stirn. Uta schrie: »Bremsen!«, doch Biermüller wußte nicht mehr, mit welchem Fuß die Bremse zu treten war, und rammte einen blechernen Blumenkübel. VW-Käfer fahren war einfacher. Schäfchen sagte: »Das kann ich besser«, überlegte kurz und meinte dann: »Aber nicht in diesen engen Hosen.«

Bereitwillig räumte Biermüller seine Platz. Schäfchen hatte sich eines ihrer kurzen Röckchen angezogen wegen der Beinfreiheit, und war, weil einfacher, auf der Seite aus dem Wohnmobil gestiegen und links an der Tür des Fahrers wieder den Bock hochgeklettert. Eigentlich hatte das männliche Hotelpersonal nur Biermüllers Fahrkünsten zuschauen wollen, daß ihnen nun dieser Anblick geboten wurde, brachte sie in schwere libidinöse Gewitter.

»Weißt du denn, was du da machst?« fragte Uta ihre Geschlechtsgenossin.

»Phä«, bemerkte die andere schnippisch, »als ich verheiratet war, mußte ich meinem besoffenen Alten immer irgendwie das Wohnmobil fahren.«
»Oft?«
»Der war ja immer besoffen. Aber das machte Spaß.«
»Einen betrunkenen Mann zu haben?« rümpfte Uta die Nase und schüttelte sich angeekelt.
»Ja, ja«, sagte Schäfchen und rückte ihre Sitzposition hinter dem Steuer zurecht.
Uta verstand die Welt nicht mehr.
»Äh, nein, weniger«, beeilte sich die Blondgesträhnte richtigzustellen, »Wohnmobil fahren machte Spaß.«
»Ach so.«
Je weiter sich Schäfchen zeitlich und räumlich von ihrem Ochsen entfernte, desto selbstbewußter wurde sie.
Nach wenigen Minuten fuhr die blondgesträhnte junge Frau mit dem schweren Lastwagen aus der Hoteleinfahrt, gab beherzt Zwischengas, schaltete in einen anderen Gang und reihte sich in den chaotischen Verkehr der pakistanischen Hauptstadt ein.
»Ich glaube«, ahnte Uta, »wir machen jetzt einen großen Fehler. Flick hat extra gesagt, wir sollen an die indische Grenze fahren.«
»Quatsch«, sagte Schäfchen, »wir fahren jetzt direkt in das Hauptquartier der Polizei. Und wir kriegen Flick und Hans da raus«, Schäfchen machte eine Pause, dann sagte sie wütend: »Und wenn ich mich bis zum General durchbumsen muß!«
»Und wenn die Polizei sie gar nicht gefangenhält?« gab Uta zu bedenken.
»Papperlapapp, dann müssen die uns suchen helfen!«
»Ich steige aber vorher aus«, meinte Gino.
»Ich auch«, sagte der schwitzende Biermüller.
»Besser isses«, meinte Schäfchen und schrie zum Fenster raus: »Ihr Idioten, könnt ihr denn nicht aufpassen!«

Im Halbdunkel des kleinen, nassen Verlieses krümmte ich mich auf dem angeschraubten Hocker. Wenn ich es nicht besser gewußt hätte, ich hätte gedacht, ich bekomme ein Kind.
Ein jäher Schmerz, unbeschreiblich, hatte meinen Körper erfaßt und bis zur Ohnmacht gezwungen. Ich fiel rückwärts vom Stuhl und schlug auf dem schwarzen, schmierigen Betonboden auf.

Ich weiß heute nicht mehr, wie lange ich so gelegen habe. Vielleicht fünf Minuten, vielleicht einen halben Tag. Als die Tür sich öffnete und ein Polizeioffizier mich bat mitzukommen, waren zumindest die Sterne in meinem Kopf wieder verschwunden.
Ich hatte kaum die Kraft aufzustehen, und sogar der pakistanische Polizist merkte, daß mein Zustand wohl nicht von seiner für pakistanische Verhältnisse doch recht sauberen Zelle kommen konnte.
Vielleicht hatte ich eine Nierenkolik, vielleicht war aber auch die Leber zum Magen durchgebrochen oder gar der Zwölffingerdarm geplatzt, und ich verblutete jetzt innerlich. Da ich das mit der Nierenkolik als wahrscheinlicher empfand, sagte ich zu meinem Bewacher: »Give me a drink please.«
Er schüttelte den Kopf, faßte mich am Arm und zog mich mit brutaler Gewalt den Zellengang entlang, die Treppe nach oben und schleppte mich in einen Sanitätsraum. Ich sollte mich auf die Pritsche legen, verdeutlichte er mir, und ich sagte bestimmt zum hundertsten Male reflexartig: »Ich bin Staatsbürger der Bundesrepublik Deutschland, bitte verständigen Sie die Deutsche Botschaft.«
Irgendwer wurde gerufen, natürlich nicht der Botschafter, und dann war ich in dem kleinen, aber hellen Raum allein.
Ich stand wieder auf, hielt mir meine Nieren, schleppte mich an das klobige Waschbecken und trank, was ich trinken konnte. Lieber in ein paar Tagen an Ruhr, Cholera oder Typhus verrecken, als noch einmal von diesem verdammten Schmerz gequält zu werden.
Als die pakistanische Ärztin das Zimmer betrat, hing ich noch immer am Wasserhahn. Ich drehte ihn zu und ließ mich von ihr untersuchen. Sie meinte, ich hätte zuviel Wasser getrunken, meine Bauchdecke wäre angespannt. Mühsam versuchte ich, ihr deutlich zu machen, daß ich bereits in Deutschland immer ein leichtes Ziehen in der Nierengegend hatte. Aber Ärzte sind wohl auf der ganzen Welt von gleicher Struktur. Denn ich hatte das Gefühl, daß sie mir nicht zuhörte, und glaubte, daß sie mir nicht glaubte, und war mir sicher, daß ihre Diagnose falsch war. Die Fachfrau aber beharrte mit fachmännischer Arroganz darauf, daß ich Rheumatismus hätte, und gab mir eine Salbe mit. Sie sagte sich wohl, schmieren und salben hilft allenthalben, und so wurde ich als »geheilt« wieder dem Polizeioffizier vorgeführt. Als ich in das mir schon bekannte Vernehmungszimmer gebracht wurde, erschrak Hans, als hätte er ein Gespenst vor sich.

»Was haben sie denn mit dir gemacht«, raunte mir mein Freund halblaut zu.
»Nichts«, mußte ich gestehen, »ich hatte einen Rheumatismusanfall.«
»Ach was?«
»Tja, wahrscheinlich war es eine Nierenkolik, aber die Ärztin wußte es besser.«
Unser Obervernehmer sprach weder englisch noch deutsch, und die seit zwei Tagen laufenden Verhöre liefen über einen Dolmetscher, der unserer festen Überzeugung nach ebenfalls weder deutsch noch richtig englisch konnte.
Der stolze Vernehmungsoffizier mit seinen gold-blauen Schulterklappen schaute teilnahmslos aus dem Fenster. Er wartete auf den Dolmetscher, ohne den ja sowieso nichts lief.
»Die anderen sind bestimmt bereits in Indien«, mutmaßte Hans.
»Das ist mir jetzt auch egal«, resignierte ich.
»So eine Idiotie«, Hans wiederholte sich, »und alles auch noch umsonst.«
Ich hob die Hand: »›Hau ab, Werner‹, hat Markus gesagt, ›Mutter ist hier. Sie ist wieder mit Papa zusammen, wenn du jetzt gesehen wirst, versaust du uns alles.‹ Da mach was.«
»Diese Schnalle«, entfuhr es Hans.
Ich konnte nicht so recht zustimmen und differenzierte: »Das ist immerhin ihr Mann und Vater des Kindes, und unser Verhältnis war ja auch nicht mehr das beste.«
»Egal«, meinte mein Freund, »wenn dieses korrupte Schwein von Fremdenführer uns nicht an die Polizei verpfiffen hätte, wäre ja alles gut gegangen.«
»Wenn du diese bescheuerte Geschichte von dem General nicht aufgetischt hättest, hätten wir als irre Touristen 100 Dollar Strafe bezahlt wegen fahrlässigem Überschreiten einer zwei Meter hohen Fremdmauer«, warf ich ihm vor.
»Ich konnte doch nicht wissen, daß das mit dem General sogar die Polizei glaubt.«
»Wer weiß, was die übersetzten, bei diesem fähigen Dolmetscherpersonal.«
Der Dolmetscher erschien, und der Vernehmungsoffizier räusperte sich wichtig. Dann las er etwas von einem gelblichen Papier ab, und unser Dolmetscher übersetzte, ohne nachzudenken.
»Die Deutsche Botschaft kennt keinen Flick im Auswärtigen Dienst. Setzt

sich aber baldmöglichst mit dem Generalstab des NATO-Hauptquartiers in Brüssel in Verbindung. Bis zur vollständigen Sistierung der inhaftierten Persönlichkeiten bleiben die Persönlichkeiten inhaftiert.«
»Das ist doch alles Unsinn«, platze ich heraus. Der Dolmetscher sagte nichts.
»Übersetzen Sie gefälligst: Ich bin kein General. Und: Es handelt sich hier um einen Spaß. Verstehen Sie? Joke!« Ich zog mir mit den Zeigefingern das Maul zu einer lächelnden Grimasse auseinander.
Doch dieses Riesenarschloch von Dolmetscher übersetzte mich nicht.
Hans brüllte: »Translate please!«
Der Dolmetscher sagte jetzt auf deutsch zu dem Offizier: »Übersetzen Sie bitte.«
Der Offizier hob die Schultern, machte einen ratlosen Eindruck. Nach einem kurzen Wortwechsel auf pakistanisch fragte uns jetzt der Dolmetscher: »Was soll er übersetzen?«
»*Du* sollst übersetzen!« Für einen Augenblick dachte ich, Hans explodiere.
»Sie werden höflich gebeten, Ihre Anständigkeit zu bewahren«, meinte jetzt der Dolmetscher.
Ich stellte fest: »Da ist ja ein Papagei im Dolmetschen besser.«
Pause. Der Offizier blätterte in seinen Unterlagen. Dann übersetzte der Dolmetscher: »Sie haben nur Anspruch auf die übliche Verpflegung, die laut Haager Landkriegsordnung für Kriegsgefangene vorgesehen ist.«
Hans lachte gequält und resignierend: »Er möchte den Papagei ja nicht essen, sondern als Dolmetscher nehmen - du Pfeife.«
Das wurde nicht übersetzt, dafür übersetzte er den Vernehmungsoffizier: »Wir können im beiderseitigen Interesse nur hoffen, daß die Angelegenheit in wenigen Monaten geklärt ist.«
Hans versuchte zu grinsen. Ich war den Tränen nahe.
Dann plötzlich hörten wir auf dem Gang, wie eine Stimme rief: »Flick, wir kommen!«
Und sie kamen. Die Tür sprang auf. Uta in Jeans und Kopftuch, Schäfchen mit offenen Haaren und in einem unschuldigen Miniröckchen, das keine 10 Rupien Stoffwert besaß. »PAPA, PAPA«, rief sie hell und schrill, als sie ins Zimmer stürmte und mir um den Hals fiel, »Papa, ich habe dich irgendwo ganz schlimm vermißt.«
Der Vernehmungsoffizier stand stramm, das lag natürlich nicht an unseren Mädchen, sondern an dem wohl echten General, der, flankiert von

zwei bewaffneten Uniformierten, nun auf mich zukam. Ich muß verboten ausgesehen haben, wie ich, unrasiert, ungewaschen und von Krankheit gezeichnet, mit einer Hand meine rutschende Hose festhielt, denn man hatte mir den Gürtel abgenommen. Der General ließ sich nichts anmerken. Im fließenden Englisch sagte er: »Die Polizeieinheiten der pakistanischen Hauptstadt sind bestens ausgebildet.« Er schaute mich streng an, und ich stand unwillkürlich trotz meiner Nierenschmerzen stramm. Dann hörte ich ihn sagen: »Nur, wir«, er zeigte mit dem Finger auf sich, »können nicht überall sein. Ich bitte Sie, den Vorfall zu entschuldigen.«

Eine halbe Stunde später waren wir frei.

Schäfchen schaute mich triumphierend an: »Na, Flick, ich bin wohl doch kein so ein großes Schaf, wie du dachtest.«

Da hatte sie recht.

Wir fischten Biermüller und Gino auf, und Schäfchen wechselte sich mit Hans beim Fahren ab. In der Nacht, nach 308 km, hatten wir Waga Border erreicht und so die indische Grenze.

»Na, mein Schatz«, sagte Inge zu ihrem Sohn, »was war denn los? Was hast du die zwei Tage, in denen wir weg waren, gemacht? «

Markus gab seiner Mutter einen Kuß: »Langweilig.«

»Sonst nichts?«

»Nee...«, Markus überlegte. »Ach ja, der Flick war mal da. Ist aber wieder gegangen.«

»Ach so«, lächelte Inge.

Markus sagte noch: »Er ist wohl hinten über die Mauer geklettert. Ich habe ihm gesagt, du wärst hier bei Papa, und er solle verschwinden.«

Doch seine Mutter hörte bereits nicht mehr zu.

Die Abfertigung am pakistanischen Zoll verlief ohne Probleme, dauerte aber sehr lange. Während ich Dollar in pakistanische Rupien umtauschte und diese dann in indische Rupien wechselte (das war günstiger), gesellte sich Gino zu unserem Schäfchen. Er hatte abgewartet, bis Hans außer Reichweite war, und rückte jetzt an seiner dicken Brille: »Und hast du das nun gemacht?«

»Was?« staunte sie über die unverständliche Frage.

»Na ja, mit dem General?« Ginos Mundwinkel war immer noch etwas gelähmt, zuckte jetzt aber unnatürlich, als wollten die Nerven zu einer besseren Formulierung der Fragen beitragen.

Schäfchen schaute an dem Italiener hoch, verstand immer noch nicht.
»Wie? Versteh ich irgendwie nicht. Mit Flick?«
»Nein, mit diesem pakistanischen General.«
Die untergehende Sonne blendete. Das Mädchen nahm die Hand vor die Augen. »Was soll ich denn mit diesem General gemacht haben?«
»Hast du nun mit ihm?« Gino flüsterte diese letzte Frage.
»Ach so«, lachte sie, »das war nicht notwendig. Der war irgendwie ganz nett...«
»Hast also nicht?«
Schäfchen fühlte sich nun belästigt und sagte ärgerlich: »Nee, du. Was soll das denn?«
»Na ja«, meinte der Italiener und nestelte verlegen an seiner Brille, »dann hast du ja jetzt einmal nicht...«
»Wie nicht?«
»Mit dem General, das hast du dir gespart, meine ich.«
»Na und? ...ja schon.«
»Eben, dann kannst du jetzt ja einmal mit mir.«
Das hatte Schäfchen nicht richtig verstanden, akustisch nicht. Doch sie reimte sich Ginos Ansinnen zusammen, kratzte sich am Hinterkopf, lächelte verlegen, und von Ferne hörte man das gewaltige Brummen eines anfahrenden Lastzuges. Gino schaute in ihren Ausschnitt, sah die wohlig geformten kleinen Brüste, seine Mundwinkel zuckten wieder, dann sagte er im gleichen verlegen linkischen Tonfall: »Bevor ein anderer die Nummer macht...«
Hans kam um die vordere Ecke des Lasters, schlug kräftig auf das heiße Kotflügelblech: »Aufwachen, Flick hat getauscht, wir fahren weiter.«
Freundschaftlich griff er der jungen Frau in den Nacken, Gino wich zurück, lauerte auf ihre Reaktion. Hans hielt inne, verlor seine natürliche Fröhlichkeit und sagte, Gino nicht aus den Augen lassend, im schneidenden Ton: »Was ist hier los?«
»Was soll sein?« meinte Gino schnell und etwas atemlos.
»Frag ich doch.« Er blickte Schäfchen in die Augen: »He, habt ihr gestritten?«
Die Frau schüttelte den Kopf: »Ist schon gut.«
»Wie gut?«
»Schon gut - ehrlich.«
Gino atmete auf. Hans spürte, daß man ihm jetzt gerade etwas vormachte, beschloß aber, die Sache nicht zu vertiefen. Trotzdem konnte er es

sich nicht verkneifen, einen Warnschuß in Richtung Gino loszulassen: »Du hast dich schon lange nicht mehr daneben benommen. Mein Gefühl sagt mir aber...«
»Hans, es ist gut«, beschwichtigte die Frau, weil sie der drohende Unterton ängstigte.
»Mein Gefühl sagt mir jedenfalls etwas anderes«, ließ sich Hans nur widerwillig zähmen. Gino drehte sich auf dem Absatz herum und verschwand im Wohnmobil.

Auf der indischen Seite dauerte die Zollabfertigung nervenzerrende Stunden. Nach welchem System die indischen Zöllner da abfertigten, ist mir bis heute noch nicht klar geworden. Zum ersten Mal auf der ganzen Fahrt wurden die Kisten auf dem Dach kontrolliert. Während Hans und ich noch dabei waren, diese wieder festzuzurren, machte der Zöllner Anstalten, die Wassertanks zu kontrollieren. Gino schwang sich aus seinem Schlafmodul, als hätte ihn eine Zecke gebissen. »Shut up!« rief er und zerrte den Uniformierten respektlos am Ärmel. Dann drängte er sich zwischen den einen Tank und den Beamten und begann ein riesiges Palaver. Am Ende wurden die Wassertanks nicht kontrolliert, sondern ein Kanister mit fünf Litern Öl wechselten den Besitzer.
»Hättest ihn doch schrauben lassen«, meinte Uta erstaunt. Verächtlich sah er das Mädchen an, dann sagte er: »Keiner geht mit ungewaschenen Fingern an unser Trinkwasser.«
Uta kniff die Augen zusammen, schüttelte den Kopf: »Ich glaube, es wird Zeit, daß wir endlich ankommen. Ihr dreht langsam alle durch.«

Es war bereits weit nach Mitternacht. Ein neuer Konvoi wurde zusammengestellt, und ich hätte jeden umbringen können, der jetzt noch irgendwelche Fragen an diese indischen Wegelagerer stellte. Dann mußten wir unsere Pässe wieder abgeben, und mit Militärbegleitung ging die Fahrt durch den Pandschab. Wie sollte es anders sein: Unsere Begleiter beschützten uns nicht, begleiteten uns auch nicht, sondern setzten sich schwerbewaffnet in ihre Militärjeeps und rasten voran und davon. Schon nach kurzer Zeit waren die Militärs außer Sichtweite, und der Konvoi hatte eine Länge erreicht, die sich durch die unterschiedlichen Höchstgeschwindigkeiten der Fahrzeuge und die Geschicke der verschiedenen Fahrer definierte. Morgens, 3.00 Uhr, Biermüller war im Gesicht weiß wie eine Kalkwand, endete die Fahrt in einem indischen Restaurant am Rande der militärischen Zone. Unsere Begleiter und Beschützer hatten

die eingesammelten Pässe achtlos auf einen Tisch in der Vorhalle geworfen und waren selbst bereits über alle Berge.
Ich kramte lustlos und übermüdet in dem Dokumentenhaufen herum, fand Ginos italienischen Paß nicht und fragte Biermüller: »Ist dir nicht gut?«
»Danke der Nachfrage«, log er, »ich bin in bester Verfassung.«
»Na ja«, endlich hatte ich Ginos Paß gefunden, »ohne Bier trocknen wohl deine Lebensgeister aus.«
Doch der Zahnarzt ging auf dieses Geplänkel nicht ein. Ich nahm den Stapel Pässe und folgte den anderen ins Restaurant nach.
»Bedienung!« rief Hans, doch niemand wollte sich um uns kümmern.
Ich bekannte Uta: »Eigentlich bin ich jetzt fix und fertig.«
»Ich habe auch keinen Hunger«, sagte sie und schaute müde in die Runde.
»Komm, Flick«, meldete sich Schäfchen, »wir schlafen jetzt ‘ne Runde, der Biermüller ist auch schon ganz weiß.«

Nach 213 km kamen wir am nächsten Tag in Delhi an. Es wimmelte von Fahrrädern und Autos. Eine Verkehrsordnung schien es nicht zu geben. Ich konnte keine Farben erkennen, alles schien graubraun - dreckig verfärbt. Lumpenumhüllte Menschen, klingelnde Rikschas, Armut und Elend schienen mich zu würgen. Vor einer Hütte qualmte ein brennender Kocher, auf ihrem Dach saß ein zerzauster Geier.
Das Tourist Camp, indem wir abstiegen, war jedoch sauber, und es gab auch ein Restaurant, das einigermaßen gut war. Der ehemalige, durch zu schnelles Fahren zerrissene Konvoi traf sich hier wieder.
»Eigentlich«, bemerkte Hans, »ist das Lagerleben doch das schönste. Man hätte sich die ganze Mühe sparen können und einfach auf einem Campingplatz in der Lüneburger Heide absteigen sollen.«
Biermüller schlug sich kräftig auf den Oberarm. »Ekelhaft«, murmelt er, während der kalte Schweiß auf seiner Stirn stand, »diese Moskitos werden immer größer.«
Uta sagte überrascht: »Ich habe gar keine gesehen.«
»Überall, alles voll. Dieses ganze widerliche Fliegenzeug«, behauptete unser Zahnarzt, und Schäfchen sagte: »Das hatte mein Alter auch.«
»Was?« rätselte ich.
»Daß er überall irgendwelche Viecher sah.«
Am anderen Tag besichtigten wir, Gino ging seine eigenen Wege, die

Jama Masjid Freitagsmoschee. Der Boden vor der Moschee war glitschig. Ein Fußdoktor bot neben einem Süßigkeitenhändler seine Dienste an. Bettler streckten uns ihre Hand in den Weg, verkrüppelte und verwahrloste Kinder verfolgten unsere kleine Truppe. Ansonsten bestimmten Hühner, Ochsen und heilige Kühe das Straßenbild. Und dazwischen: Menschen, Menschen, Menschen, lepragezeichnet, grau, dreckig, wechselten sich ab mit eleganten Geschäftsleuten und schmucken Frauen in farbigen Gewändern. Doch das Grau überwog bei weitem. Aber hinter dem Tor der Moschee erwartete uns eine gepflegte Gartenanlage mit handgeschnittenem Rasen, Springbrunnen und Marmorbädern. Luxus über Luxus. Der Gegensatz zwischen arm und reich, eben zwischen Macht und Ohnmacht, hätte nicht größer sein können. Hier stank es nicht, hier war der Boden nicht glitschig, und die Menschen waren stolz, hochgewachsen und elegant. Ich hatte Angst, das Tor könnte sich öffnen und die Masse der Armut und der Not diese Oase einfach wie eine Schlammlawine überrollen. Wie lange würde es dann dauern, bis auch hier der Boden von einem braungelblich, schmierigen Schleimfilm überzogen war? Eine halbe Stunde? Fünf lächerliche Minuten?

Am darauffolgenden Tag besichtigten wir einen riesigen Sikh-Tempels, und am dritten Tag standen wir an der Grabstätte von Mahatma Gandhi. »Du große Seele Indiens«, flüsterte ich Uta, die sich bei mir eingehakt hatte, ins Ohr, »gib unserem Treck ein wenig von deiner Gewaltlosigkeit und Liebe ab.«
»Ja«, freute sich Uta, und ihre Augen strahlten, »heute abend!?«
»Utamaus«, flüsterte ich zurück, »nicht du warst gemeint, sondern Gandhi.«
»Aber der ist doch tot«, schmollte sie und spielte mit einer Blume, die sie wohl an einer der Girlanden abgezwickt hatte.
»Na eben. Da kann er uns doch etwas abgeben.«
»Das verstehe ich nicht«, sagte sie und biß in die Friedhofsblume.
»Utamaus!« Ich nahm ihre Hand mit der Blume von ihrem Mund. Neben mir schlug sich Biermüller auf das weiße Hemd: »Verdammte Fliegen.«
Gino, der sich uns wieder angeschlossen hatte, bohrte sich in der Nase und schaute schräg am Grab vorbei ins Leere. Ich stieß Hans an. Er hatte seine Arme auf dem Rücken verschränkt und ließ sich schlecht taxieren. Vielleicht träumte er gerade von Aktienkursen oder von diesen bildhüb-

schen, jungen indischen Mädchen. Aber, und das war das wichtigste, egal wie es in ihm aussah, mit ihm konnte man jede Grabstätte dieser Welt besuchen, immer grinste er leicht und machte einen guten Eindruck.
»Sag mal dem Gino«, sagte ich zu meinem Freund, »wo sich das Grab befindet. Er guckt in die falsche Richtung.«
Hans stieß ihn an und meinte: »Vorwärts, Kameraden, es geht wieder zurück.«
Wir zwängten uns an den vielen Menschen vorbei und trafen Schäfchen, die sich händeringend mit einem Inder unterhielt, ihn an ihrer Hand jetzt hinter sich her zog und freudig in meine Richtung brüllte: »He, Flick, schau mal, wen ich da gefunden habe!«
Ich sagte: »Jetzt hast du ja gar nicht das Grab gesehen.«
»Irgendwie weiß ich ja, wie so ein Grab von so einem Mufti ausschaut«, meinte sie. »Darf ich vorstellen: Das ist Gosh Baba, er will uns Indien zeigen.«
»Der will unserem Schäfchen vielleicht noch etwas anderes zeigen«, bemerkte Hans anzüglich.
»Was denn?« fragte Uta unschuldig.
Schäfchen hatte das natürlich verstanden, schüttelte energisch den Kopf und sagte dann schmollend, als hätte man etwas Schlechtes über ihren Teddybären gesagt: »Wo denkst du hin? Er hat doch eine feste Freundin.«
»Eben«, fühlte sich Hans bestätigt.
Ich verbeugte mich leicht vor Gosh Baba und stellte mich vor. Entschuldigen brauchte ich mich nicht, denn wir hatten deutsch gesprochen, was Gosh Baba nicht verstehen konnte.
Der schnauzbärtige Mann war von Beruf Ingenieur für Maschinenbau. Warum er sich uns nun als Fremdenführer anbot, war nicht so recht klar geworden - vielleicht wegen des Geldes, vielleicht auch wegen Schäfchen. Doch er machte auf uns einen seriösen, liebenswerten Eindruck, und wir wurden uns schnell handelseinig.
Hans fragte: »Sollen wir ihn testen? Ich sage ihm, du wärst ein deutscher General...«
»Untersteh dich!« schnitt ich ihm das Wort ab.
»Warum?« Hans machte eine unschuldige Miene, »wenn wir morgen nicht in einem indischen Gefängnis sitzen, wissen wir, daß er zu uns paßt.«
»Ich will es erst gar nicht ausprobieren.«

»Sperrt man denn deutsche Generäle im Ausland immer ins Gefängnis?« fragte Uta und schluckte etwas hinunter. Ich suchte nach der Friedhofsblume. In der Hand hatte sie diese jedenfalls nicht mehr.
»Bei unserer Vergangenheit gehen diese Ausländer doch kein Risiko ein«, meinte Hans todernst.
»Quatsch!« meinte Schäfchen, »der macht doch nur Spaß.«
»I don't understand«, meldete sich Gosh Baba zu Wort.
»Macht nichts«, ich schüttelte den Kopf, »Sie müssen wissen, das ist hier ein Haufen Verrückter.«
»Ja, ja«, sagte Biermüller schwitzend, »das Ungeziefer muß weg.« Und anstatt unserer neuen Bekanntschaft die Hand zu reichen, schlug er sich mit dieser in den Nacken.
»Herr Doktor Müller«, Hans Stimme klang schneidend, »hast du eine Macke?«
»Ausrotten. Alle ausrotten.«
Gino fragte: »Was macht denn der Inder hier?«
»Ausrotten!« wiederholte sich Biermüller und schlug wie wild um sich.
»Wir sind hier in Indien«, griente mein Freund, »da kannst du die Inder kaum vermeiden.«
»Das ist Herr Gosh Baba, unser Fremdenführer«, klärte ich Gino auf.
»Ich zahle nichts«, stellte der Italiener kategorisch fest.
Uta sagte: »Sei nicht immer so rigoros, Gino. Er kann ja nichts dafür, daß du noch nie einen Inder gesehen hast - nach drei Tagen Indien.«
»Du bist eine dumme Kuh«, stellte Gino trocken fest.
Schäfchen beschwichtigte: »Streitet nicht. Wenn ihr ihn nicht bezahlen wollt, bezahl ich ihn eben allein.«
Ich winkte ab und sagte auf englisch: »Entschuldigen Sie bitte, aber Sie sind unser Mann und werden selbstverständlich auch bezahlt.«
Gosh Baba hatte verstanden.
Trotzdem war unser Fremdenführer nicht sehr darüber erfreut, daß wir bereits zwei Tage ohne seine sachkundige Führung in Delhi umhergeirrt waren.

Am Abend führte er uns in ein gepflegtes vegetarisches Restaurant. Gino ging nicht mit und aß wohl als Abendbrot zehn Aspirin. Biermüller klatschte immer noch Fliegen tot, und als uns ein Platzanweiser in dem noblen Restaurationsbetrieb einen Tisch zuweisen wollte, fiel mir sein abnormes Verhalten erst richtig auf.

Auch Uta meinte: »Müllerchen, die Räume hier sind klimatisiert, es gibt hier keine Fliegen. Wenn du nicht aufhörst, mußt du raus ins Fahrzeug zu Gino.«
»Dieses Ungeziefer«, meinte Biermüller, »immer dieses Ungeziefer.«
Ich zog unser Schäfchen am Ärmel und flüsterte: »Was hat er denn? Du hast doch gesagt, daß dein ehemaliger Mann das auch machte.«
»Irgendwie fehlt ihm wahrscheinlich der Sprit«, vermutete Schäfchen gleichgültig.
»Du meinst, der spinnt, weil er nichts zu trinken bekommt?«
»Denke ich schon«, bestätigte sie zögernd.
»Wollen wir ihn ins Auto bringen?«
»Wenn du meinst. Aber vielleicht braucht er mal irgendwie einen Schnaps.«
»Müllerchen, möchtest du ein Schnäpschen trinken?« fragte nun Uta.
Doch Müller antwortete nicht, sondern schlug sich auf das Oberhemd.
»Ich bringe ihn raus«, entschied sie, weil ihr eingefallen war, daß sie ihre Tasche vergessen hatte, »nachher bringen wir ihm eine Flasche Bier.«
Diesen Therapievorschlag bezweifelte ich: »Ob da eine einzige Flasche reicht?«
Beherzt packte sie den Zahnarzt und lief zurück zum Wohnmobil, das auf dem Parkplatz des Restaurants sicher abgestellt war.
Hans und unser Fremdenführer waren bereits plaziert. »Wo ist unser Schäfchen?« fragte er, als ich mit Uta nachgekommen war.
»Die bringt den Biermüller um die Ecke«, erklärte ich, »mit dem und seiner Fliegenschnapperei ist das doch nicht mehr auszuhalten.«
Ich setzte mich. »Schäfchen meint, daß er Alkohol bräuchte. Offenbar hat Biermüller so etwas Ähnliches wie ein Delirium tremens.«
»Schnaps«, meinte Hans, »der hat Weizenbierentzugserscheinungen. Nicht, daß er uns den Batteriekasten aussäuft.«
»Ist da denn Alkohol drin?« Uta leckte sich die Lippen.
»Utamaus«, schmunzelte ich, »erstens ist Hans ein ausgemachter Quatschkopf, und zweitens sollst du nicht alles essen und trinken, was so herumsteht. Wo hast du eigentlich diese Friedhofsblume gelassen, die du am Grab von Gandhi gepflückt hattest?«
Das Mädchen schaute mich ratlos an: »Habe ich denn eine Friedhofsblume gegessen?«
Damit war dieses Thema auch erledigt. Durch fachkundige Hilfe von Gosh Baba wählten wir die Getränke und die Vorspeisen aus.

Hans zeigte auf unsere indische Begleitung: »Er möchte morgen mit uns nach Agra fahren.«
»So«, sagte ich, »was gibt's denn in Agra?«
»Air, country, peoples and my girlfriend«, lächelte Gosh Baba glücklich.
»Und wie viele Kilometer sind das?«
»Etwa 250«, schätzte Hans.
»Da fahren wir aber am nächsten Tag wieder zurück«, sorgte ich Irrtümern vor.
»Ich habe dort gute Freunde, wir können kommen und gehen, wann es uns beliebt«, beruhigte mich der Inder.
Die Getränke kamen, und Hans waren die Zigaretten ausgegangen. Der Kellner bot ihm Glimmstengel an, die ohne Papier, aber mit grünen Blättern umdreht waren, das wiederum mit einem Zwirnsfaden gehalten wurde.
Vorschnell sagte ich: »Oh ja, diese Bidis rauche ich mit!«
»Dann wird's dir schlecht«, sorgte sich Uta.
»Ja«, sagte ich, »essen darf man sie nicht.«
Was da nun edel und vornehm durch eine Menge Personal uns kredenzt wurde sah sehr gut aus und schmeckte phantastisch.
Nach einiger Zeit fragte Uta: »Möchtest du noch so ein Hackfleischröllchen?« Natürlich wollte sie mir keins abgeben, sondern fragte nur deshalb, weil sie sich gerade das letzte dieser Dinger von dem silbernen Tablett angeln wollte.
»Ich möchte kein Hackfleischröllchen, meine Maus«, meinte ich liebevoll, »das sind vielleicht gegärte Holunderstrauchpusteln, aber auf keinen Fall Hackfleischröllchen in einem vegetarischen Restaurant.«
»Schmeckt aber wie Hackfleisch«, schmollte sie jetzt zurück und nahm es sich vom Teller.
»Jetzt kriegt Schäfchen von der Vorspeise gar nichts ab«, sorgte sich Hans.
»Die achtet doch sowieso immer auf ihre Figur«, entschuldigte sich Uta, »da ist Hackfleisch gar nicht gut.«
»Ach«, winkte ich ab, »da ißt frau eine kleine Friedhofsblume hinterher, und schon ist der Kalorienhaushalt wieder im Gleichgewicht.«
»Wo bleibt Schäfchen eigentlich?« fiel Hans auf.
»Richtig«, witzelte ich, »sie ist doch hoffentlich nicht von Biermüller in seinem Wahn erschlagen worden.«

»Ich gehe mal schauen«, entschied er und griff nach der Serviette.
»Bleib sitzen«, winkte ich ab, »ich muß sowieso mal raus.«

Schäfchen hatte sich bei unserem Zahnarzt eingehakt und schleppte ihn mit sanfter Gewalt zum Ausgang des Lokals.
»Abschrecken die Dinger, Herr Wirt, noch ein Bier, aber ohne Fliegen«, fabulierte Biermüller.
»Ohne Fliegen, natürlich«, besänftigte ihn die junge Frau, »Müllerchen, irgendwie spinnst du.«
»Fräulein, bezahlen bitte«, rief Müller und ruderte mit dem freien Arm in der Luft herum.
Sie betraten den Hof des Restaurants. Die Sonne war am untergehen. Die langen Schatten tauchten die hier vereinzelt abgestellten Kraftfahrzeuge in ein gespenstisches Licht. Der Parkwächter unterhielt sich mit einem Rikschafahrer, der sofort auf das seltsame Paar aufmerksam wurde und sich wohl ein Geschäft versprach. Doch der Parkwächter hielt ihn zurück.
»Taxi«, brüllte jetzt der Mann in Schäfchens Schlepptau. Die beiden Inder wurden hellhörig. Das Mädchen winkte energisch ab. »He's mad!« rief sie laut und schüttelte kräftig den Kopf.
Mit viel Mühe erreichten die beiden das Wohnmobil. Biermüller stolperte und hätte beinahe das Mädchen mit sich gerissen.
»Mensch, paß doch auf«, schimpfte sie. Der Mann war auf sein rechtes Knie gefallen, jammerte jetzt und wollte sich nicht mehr hochziehen lassen.
Schäfchen ließ ihn los. Biermüller kniete nun auf dem staubigen Boden des Parkplatzes, stützte sich mit beiden Armen nach vorne ab und brabbelte unverständiges Zeug. Die Frau lief zu einer der Türen des Wohnmobils, wollte sie öffnen, doch sie waren alle verschlossen. »Gino?« Keine Reaktion.
»Gino! Mach auf!« Mit der flachen Hand klopfte sie gegen das Blech der Tür. Hatte Flick den Gino eingeschlossen? Das war unwahrscheinlich. »Mensch, Gino, mach doch auf! Du mußt mir helfen, der Biermüller ist in den Dreck gefallen und spinnt ganz fürchterlich.«
Immer noch rührte sich nichts. Der indische Parkwächter kam nun angelaufen, auch der Radler des Fahrradtaxis ließ sein Gefährt stehen und eilte herbei.
Biermüller erbrach sich.

»Ill?« fragte der Parkwächter und zeigte auf den kranken Mann.
»Sei mal still«, befahl die Frau und legte ein Ohr an das Blech des Fahrzeuges. Deutlich hörte man, wie im Wohnmobil hantiert wurde. Schäfchen wurde ärgerlich, klopfte jetzt kräftiger: »He, Gino, ich weiß, daß du da drin bist.«
Die beiden Inder hatten Biermüller wieder auf die Beine geholfen, was ein Fehler gewesen war, denn er trielte nun im Stehen an sich herunter. Das Mädchen drehte sich um, ekelte sich: »Pfui Teufel, das ist doch eine Sauerei.«
»Ill!« meinte nun auch der andere Mann.
»Von mir aus«, Schäfchen wurde nun selbst schlecht, »der verträgt den indischen Tee nicht.«
Die Männer verstanden sie nicht.
»Ist ja auch egal«, sagte sie, »klopft doch mal irgendwie stärker an das Blech da. - Here, knock on the door.«
Doch die Männer brauchten nicht mehr zu klopfen. Gino öffnete die Tür von innen.
»Warum machst du denn nicht auf?« begrüßte ihn Schäfchen.
Gino antwortete nicht. Dann sah er den total desorientierten Biermüller, von den beiden Indern gestützt, auf dem Hof stehen. Er zeigte auf ihn: »Der kommt aber so nicht hier herein.«
Schäfchen drehte sich verwundert um: »Die kommen doch auch nicht, nur der Biermüller kommt.«
»Eben, der kommt nicht«, sagte Gino.
»Der muß aber irgendwie da rein«, sagte Schäfchen, »er hat sich doch vollgekotzt, und im Restaurant kann er so irgendwie nicht bleiben.«
Gino machte Anstalten, die Wohnmobiltür wieder zu schließen. Doch Schäfchen wußte das zu verhindern: »Wenn du den Biermüller nicht reinläßt, dann sage ich es Flick oder Hans.«
Zögernd gab der Italiener den Eingang frei. Die beiden Männer setzten den Kranken an den Tisch.
»Kartoffelsalat!« bestellte Biermüller.
»Sei froh, daß du keinen gegessen hast«, sagte das Mädchen, »sonst müßte ich den auch noch wegwischen.« Dann suchte sie sich einen Lappen und wollte ihn an der Küchenspüle befeuchten. Doch aus dem Wasserhahn löste sich nur ein einsamer Tropfen. Eilig hatte Gino den Kühlschrank geöffnet und eine Flasche Mineralwasser herausgeholt: »Hier, nimm!«
»Wenn das der Flick sieht, reißt er uns den Kopf ab«, befürchtete die

Frau, »es ist ausgemacht, zum Waschen nur die Tanks zu verwenden.«
»Ich habe vorhin geduscht und den Tank nicht umgestellt«, erklärte Gino schnell.
»Was soll das denn heißen? Die Tanks sind doch voll«, wunderte sie sich. Doch Gino reichte ihr den nassen Lappen, den er bereits mit Mineralwasser getränkt hatte.
Mit Hilfe des Parkplatzwächters reinigte Schäfchen den Kranken, zog ihm die Schuhe und die Hose aus und beeilte sich, sein dreckiges Hemd in den Wäschekorb zu werfen.
»Das stinkt doch fürchterlich«, nörgelte Gino.
»Ich hätte es ja irgendwie eingeweicht, aber das Wasser funktioniert doch nicht.«
Nun begann Gino ein großes Lamento, weil Biermüller nicht in »sein« Schlafmodul gelegt werden sollte.
»Leg ihn hierher, du kannst doch heute nacht bei mir schlafen«, schlug er plötzlich vor.
Schäfchen schnaufte wie ein kleiner Stier hörbar durch die Nase: »Du spinnst wohl, mit dir geilem Bock verbringe ich doch keine Nacht zusammen.«
»Gib doch zu, daß du auch geil bist«, sagte der Italiener grinsend.
»Und wenn«, schimpfte Schäfchen, »lieber treib ich's mit dem Rikschafahrer.«
»Du dreckige Nutte!«
»Du verklemmter Wichser!«
Gino holte aus und wollte mit der Faust in Richtung der blonden Frau schlagen. Doch der Parkplatzwächter hatte blitzschnell reagiert und Ginos Hand abgewehrt.
Die dunklen Augen des Inders verfinsterten sich noch mehr. »What's up?« zischte er.
Gino zuckte zusammen. Biermüller laberte: »Wann kommt endlich der Kartoffelsalat?«
Schäfchen hatte sich von ihrem Schrecken erholt, sagte jetzt zu ihrem Beschützer: »It's okay. Ich wurde schon mit ganz anderen Typen irgendwie fertig.«
»Tut mir leid«, preßte Gino zwischen den Zähnen hervor, »ich mach das wieder gut. Versprochen!«
Sie sagte nichts mehr. Gino räumte seine Bücher aus dem Bett, und zusammen mit dem Parkplatzwächter betteten sie Biermüller endlich in

das Schlafmodul.
»Müllerchen, tu jetzt schön schlafen«, sagte Schäfchen, und ein aufmerksamer Beobachter hätte gesehen, wie sich ihre Mundwinkel dabei verächtlich nach unten zogen. Dann klappte die Tür des Wohnmobils. Der Parkplatzwächter war gegangen, und die junge Frau war mit Gino plötzlich allein.
»Ich habe ihm ein Trinkgeld zugesteckt«, erklärte Gino verlegen lächelnd das Verschwinden des Inders.

Die Toilette des Restaurants hatte europäischen Standard. Nachdem ich mir die Hände im verspiegelten Vorraum gewaschen hatte, blickte ich lange in den Spiegel. »Flick«, murmelte ich, »du bist nicht mehr der Jüngste. Nur, wenn ich dich so anschaue, wirst du auch nicht schöner.«
Die Strapazen der Reise, die pakistanische Gefängniszelle, meine Nierenkolik, das alles hatte tiefe Spuren in meinem Gesicht hinterlassen. Gut eineinhalb Monate waren wir nun bereits auf Tour. Auf engstem Raum mit Menschen zusammen, und trotzdem fühlte ich mich allein, einsam und nur auf mich gestellt. Auf dem Landweg nach Indien. Jetzt erst, nach vier Tagen und auf der Toilette eines Restaurants, wurde mir bewußt: Ich war in Indien, und ich lebte noch. Ich dachte an Schlickmeier und seinen Herzinfarkt. Wie würde es ihm ergangen sein? War er noch am Leben? Hatte ihn seine richtige Frau doch noch abgeholt? Ich dachte an Gino, an seine immer noch sichtbare Lähmung im Gesicht. Warum hatte er sich nicht helfen lassen? Wenn es wirklich ein Gehirnschlag gewesen war, dann waren doch in der Türkei alle Voraussetzungen vorhanden gewesen, ihn nach Deutschland zu überführen. Aber nein, der Besserwisser wußte es besser und aß seitdem Unmengen von Aspirintabletten. Zu keinem Zeitpunkt hatte ich den Eindruck, daß Gino sich über diese Reise gefreut hatte, daß er Land und Leute kennenlernen wollte, daß er irgendwelchen Nutzen aus diesem Abenteuer zog. Zu Hause hätte er ebenfalls im Bett liegenbleiben können und Bücher lesen. Warum war er mitgefahren? Ich dachte auch an Hans. Die von ihm in den Wassertanks verstauten Goldmünzen fielen mir wieder ein. Ich mußte lachen. Tausende von Mark hätten wir mit unseren Aktienspekulationen verdienen können, aber nein, die beiden Verwaltungsmenschen machten sich mit Goldmünzen auf den Weg nach Indien. Wenn man das Auto hier verkaufte - und das hatten wir vor -, würden wir zusammen mit dem

Erlös aus diesen Münzen, abzüglich der Flugkosten, vielleicht sogar mit mehr Geld nach Hause kommen, als wir mitgenommen hatten. Eine Urlaubsreise zu veranstalten und noch Geld verdienen, nicht übel, dachte ich.

Unrasiert, wie ich war, wunderte ich mich jetzt, daß man mich überhaupt in dieses Restaurant gelassen hatte. So wie ich aussah, hätte man eher mich ins Wohnmobil bringen sollen anstatt den desorientierten Biermüller. Würde er sich wieder erholen? Wie einfach war es doch, in einer der führenden Industrienationen der Welt zu leben. Was bedeutete für uns fachkundige medizinische Versorgung? In Berlin hätte man die Feuerwehr angerufen, würde einer nach Fliegen schnappen, und im Schwarzwald das Rote Kreuz. Wer erst einmal in einem Krankenwagen saß, konnte sicher sein, daß ihm geholfen würde.

Ich spritzte mir mit hohler Hand das laue Wasser in mein stoppeliges Gesicht. Richtig sauber war ich auch schon eine halbe Ewigkeit nicht mehr. Wir alle litten wohl nicht mehr unter der mehr oder minder unerträglichen Hitze, aber der schmierige Schweißfilm, der sich sofort nach dem Duschen wieder auf der Haut bildete, war unangenehm. Was hatten wir noch in der Türkei für einen Streit wegen der Hygiene mit Gino? Dreckige Fingernägel? In Indien stanken die Fäkalien zum Himmel. In unserem Wohnmobil staute sich die dreckige Wäsche. Hätte Uta nicht immer wieder etwas gewaschen, wir müßten hier in Badehosen herumlaufen.

Auf der ganzen Fahrt hatte sich nie das eingestellt, was man Teamgeist nennen konnte. Die Individuen lebten egoistisch nebeneinander her. Aus Angst vor Beziehungen mieden wir die Nähe zu den mitfahrenden Frauen. Vielleicht machten sie sich manchmal wegen uns hübsch? Vielleicht träumten auch sie von einer Schulter, an die sie sich anlehnen konnten? Auch wenn es so war, wir Männer waren zwischenzeitlich in dieser Beziehung jenseits von Gut und Böse.

»Mein Gott, was hast du bloß aus uns gemacht?« Ich hatte den Eindruck, als hätte ich wochenlang auf einem Karussell gesessen, ohne abzusteigen. Was hatte ich eigentlich gesehen? Welche Menschen lernte ich kennen? Was für liebenswerte Besonderheiten boten uns die anderen Völker, die anderen Länder? Es mußte doch welche geben? Es konnte doch nicht sein, daß der überwiegende Teil der Welt in Chaos, Armut und Dreck lebte und nur wir ein einigermaßen angenehmes Leben führten, das wir dann auch sofort als selbstverständlich ansahen.

Was war mit Inge? Was mit Markus? Wegen ihm war ich ja auch losgefahren. Doch seine Mutter hatte es nicht für nötig empfunden, mich über die neue Lage zu informieren. Ich trocknete mir mit einem Handtuch die Hände ab.
Nein, auch ich hatte tagelang nichts von mir hören lassen und hatte Inge und ihre Probleme einfach vergessen. So ist das eben, wenn man sich an den Aufbauten eines Karussells festhalten muß, um nicht heruntergeschleudert zu werden.
Eine tiefe Traurigkeit ergriff mein Gemüt. Ich hatte den Eindruck, nichts, aber auch gar nichts erlebt zu haben. Ich hatte das Gefühl zu träumen. Bestimmt würde gleich der Wecker klingeln, und es wäre Zeit aufzustehen, um im Büro den Fernseher unterm Schreibtisch anzustellen.
Warum nur hatten wir uns nicht mehr Zeit gelassen? Warum nur hatten wir nicht versucht, mit Land und Leuten Freundschaften zu schließen? Warum hatten wir unsere Reisegruppe einfach achtlos zusammengewürfelt? Ich dachte an die netten Stunden mit Osman, dem Obsthändler in Berlin, lachte über das Abenteuer, wie wir das Fahrzeug zusammenbastelten, und fragte mich, wie es wohl dem kleinen Hammel auf Nachbars Wiese ergangen war.
»Da bist du ja irgendwie«, meinte eine mir bekannte Frauenstimme. »Mußt du auch pullern?«
Schäfchen schüttelte den Kopf: »Die andern sagten, du suchst mich, dann ging ich nochmals los und suchte dich.«
Da stand sie nun, braungebrannt, niedlich, mit Strähnchen in ihrem blonden Haar, und blinzelte mich fröhlich und wie immer ein bißchen frech an.
Ich weiß heute nicht mehr, ob ich mich einfach umdrehte, mich an die steinerne Waschkonsole lehnte und die Arme öffnete, oder ob sie zu mir kam, mich nach hinten drückte und mir um den Hals fiel. Fest steht, wir lagen uns in den Armen, drückten uns, und ein beinahe vergessenes Wohlgefühl erfaßte meinen Körper, und ich sehnte mich innig nach ihrem Entgegenkommen.
»Oh, mein liebes Schäfchen«, flüsterte ich ihr ins Ohr. Eng schmiegte sie sich an, meine Nerven vibrierten, mein Körper zitterte. Ich schloß die Augen und vergaß, wo wir uns befanden.
Vielleicht standen wir so zehn Minuten, wahrscheinlich viel länger. Irgendwann berührten sich unsere Lippen, und ein kleiner Mund öffnete sich zart, um meine Zunge zu verschlingen. Ich dachte zu taumeln, ich

merkte, wie meine Sinne schwanden. »Schäfchen«, sagte ich, »mein liebes Schäfchen.«
»Flick«, hauchte das Mädchen zurück, »red nicht soviel!«
Als die Tür aufgestoßen wurde, hatte ich plötzlich ein Problem. Uta stand erschrocken im Vorraum. Dann erkannte sie die Situation. Schäfchen hatte sich nicht von mir gelöst, schaute sich noch nicht einmal um. Vielleicht wollte sie diesen Besuch einfach auch verdrängen, wie sie schon so viel in ihrem Leben wahrscheinlich einfach verdrängt hatte.
Ich hatte keine Zeit mehr, unverdächtig zu wirken. Was ich sagen wollte, wäre gelogen gewesen. Ich fühlte den peinlichen Moment des Augenblicks, schaute Uta entsetzt an. Sie sagte immer noch nichts. Dann rollte, langsamer als in Zeitlupe, eine kleine einzige Träne an ihrer Wange herab.
»Uta...«, sagte ich verlegen.
»Ist schon gut, Werner. Du bist ein freier und erwachsener Mensch. Du kannst tun und lassen, was dir beliebt.« Dann drehte sie sich um, und die Schwingtür schlug pendelnd in ihre vom Zimmermann vorgesehene Mitte.
»Mein Gott«, sagte ich, »ich hätte mir vorstellen können, ihr das ein wenig sanfter beizubringen.«
»Dumm gelaufen«, sagte Schäfchen und suchte wieder meine Lippen.

Das etwas verzögerte Essen schmeckte vorzüglich. Hans hatte die Situation schnell erkannt und auch verstanden, daß Uta vielleicht jetzt seine Freundschaft bräuchte. Ich konnte sie ja schlecht trösten und vermied es auch, am Tisch Schäfchens Hand zu halten, obwohl es mich danach drängte.
Das Essen war gut, und seine Reichhaltigkeit konnte man voll auskosten, weil es nicht so scharf war, wie sonst indisches Essen ist. Auch das hatten wir unserem wendigen und intelligenten Reiseführer zu verdanken, der öfter einmal aufgestanden war und sich mit dem Küchenpersonal unterhalten hatte.
Uta vermied meinen Blick, obwohl alles klar war, war natürlich nichts geklärt. Trotzdem hatten wir gut gegessen, und auch Uta war wohl nicht der Typ, dem Ärger und Enttäuschung auf den Magen schlugen.
»Die haben hier Hotelzimmer«, grinste Hans so gemein und frech, daß es schon wieder charmant aussah. Er fing die leichte Absetzbewegung von Uta ab, indem er einfach seinen Arm um ihre Schulter legte, um sie

freundschaftlich an sich zu ziehen. »Die beiden«, Hans meinte mich und Schäfchen, »haben sich wohl gefunden. Gewaschen, geduscht und so richtig im weichen Bettchen lagen wir ja alle auch schon lange nicht mehr.« Er machte ein Pause. Zog Uta noch mehr zu sich heran. »Was hälst du denn davon, wenn wir uns zwei Doppelzimmer nehmen?« Uta wollte etwas sagen, doch Hans hielt ihr seinen Zeigefinger senkrecht an die Lippen. »Keine Angst, liebe Uta, es passiert nichts, was du nicht willst. Und enger als im Wohnmobil ist es in einem Hotelzimmer bestimmt nicht.«
»Vielleicht habe ich Angst, daß nichts passiert?« sagte Uta und lachte schon wieder ein wenig. Ihre Sommersprossen waren durch die Bräune der Haut kaum noch zu sehen. Aber auf ihrem Näschen waren drei kleine Punkte, und als hätte die gerade Hans bemerkt, tippte er jetzt darauf und sagte: »Einverstanden? Den Flick brauchen wir doch erst gar nicht zu fragen.«
Uta gab Hans einen Kuß auf die Wange und sagte: »Danke. Du bist immer so lieb.«
Zu mir meinte sie dann, wieder die Augen zusammenkneifend: »Warum warst du denn so feige? Das hättest du mir doch sagen können?«
Ich schüttelte energisch den Kopf, hob drei Finger zum Schwur: »Gott und Schäfchen sind meine Zeugen, als ich hier vom Tisch aufstand, habe ich das alles selbst nicht gewußt.«
Schäfchen sagte: »Irgendwie hat er recht.«
Gosh Baba regelte das mit den Zimmern zu unserer vollen Zufriedenheit. Selbst übernachtete unser Reiseführer im Wohnmobil, das wir auf dem Parkplatz stehenließen. In dieser Nacht erfuhren wir - ich und Schäfchen -, was wir so alles in den letzten Wochen versäumt hatten.
Am anderen Morgen trafen wir glücklich und wohlgelaunt eine frohe und strahlende Uta und einen etwas mürrischen Hans.
»Alles gut?!« fragte ich lauernd.
»Früh morgens nie«, meinte er und bekam kaum die Augen auf, um mich anzusehen.
»Den Augenblick du lang ersehnst, auch wenn das Warten du noch dehnst, kaum ist die Gegenwart gekommen, ist sie vergangen und verronnen«, zitierte ich einen allseits unbekannten Inder.
Uta sagte: »Das versteh ich nicht.«
Und Hans winkte müde mit der Hand ab: »Vergiß es!«
Nach dem Frühstück machten wir uns auf nach Agra. Biermüller lag

immer noch in dem Schlafmodul, schlief, wie wir uns überzeugen konnten, war also nicht tot. Auch bei Gino hatte sich nichts verändert. Und niemand war erstaunt, als er meinte, man möge ihn in das Camp zurückfahren, er wolle nicht nach Agra. Zudem hätte er nicht das geringste Interesse die Freunde von diesem Baba oder irgendeinem anderen Inder kennenzulernen.
So fuhren wir los. Wenn sich auf der Straße nicht gerade ein überdimensionierter Ochsenkarren breit machte, kamen wir recht zügig voran. Nachmittags um drei hatten wir die Stadt erreicht, und Gosh Baba erklärte uns jeden Strauch und jeden Stein.
Es war interessant, obwohl ich des Reiseführers englische Ausführungen nicht immer verstand. Uta jedoch nickte nach jedem Satz interessiert und wissend. Beruhigend, wenn zumindest einer etwas verstand oder eben so tut als ob.
Als wir dann am Abend in der Nähe von Agra einen der Freunde von Gosh Baba besuchen wollten, lief das ganze Dorf zusammen, und die Polizei forderte uns auf, wir sollen aus der Ortschaft verschwinden.
Der Mann, den Gosh Baba besuchen wollte, war unbekannt verzogen, weil seine Frau gestorben war. Wir wurden aber dann doch noch von einem Verwandten des Mannes ins Haus eingeladen, und die Polizei fügte sich dieser Tatsache. Als wir uns von unserem Gastgeber verabschiedet hatten, schlief Biermüller immer noch. Ich fuhr los, und wir suchten einen Platz, auf dem wir übernachten konnten. An einem kleinen Tempel war es ruhig, und weit und breit waren keine Gaffer zu sehen, die sonst immer das Wohnmobil umlagerten, bettelten und uns in die Flucht trieben.
Ich kuschelte mich mit Schäfchen ins Führerhaus und war froh, einen lieben Menschen gefunden zu haben, für den es sich wieder lohnte, irgendwelche Strapazen auf sich zu nehmen. Wie einfach doch die Dinge sein konnten.
»Lieber Gott« betete ich, »gib mir die Weisheit, die Dialektik meines Wollens zu verstehen«, und wenn mich nicht alles täuschte, hörte ich eine Stimme, die da fragte: »Wie meinst du das?«
Aber das war eine andere Geschichte, und der herrliche Sonnenaufgang am nächsten Morgen über dem Taj Mahal entschädigte mich für viele offene Fragen.
Die Besichtigung des Taj Mahal beeindruckte uns alle. Außer Biermüller, denn der war immer noch nicht aufgewacht.

Ich konnte gar nicht fassen, daß es überhaupt möglich war, so etwas zu bauen. Die Kleinarbeit, die in diesem Bauwerk steckte, war wirklich unermeßlich. Kleine Blumen als Einlegearbeit in Marmor, ein riesiger Zeit- und Kostenaufwand.
»Is ja irgendwie ganz doll«, sagte Schäfchen und schmiegte sich an mich.
Als wir über den Basar liefen, verloren wir Hans und Uta. Als dann Uta auch noch Hans verlor, war das Chaos perfekt. Es dauerte Stunden, bis wir uns alle wiedergefunden hatten. Das schönste an den Basaren sind die europäischen Fernsehberichte darüber. Eine Welt aus Tausend-und-eine-Nacht, ohne daß man am Ärmel gezogen wird, etwas kaufen soll oder Angst hat, übervorteilt zu werden. Vor allen Dingen stinkt es im Film nicht so abscheulich wie im richtigen Basar.
Als wir zum Auto zurückkehrten, lag Biermüller unverändert schlafend in seiner Koje. So lange konnte kein normaler Mensch ohne Unterbrechung schlafen, und so langsam machten wir uns Sorgen.
Gosh Baba meinte, man solle ihn auf keinen Fall wecken, weil er im Schlaf gesunden würde. Ein Maschinenbauingenieur mußte das ja schließlich wissen, und so verfuhren wir wieder einmal nach dem alten Prinzip, daß wir uns nicht weiter darum kümmerten.
Als Gosh Baba vorschlug, für wenig Geld im Highway Inn zu übernachten, bekamen Utas Augen einen merkwürdiges Leuchten.
»Sich im wonnigen Bettchen aneinanderzukuscheln, daran könnt ihr euch gewöhnen?« bemerkte ich, meine eigenen Interessen geschickt außen vor lassend.
Doch Hans sagte sofort: »Na, du mußt was sagen. Wer hat denn mit den Hotelübernachtungen angefangen?«
Gosh Baba schlief wieder bei unserem Biermüller im Auto, und ich verschwand mit Schäfchen bis zum Frühstück in einem klimatisierten Doppelzimmer. Das hätte nun, wäre es nach mir gegangen, so schön bleiben können. Doch es ging leider nicht nach mir.

»**B**ei uns ist die Dusche im Zimmer kaputt gegangen«, meinte Hans, als wir zusammen am Frühstückstisch saßen. Ich schob ihm meinen Zimmerschlüssel, den ich noch nicht abgegeben hatte, über den Tisch.
»Laß mal sein«, meinte mein Freund, »ich dusche im Auto.«
Schäfchen fragte unvermittelt: »Flick. Und wer ist diese Inge?«
Das war mir unangenehm.
»Und wer ist dieses Großmaul in einem iranischen Krankenhaus?« frag-

te ich deshalb weniger liebevoll.
»Das weißt du doch alles«, meinte sie erstaunt.
»Wir gehen schon mal duschen«, sagte Hans und stand mit Uta vom Tisch auf.
Ich winkte: »Bis dann.«
»Mein liebes Schäfchen«, holte ich zu einem Erklärungsversuch aus, »ein älterer Mann...«
»Ha, ha, ha«, äffte sie.
»...ein älterer Mann wie ich ist meistens in irgendeiner Beziehung. Die Frage ist nur, macht man zu Hause klar Schiff oder lügt man die Freundin an.«
»Das ist ja noch schöner.«
Ich hob die Augenbrauen: »Man kann natürlich auch die Frau anlügen.«
»Das ist schon besser.«
»Ihr Frauen!« Ich tat verständnislos. »Du hast doch nun mitbekommen, daß Inge wieder zum Vater ihres Kindes gegangen ist. Ohne sich von mir zu verabschieden...«
Das wollte aber meine schöne Freundin nicht hören. Jetzt fragte sie nämlich: »Liebst du mich wirklich?«
»So verliebt war ich nur selten.«
»Das reicht nicht, um eine Familie zu gründen«, schmollte sie.
»Wer will denn eine Familie gründen?«
»Ihr Männer seid eben alle gleich«, sagte sie, und ich wußte nicht so recht, ob sie dies nun scherzhaft oder im Ernst meinte. Dann führten wir noch ein langes und ernsthaftes Gespräch über Verhütung. Zugegeben, eigentlich genau zwei Nächte zu spät.
»Irgendwie wird das schon schiefgehen«, meinte sie abschließend, als Hans hereinkam.
Ich merkte sofort, daß etwas passiert sein mußte, denn ich hatte Hans noch nie so aufgeregt erlebt.
»Ist Biermüller gestorben?« fragte ich sofort.
»Schlimmer.« Hans setzte sich erst gar nicht. »Die Münzen sind weg!«
»Mach mal langsam.« Ich schob ihm einen Stuhl hin. »Wie kommst du denn darauf? Hast du die Tanks abgelassen?«
Hans zündete sich eine Zigarette an. »Ich wollte duschen, doch das Wasser reichte nicht mehr, was ja gar nicht sein konnte. Wann brauchten wir in den letzten Tagen schon mal Wasser?«
»Und? Mensch, laß dir doch nicht jedes Wort aus der Nase ziehen?«

»Na ja. Beide Tanks waren leer. Derjenige, der die Münzen klaute, muß danach einen Eimer Wasser nachgegossen haben, damit es nicht sofort auffällt.«
Der Schluck Kaffee schmeckte bitter. Ich unterdrückte den Reflex, sofort aufzustehen, um selbst nachzuschauen. Hans würde schon richtig nachgesehen haben.
»Wer war das?« Ich schaute Schäfchen an, die sich sofort von mir löste und erschrocken zurückwich.
»Was fragst du mich? Ich weiß nichts von irgendwelchen Münzen.«
»Niemand wußte das, außer mir und Hans.«
»Was weißt du darüber?« fragte jetzt Hans.
»Äh, nichts, gar nichts«, sagte meine neue Freundin schnell, nervös und knapp. Ich merkte, wie sie es vermied, uns anzusehen. Ich merkte, obwohl ich dies nicht merken wollte, daß sie verlegen auf die Tischdecke starrte. Was hatte mein liebes Schäfchen mit diesen verdammten Münzen zu tun? Konnte ich mich in dieser Frau dermaßen getäuscht haben?
Hans sagte: »Blonde Frau, was stotterst du denn hier herum? Wir haben dich doch gar nicht verdächtigt.«
»Dem Gino ist das viel eher zuzutrauen. Der hatte auch genügend Zeit«, wollte ich sie beruhigen.
»Ich habe eure Münzen nicht«, sagte Schäfchen, »vorgestern war auch schon kein Wasser mehr da.«
»Woher weißt du das?« fragte mein Freund.
»Weil ich den Biermüller sauber machte. Gino gab mir eine Flasche Mineralwasser«, erklärte sie und wurde immer verlegener.
»Schäfchen.« Ich wollte ihre Hand nehmen, doch sie zog sie zurück. »Es hat dich doch überhaupt niemand verdächtigt. Aber wir wollten natürlich schon gerne wissen, wer uns dieses lächerliche Geld entwendete.«
»Das waren ja ganz viele Goldmünzen. Die kosteten bestimmt ein Vermögen«, sie hatte es gesagt, und weder mir noch Hans wäre sofort etwas aufgefallen. Wir taten wohl in einer Behörde Dienst, die dem Innensenator unterstellt war, aber trotzdem waren wir miserable Detektive.
Schäfchen merkte es jedoch selbst, daß dies eine Ungereimtheit ersten Grades war, bekam einen knallroten Kopf und hielt sich erschrocken die Hand vor den Mund.
»Liebes«, sagte ich, nicht minder erschrocken, »woher wußtest du von diesen Goldmünzen?«
»Ihr habt das doch eben erzählt«, behauptete sie schnippisch.

Ich schüttelte den Kopf: »Nein, von ganz vielen Goldmünzen haben weder Hans noch ich etwas erzählt.«
»Denkt doch, was ihr wollt«, sagte sie aufgebracht, dann stand sie auf und ging.
»Schäfchen! Bleib doch hier«, rief ich ihr nach, aber sie drehte sich noch nicht einmal mehr nach uns um.
»So ein verdammter Mist«, schimpfte ich, »glaubst du, daß sie etwas mit der Sache zu tun hat?«
»Sie macht mit Gino gemeinsame Sache«, spekulierte mein Freund, »ist dir um den Hals gefallen, um Gino Zeit zu geben, die Münzen in Delhi einzutauschen.«
»Glaubst du das wirklich?«
»Nein, nicht wirklich«, meinte mein Freund. »Eine andere Version ist, daß sie die Münzen irgendwann entdeckte. Dann war die Kiste mit dem Schlickmeier und seinem Herzinfarkt nur vorgetäuscht. Das ging ja sowieso so schnell und plötzlich. Jetzt...«
»Das haben Herzinfarkte so an sich«, warf ich ein.
»...jetzt liegt ihr Götterschäfer auf einem Sack Goldmünzen im Krankenhaus und ist frei jeglicher Verdächtigung.«
»Aber das glaubst du auch nicht?« fragte ich vorsichtig.
»Noch einen Kaffee bitte«, bestellte Hans und sagte zu mir: »Diesem Gino traue ich alles zu, einfach alles.«
»Aber diese Münzen konnte man doch gar nicht sehen«, rekonstruierte ich der Reihe nach, »wer macht sich denn die Mühe, einen Wassertank vollständig zu entleeren, ihn dann umzukippen, um zu schauen, ob da etwas verborgen ist?«
Mein Freund stimmte mir zu: »Und bedenke, man muß bei beiden Tanks oben die Apparatur abschrauben und das nur, weil man irgend etwas sucht. Das macht vielleicht der Zoll...«
»Nur der hat es nicht gemacht, egal an welcher Grenze.«
Ich ließ mir von Hans eine seiner indischen Zigaretten schenken, das Gift beruhigte meine Nerven.
Mein Freund schlug vor, nachdem wir einige Zeit unseren Gedanken nachhingen: »Wir fahren jetzt zurück nach Delhi. Und treffen wir dort Gino, so nehmen wir alle, dein Schäfchen, den Biermüller, Uta, eben alle, so in die Mangel, daß sie freiwillig sagen, wer die langen Finger gemacht hat.«
»Gino wird über alle Berge sein«, mutmaßte ich.

»Dann ist die Sache ja geklärt.«
»Und warum hat Schäfchen eben so eine komische Figur gemacht?« ließ ich nicht locker, und ein flaues Gefühl breitete sich in meiner Magengegend aus.
»Vielleicht macht sie doch mit Gino gemeinsame Sache? Ich habe die beiden erst kürzlich in einer sehr komischen Situation überrascht...«
»Was soll das heißen?« Ich zog gierig an dem Glimmstengel. »In was für einer komischen Situation?«
»Das weiß ich nicht mehr so genau. Gino war vor allen Dingen sehr verlegen. Ich schnauzte ihn auch sofort an. Nur Schäfchen wiegelte ab.«
»Vielleicht war es deine Uta«, sagte ich jetzt.
»Was heißt meine Uta?«
»Ach Quatsch. Mein Schäfchen, dein Schäfchen, deine Münzen, meine Münzen.« Ich mußte lachen.
Hans auch. Doch das Lachen sollte uns bald vergehen.

Gosh Baba hatte ohne Auftrag die Wassertanks wieder eingebaut und die Pumpen angeschlossen. Zusammen mit dem Parkplatzwächter war er gerade dabei, den letzten Tank aufzufüllen.
»Was ist das für Wasser?« fragte ich skeptisch.
»Beste Qualität«, lobte der Inder sein Wasser und machte mit Daumen und Zeigefinger eine typische Handbewegung.
Ich schüttelte den Kopf. Auch war mir nicht bekannt gewesen, daß in Indien dieses Spitzenzeichen mit der Hand ebenfalls gilt.
Biermüller war erwacht. Langsam richtete er sich auf, hielt sich die Hand an den Kopf: »Wo sind wir?«
»In Agra, das liegt südlich von Delhi«, klärte ihn Uta auf.
»So ein Unsinn«, maulte der Zahnarzt sofort, »warum sind wir nicht sofort nach Delhi gefahren, ich wollte mal das Grab von diesem Gandhi besuchen.«
»Aber Müllerchen, da waren wir doch bereits vor drei Tagen. Und am Grab von diesem Gandhi warst du doch auch schon.«
Müller schaute Uta ungläubig an.
Ich ging zu ihm, bückte mich und fragte: »Irgendwelche Fliegen zu sehen?«
Er glotzte mich blöd an und meinte: »Ja, hier.«
Als er darauf zeigte, flog sie weg. Jetzt war ich an der Reihe, blöd zu glotzen.

»Kläre ihn auf, Utamaus«, forderte ich, verärgert über diesen Reinfall, »und wenn die Dusche wieder funktioniert, soll er sich waschen. Das riecht hier so sauer.«
»Spinnt der Flick jetzt?« fragte Biermüller.
»Nee, Müllerchen, du hast gesponnen...«, hörte ich noch Uta zu ihm sagen. Dann gab ich Anweisungen, damit unser »Schiff« auslaufen konnte, denn es war bereits Mittag.
In der rechten Ecke der Fahrerkabine saß schon Schäfchen und schmollte. Ihren ledernen Sack, der ihr die ganze Zeit als Handtasche gedient hatte, hatte sie neben sich gestellt. Körpernähe wollte sie anscheinend nicht mehr. Ich setzte mich ans Steuer: »Wollen wir nochmals über die Sache reden?«
Schäfchen gab keine Antwort. Wenn ich etwas in Beziehungen haßte - wirklich haßte -, war es nicht, daß jemand einmal fremdging, oder daß die Frau schlecht kochte, sondern es war die Sprachlosigkeit. Nicht reden wollen, oder nicht können, war für mich seit jeher ein Scheidungsgrund.
»Weißt du«, sagte ich ohne weitere Hoffnung auf Resonanz, »warum Mann und Frau fest zusammengehen?«
Hans hatte den Parkplatzwächter entlohnt und kam zu uns nach vorn. Das störte jetzt natürlich, aber ich hätte sowieso keine Antwort bekommen.
Bevor sich Hans zwischen uns setzte, streckte er neugierig seinen Kopf dazwischen und forderte mich auf: »Kann ich die Frage nochmals hören?«
Ich lachte gequält, tat ihm aber den Gefallen und wiederholte die Frage.
»Ist doch klar«, meinte er lapidar, »damit sie regelmäßig bumsen können.«
Ich lächelte gequält. Schäfchen zeigte keine Reaktion. So glühte ich den Motor vor und rief nach hinten: »Alle drin?«
»Moment«, rief Uta, dann knallte die seitliche Tür ins Schloß, und ich gab Gas.
»Wir müssen uns beeilen, wenn wir diesen Gino noch einfangen wollen«, drängte Hans, als ob ich das nicht selber gewußt hätte.
»Beeil du dich mal«, schimpfte ich, immer noch sauer wegen der Sprachlosigkeit von meiner Freundin, »wenn die Karre nur siebzig fährt.«
Uta hatte uns einen Kaffee gemacht und reichte die Tassen nach vorn.
»Mensch«, sagte sie feinfühlig, »was habt ihr da vorne denn für eine miese Stimmung.«

Da keiner antwortete, zog sie ihren Kopf wieder zurück, und wir hörten noch, wie sie zu unserem Zahnarzt sagte: »Biermüllerchen, bist du denn jetzt auch wieder ganz gesund?«
Mit 30 km/h tuckelten wir aus Agra raus.
»Wenn das so weitergeht, schlafen mir ja die Füße ein«, frotzelte Hans.
Ich hatte das Bedürfnis, mein Schäfchen in den Arm zu nehmen, wollte eigentlich nicht mit diesem im Raume stehenden Dissens die weitere Zeit verbringen und sagte deshalb zu meinem Freund: »Am besten ist, du fährst.«
»Sei doch nicht so empfindlich«, beklagte sich mein Freund.
»Nein, es ist alles gut.« Vor mir flatterten ein paar Hühner über die Straße.
»Soll ich wirklich fahren?« versicherte er sich.
Ich trat aufs Bremspedal.
Hinten schrie Uta: »Paßt doch auf, der schöne Kaffee.«
Dann stoppte ich den Wagen etwas sanfter. Wir wechselten unsere Sitzposition, und ich rückte an ihre Seite, boxte ihr freundschaftlich gegen den Oberschenkel und sagte: »Mensch, keiner verdächtigt dich wegen der Münzen. Heute abend sind wir in Delhi, und treffen wir diesen Gino noch an, so klärt sich die Sache bestimmt auf. Treffen wir ihn nicht mehr, ist dies auch ein Beweis.«
Hans überholte etwas waghalsig, doch erfolgreich einen Ochsenkarren. Schäfchen schaute mich an, lächelte etwas verlegen. Und niemand auf dieser Welt war in diesem Moment glücklicher als ich.
»Flick«, sagte Hans und überholte nochmals einen etwas breiteren Ochsenkarren, »zünd mir mal eine Zigarette an.«
Während die Fracht des Karrens an unserer Seitenwand entlang strich, steckte ich meinem Freund den brennenden Glimmstengel in den Mund.
»O mia bella Napoli, du Stadt am blauen Meer«, fing Hans übermütig zu singen an.
Ich rückte wieder zu Schäfchen: »Na, so eine italienische Nacht in Indien - wäre das nicht etwas für uns?«
Sie lachte verlegen.
Ich wollte sie wieder in den Arm nehmen, doch ihre Handtasche, also dieser Sack, stand zwischen uns. Sie griff danach, wollte ihn nach unten in den Fußraum stellen, da faßte ich ebenfalls danach und sagte: »Kein Sack soll uns trennen.« Leider wußte ich nicht, was ich sagte. Hans achtete nicht darauf, scherte weiter nach links aus, die Zigarette zwischen

den Zähnen. Der Rauch stieg ihm in die Augen, er blinzelte. Schäfchens lederner Sack glitt uns aus den Händen, fiel wie in Zeitlupe nach links in Richtung des Fahrers. Hans hupte, weil der Ochsenwagen Anstalten machte, in die Mitte der Fahrbahn zu schlingern. Da fiel Schäfchens Handtaschensack kopfüber in den Fußraum. Meine Hand schnellte nach vorn, Schäfchen griff ebenfalls reflexartig hinterher. Beide bekamen wir das untere Teil dieser verdammten Tasche zu fassen und zogen sie kopfüber hoch. Lidstifte fielen heraus, eine kleine Puderdose kullerte in Richtung Fahrer, dann - Hans war nun mit dem Ochsenkarren auf gleicher Höhe - kullerten ein, dann zwei, dann drei, dann ein paar Stücke gleichzeitig dieser goldenen, umsatzsteuerfreien Krüger-Rand-Münzen auf das Bodenblech.

»SCHÄFCHEN!« schrie ich entsetzt. Ich weiß heute nicht mehr, wie sie reagierte. Ich sah, wie Hans nach rechts unten in den Fußraum blickte. Ich bemerkte, wie seine brennende Zigarette ebenfalls nach unten fiel und irgendwo heimtückisch verschwand. Und ich hörte dieses dumpfe, satte Geräusch, das niemand mehr in seinem Leben vergißt, hat er es nur einmal vernommen. Es ist das Geräusch, wenn ein lebender Körper auf einem Autoblech aufschlägt. Kein Knall, kein Knirschen, auch nicht sehr laut, aber sehr, sehr deutlich, nachhaltig, dumpf und satt.

Der schwere Wohnlaster schlingerte. Krampfhaft versuchte Hans, das Gefährt in der Spur zu halten. Bremste. Schäfchen fiel nach vorn, stieß sich den Kopf an der Windschutzscheibe. Dann stand der Wagen. Ich wußte nicht, wo ich zuerst hinschauen sollte, zu den Münzen, zu Schäfchen, auf die Straße.

Keine Uta schimpfte mehr wegen des Kaffees. Alles war still. Der Ochsenkarren zog stoisch weiter seinen Weg. Wir waren auf der linken Seite der Straße zum Stehen gekommen.

»Mensch, Flick«, sagte mein Freund in die lähmende Stille hinein, »ich glaube, ich habe jemand tot gefahren.«

Meine Nerven überluden sich, ich brüllte jähzornig und mit fauchend krächzender Stimme: »WAREN DAS NUN DIESE VERDAMMTEN MÜNZEN WERT?«

Schäfchen zuckte wie unter einem Peitschenhieb zusammen, hielt sich instinktiv schützend die Hand vors Gesicht.

Hans öffnete die Fahrertür, sprang ins Freie. Ich auf der selben Seite hinterher.

Ein Inder lag reglos am Straßenrand. Die etwa 12 Millimeter starke

Rückspiegelstange hatte ihn an der Schläfe getroffen, als er völlig ahnungslos an der Böschung der Straße gestanden hatte. Wie vom Blitz war der Mann umgefallen, zuerst gegen unser Fahrzeug, dann hinterrücks auf die Straße.

Wir liefen hin, bückten uns. Ich tastete am Hals nach dem Puls des Verletzten. »Ich glaube«, sage ich mit zugeschnürter Kehle, »er ist nicht tot - noch nicht.«

Hans war im Gesicht unnatürlich weiß. Offenbar bekam er gar nichts mehr mit. Uta kam an meine Seite, stellte zum Glück keine Fragen.

Wir drehten den Verletzten in eine stabile Seitenlage, nach einigen Versuchen kriegten wir dies auch hin, fast so wie beim Erste-Hilfe-Kursus.

»Mein Gott«, betete ich, »du wirst doch diesen Mann nicht bestrafen wollen wegen dieser verdammten Münzen?«

Ein Polizeiwagen fuhr langsam an uns vorbei. Während Uta bei dem Schwerverletzten kniete, rief ich wie verrückt nach diesen Beamten. Gosh Baba kam an meine Seite: »Keinen Zweck, die kümmern sich um solche Sachen nicht.«

»Da ist keine Sache«, schrie ich empört, »sondern ein Mensch.«

Ein paar andere Inder waren stehengeblieben. Gafften nun neugierig in unser Wohnmobil. Niemand kümmerte sich um den Verletzten.

»Wir können ihn ja ins Hospital fahren«, schlug unser Reiseführer vor.

Uta war zu Hans gegangen, der immer noch geschockt am Straßenrand stand, hatte ihn aufgefordert, sich zu setzen.

Biermüller kam heraus. Mit zitternden Finger fühlte er den Puls des Liegenden, schaute ihm in die Ohren, öffnete seinen Mund und holte ihm die Zunge heraus. »Das sieht nicht gut aus«, stellte er fest, »gar nicht gut.«

»Du sagst es«, meinte ich resignierend, »offenbar interessiert das aber hier wirklich niemand.«

Auch Schäfchen war ausgestiegen, unterhielt sich jetzt mit Gosh Baba.

Uta hatte ihre große Sonnenbrille aufgesetzt, sagte: »Hans hat einen Schock.«

Biermüller drehte sich um, bückte sich hinunter, holte unvermittelt aus und schlug meinem Freund so kräftig eine Ohrfeige, daß er selbst das Gleichgewicht verlor und beinahe stolpernd im Straßengraben landete.

Unwillkürlich mußte ich lachen.

»Gebt ihm einen Kaffee«, sagte unser Zahnarzt, nachdem er sein Gleichgewicht wiedergefunden hatte, »und mir ein Bier.«

Ich schimpfte: »In Indien gibt es kein Bier. Und ich möchte nicht, daß du wieder anfängst, Fliegen zu fangen.«
»Aber ein Bier hat doch noch keinem geschadet«, sagte Biermüller, der nach seiner Psychose stark von seiner Herrlichkeit eingebüßt hatte. Er sah eingefallen aus, seine Hände zitterten enorm, und seine Augen hatten jeglichen Glanz verloren.
»Es hat sich ausgebiermüllert«, rief ich streng, »ab heute bist du der Kaffeemüller.«
»Aber einen Schnaps...«
»Müllerchen«, meinte Uta, »geb ä Ruh!«
Hans trank den Kaffee, der von Uta gereicht wurde, in kleinen Schlukken.
Zwei Inder machten sich nun bereits im Fahrerhaus unseres Fahrzeuges zu schaffen. Gosh Baba bemerkte es und vertrieb die beiden energisch. Nur um unseren Schwerverletzten kümmerte sich niemand. Aus seinem Mund hing die Zunge heraus, und seitlich am Rande, wo Ober- und Unterlippe zusammentreffen, bildete sich ein kleines, sehr feines, in der Sonne hellrot glänzendes Rinnsal mit Blut.
Alle standen um uns herum und gafften. Ich wollte Biermüller auffordern, mir beim Tragen des Unfallopfers zu helfen, doch er machte auf mich einen derart klapprigen Eindruck, daß ich ihn erst gar nicht ansprach.
»Los, bring Hans ins Fahrzeug«, befahl ich Uta.
»Ich glaube, ich muß mich übergeben«, antwortete die.
»Dann kotze!« schrie ich, »aber bring danach Hans ins Fahrzeug.«
Endlos verstrich jede einzelne Minute in der prallen indischen Mittagssonne.
»Wo ist Schäfchen?« fragte ich.
Niemand antwortete.
»Wo ist Schäfchen?« Verzweiflung und Ohnmacht waren mir ins Gesicht geschrieben.
Langsam schlenderte unser Reiseleiter herbei.
»Wo ist Schäfchen?« wiederholte ich mich.
Er zeigte mit dem Daumen hinter sich, doch da stand nur unser Fahrzeug. Ich verstand nicht. Deshalb erklärte er: »She changes your right front wheel.«
»Was ist los? Das ist Sabotage!« Ich war einer Hysterie nahe, »warum wird jetzt ein Reifen gewechselt?«

»Weil er geplatzt ist.«
Ich ging um das Fahrzeug herum. Schäfchen war gerade dabei, die Kurbel des Wagenhebers zu drehen. Die Radmuttern hatte sie bereits gelöst. Eine starke Frau, schoß es mir durch den Kopf, so zierlich und schön, wie sie da auf der Straße hockte und eine Arbeit machte, vor der sich so mancher Mann scheuen würde.
»Schäfchen, du mußt mir helfen, den Verletzten in das Fahrzeug zu tragen.«
»Nee, Flick«, sagte sie mit fester Stimme, »ich schaue mir den noch nicht einmal an. Ich werde nämlich sofort ohnmächtig. Dann hast du gar nichts mehr von mir. Und mußt mich auch noch irgendwie tragen.«
Ich glaubte ihr. »Schaffst du es mit dem Reifen?«
»Sicher.«
Gosh Baba hatte doch noch vier seiner Landsmänner organisiert, die nun vorsichtig unser Unfallopfer in den Wagen transportieren sollten. Doch was sie taten, hätte ich allein und ohne Hilfe weitaus besser gekonnt. Sie nahmen ihn an den Extremitäten, sein Kopf fiel nach hinten, und schleppten ihn achtlos wie einen toten Hammel ins Fahrzeug. Daß sie den ohnmächtigen und kopfverletzten Mann nicht mit Schwung durch die offene Tür warfen, erstaunte mich.
Gosh Baba faßte nicht mit an. Ich selbst konnte erst gar nicht sorgend eingreifen, weil alles schnell, brutal und ohne jegliche Vorsicht und Rücksicht passierte.
Biermüller kniete sich zu dem Unfallopfer, das jetzt zwischen den Wassertanks auf dem Boden lag, hinunter. Uta besorgte eine Decke.
Das Fahrzeug wippte. Schäfchen war mit dem Reifenwechsel fertig.
Ich ließ den Motor an. Die Türen schlugen. Überall standen die Gaffer im Weg herum, ich hatte kaum Spielraum, das Fahrzeug zu wenden.
»Energie! Fahre sie einfach um«, meinte Gosh Baba und lehnte sich mit verschränkten Armen zurück.
Mir blieb nichts anderes übrig. Auch auf die Gefahr hin, nun den Teufel mit dem Beelzebub auszutreiben, fuhr ich mit dem kleinsten Gang und aufheulendem Motor einfach in die Menschenmenge hinein. Am Straßenrand stand ein Polizist. Er kümmerte sich weder um mich noch um die Menschenmenge, vielmehr unterhielt er sich angeregt mit einem anderen Inder, der auf einem Fahrrad saß.
Schäfchen saß wieder an der alten Stelle, kaute verlegen auf ihrer Unterlippe und wühlte in ihrem Sack, der uns nun doch trennte. Dann suchte

sie die Sachen, die bei dem vorherigen Zwischenfall in den Fußraum gefallen waren.
Gosh Baba, der sich zwischen uns gesetzt hatte, während sich Biermüller und Uta hoffentlich um das Unfallopfer und Hans kümmerten, wies mir den Weg ins Hospital. Nach etwa zwei Kilometern ging die Fahrt durch einen Basar.
Das Fahrzeug war von Menschen umringt. Obwohl mein Reiseführer ständig »Energie« rief, getraute ich mich nicht, schneller als Schrittgeschwindigkeit zu fahren. Ich hupte, fluchte, hupte und zottelte eine Ewigkeit durch einen endlos sich hinziehenden Basar.
Schäfchen hatte wohl sämtliche Goldmünzen aus ihrem Sack zusammengeklaubt und reichte mir die Stange rüber. Ich wußte nicht, was ich jetzt damit anfangen sollte. Doch sie ließ nicht locker: »Flick, das sind zwanzig Stück. Ich habe sie gezählt. Wenn sie dir gehören? Bitte schön.«
Ich stierte nach vorne in die das Fahrzeug umflutende Menschenmenge. »Was soll das heißen? Wenn sie dir gehören.«
»Na, ja«, antwortete sie einsilbig.
»Ich weiß das ja nicht.« Ich nahm die Münzen. »Du mußt doch wissen, woher du die Münzen hast.«
Verächtlich verzog sie die Mundwinkel.
»Schäfchen«, sagte ich, »hast du mich verstanden?«
»Ja.«
»Und?«
»Nichts *und*.«
»Mädchen, du machst mich wahnsinnig.«
»Ich weiß nicht, woher ich die Münzen habe. Oder vielleicht doch. Aber das glaubt mir sowieso niemand.«
»Ich glaube dir, wenn du es mir erklärst.« Ich rammte von hinten eine Frau, die einen Korb auf ihrem Kopf trug. Der kippte, und sein gesamter Inhalt kullerte auf den Boden. Nun standen wir völlig. Alles spritzte auseinander, um diese Früchte einzusammeln. Verletzten Aprikosen am Straßenrand ergeht es in Indien besser als verletzten Menschen.
Der blanke Haß stand in meinen Augen, auf deutsch brüllte ich: »Man muß sich nur so lange und geil reproduzieren, bis man selbst nicht mehr genau weiß, wieviel Kinder man eigentlich hat, was man aber nicht weiß oder zuviel davon hat, ist auch nichts wert.«
Gosh Baba schaut mich fragend an. Ich sagte auf englisch: »Da werden Aprikosen zur Kostbarkeit und Menschen zu Abfall.«

Dann schlug die Tür. Schäfchen hatte sie geöffnet, war hinausgesprungen und hatte sie hinter sich wieder zugeschlagen. ›Will Schäfchen jetzt helfen, diese Früchte aufzulesen?‹ dachte ich noch. Doch dann sah ich, wie sie mit ihrem blondgesträhnten Haarschopf in der riesigen Menschenmenge untertauchte.
»Schäfchen, Liebling, hau nicht ab, ich glaube dir!« rief ich verzweifelt zum Fenster hinaus. Doch niemand beachtete mich.

Im Unfallkrankenhaus erhielt unser Verletzter eine Spritze und wurde an einen Tropf gehängt.
Der Arzt sagte gleichgültig: »We must wait.«
Es war ihm egal, wie der Unfall passiert war, keiner fragte uns nach unseren Namen. Hans hatte seinen Schock überwunden, und die Fahlheit in seinem Gesicht war wieder einer gesunden Gesichtsfarbe gewichen. Biermüller hatte sich in das Wohnmobil einschließen lassen und gemeint, er könne keinen Krankenhausbetrieb von innen sehen.
Jetzt standen wir da um den Kranken herum, Uta, Hans und ich. Keiner kümmerte sich um uns, geschweige denn um den Kranken.

An den wahrscheinlich einmal weißen Wänden trielt roter Saft herunter oder ist bereits eingetrocknet. Ich denke zuerst, es ist Blut, doch es ist die Spucke von Bethelnüssen kauenden Menschen. Das europäische Gegenstück ist wohl der Kautabak und das deutsche Schild »Bitte nicht auf den Boden spucken.« Spucknäpfe gibt es hier nicht, geschweige denn Schilder. Jetzt ist mir auch klar, warum der Fußboden überall glitschig ist.
Die Ungewißheit und das Warten zerrt an unseren Nerven. Ich höre ein lautes Quieken, zwei Ratten sind aneinandergeraten. Weiß blinkend heben sich die eineinhalb Zentimeter langen Schneidezähne aus dem dunklen Braunschwarz des Zimmerbodens ab. Ein Hund hebt sein Bein und uriniert an das Tragegestell, auf dem unser Unfallopfer liegt. Ich hole aus und trete ihm mit voller Wucht in die Weichteile. Sein Winseln übertönt das Quieken der Ratten. Die Wände sind bespuckt, es stinkt schrecklich nach Kot, Knoblauch, Urin und Medizin.
Neben uns sitzt eine Mutter auf dem Bettrand bei ihrem kranken Kind. Sie schreit, weint, fuchtelt wild mit den Armen. Ein Arzt kommt herbei, dreht sich nur halb zu dem Kind um, hebt das rechte Augenlid des Kindes, fühlt seinen Puls, nimmt dann eine Taschenlampe, deren gelben Schein man nur noch mit Mühe als Licht erkennen kann, und leuchtet in das eine Auge des Kindes.

Mit der rechten Hand macht der Mann in dem schneeweißen Kittel eine schnelle, ruckartige Bewegung. Dann wendet er sich ohne weiteren Kommentar ab. Die Mutter heult auf, beugt sich über ihr Kind, ein abgemagerter Hund springt an mir hoch, bettelte um etwas Eßbares: »Weg da!« zische ich. Die junge Mutter hat sich mit ihrem ganzen Körper über ihr offenbar totes Kind geschmissen. Nimmt es jetzt langsam hoch, verharrt und rennt dann mit ihm panisch schreiend aus dem Zimmer.
Ich merke, wie jede menschliche Regung in mir abstirbt. Ich fühle, daß es mir nie wieder übel werden wird. Ich erkenne, daß ich fähig wäre, alles und jeden hier im Raum einfach zu töten. Ich habe Angst, wahnsinnig zu werden.
Hans grinst, ich habe nie wieder so ein verzerrtes und widerliches Grinsen gesehen. Seine rotblonden Haare sind nach vorne gefallen, hängen ihm über die Stirn, über die Augen. Jetzt sagt er und deutet auf das leere Bett, in dem gerade das Kind starb: »Los, faß an, ein Bett ist freigeworden.«
Uta erbricht sich, ohne sich abzuwenden. Magensäure läuft im breiten Schwall über ihre Oberlippe. Sie bemüht sich nicht, ihren Kopf nach vorne zu halten, das Erbrochene läuft über ihre vorne zugeschnürte Bluse weiter in ihren Ausschnitt.
Ich nehme den Kopf des Verletzten, Hans packt ihn am Gesäß, Gosh Baba versucht das Gestänge der Infusionseinrichtung mit hinüber zu transportieren.
Als der Kranke endlich im Bett liegt, ist unsere Bahre gestohlen.

Nein, das war kein schlechter Film irgendeines perversen Regisseurs. Das war auch nicht das andere Ende dieser Welt, das geschah alles ein paar lächerliche Ländergrenzen weiter, im zwanzigsten Jahrhundert, hier auf unserem Planeten. Ich dachte an die vielen Menschen, die sich bei uns zu Hause irgendwelche Räucherkerzen anzündeten, um den weisen Worten eines indischen Gurus zu lauschen. Ich dachte an das Geschrei in den Medien, wenn sich die Rezeptgebühr um ein paar Mark erhöhte. Ich dachte an unsere verlogenen Politiker, die bei uns Neid schüren und von Armut und sozialer Kälte redeten. Daran dachte ich, und ich war mir sicher, hier in diesem Krankenhaus war noch kein einziger dieser Beutelschneider gewesen. Da war ich mir ganz sicher.

Nach weiteren zwei Stunden wird ein Mann in Eisenketten eingeliefert. In seinem Gesicht klafft eine breite tiefe Wunde, mit der Schulter ver-

sucht er, an sie heranzukommen, doch die Fesseln verhindern seine Kratzversuche.
Uta ist gegangen, hat sich um Biermüller gekümmert und sich ein wenig frisch gemacht. Hans und ich sitzen jetzt bereits fünf Stunden auf dem Bettrand unseres Verletzten. Gosh Baba hat sich entschuldigt und ist seitdem wie vom Erdboden verschluckt. Nichts hat sich getan, gar nichts. Auch die Wunde des Strafgefangenen ist noch nicht versorgt. Fliegen setzen sich darauf, goldrandige Fliegen, die wir in Deutschland vielleicht auf einer toten Taube beobachten können.
»Cigarretts?« fragt er mich.
»Gute Idee«, sagt Hans und holte aus seiner Hemdentasche die rote Pakkung heraus. Ich zünde mir zwei dieser Dinger an, der Kranke auf der anderen Seite des Strafgefangenen ist ein alter Mann. Er röchelt, und ich höre ein ringendes, luftholendes Pfeifen. Sein Gesicht ist jetzt bläulich gefärbt. Vielleicht geben ihm unsere Zigaretten den Rest, vielleicht auch nicht. Ich stecke den einen angezündeten Glimmstengel in den Mund des gefesselten Patienten. Der zieht daran wie wild, drei, vier Mal.
»Immer ruhig«, sage ich, »mein Freund hat noch genügend von diesem Gift.«
Dann höre ich Hans zu mir sagen: »Ich glaube, jetzt ist er tot.«
Ich frage abgestumpft zurück: »Wer?«, denn mein Strafgefangener raucht noch.
»Unser Unfallopfer«, sagt Hans.
»Ach so«, sage ich, »dann können wir jetzt ja gehen.«
Ein Arzt kommt, er wäre Spezialist, sagt er und achtet peinlichst genau darauf, nichts - auch keinen Patienten - zu berühren. Mit einer Nadel sticht er unseren Verletzten rechts, links ins Gesicht, dann in die Hand.
»Operation«, sagt der Spezialist, dreht sich um und verläßt unser türloses Krankenzimmer.
Wir verabschieden uns von dem Strafgefangenen, nicht bevor ihm Hans noch eine Zigarette angezündet hat...
Es ist jetzt 23.00 Uhr. Unser Opfer wird mit einem Fahrrad in ein anderes Krankenhaus gebracht. Die Zustände darin sind die gleichen. Ratten, Mäuse, Ungeziefer, Hunde, Kot, Urin und Erbrochenes an den Wänden und auf dem Boden. Und überall diese rote, ekelhafte Kotze.
Man nimmt Hans Blut ab, mindestens einen Liter. Mein Freund bekommt ganz weiße Flecken auf der Gesichtshaut. Ich werde aufgefordert, im

Basar Blutkonserven zu kaufen. Nochmals zwei Liter.
Ich frage mich in dem so spät immer noch von Menschen überfluteten Basar nach Blutkonserven durch. Der Händler, den ich nach fast einer Stunde endlich finde, fragt mich nach der Blutgruppe. Ich weiß sie nicht. Vielleicht ist dies hier egal. Natürlich, überall auf der Welt müßte man irgendwann und irgendwie sterben. Es fragte sich nur, wann und wie. Warum also nicht jetzt und hier an einer falschen Blutkonserve?
Um 2.00 Uhr nachts wird unser Mann operiert, angeblich. Denn als er nach einer Stunde wieder in den Gang geschoben wird, kann man nur das gräuliche Verbandszeugs, das um seinen Kopf gewickelt wurde, erkennen.
»Daß in diesem Dreckstall jemals jemand eine neurologische Operation vornahm, wage ich zu bezweifeln«, sagt Hans.
Ein Arzt sagt uns, die Operation wäre gut verlaufen, allerdings wäre der Patient leider nicht aus dem Koma erwacht.
Ich kapiere und zeige in die entsprechende Richtung: »Wir dürfen den frisch Operierten also wieder zwischen die Ratten und Hunde schieben?«
Der Arzt meint höflich und aufrecht: »Very best, do it.«

Am anderen Morgen kochte uns Uta einen Kaffee und machte Frühstück. Bei geschlossener Wohnwagentür saßen wir bedrückt da und versuchten, etwas zu essen.
Biermüller schüttelte immer nur den Kopf, sagte dann: »Meine Herren, ich will gar nichts mehr davon wissen«, und zitterte sich mit der rechten Hand den Kaffee zum Mund.
Gosh Baba klopfte an die Tür. Er hatte den Bruder und Vater des Unfallopfers mitgebracht. Sie waren aus Luknow.
»Husain heißt er«, meinte unser Reiseführer.
»Vielleicht wird er nie mehr gesund«, erklärte Hans die Situation des Unfallopfers und machte ein besorgtes Gesicht.
Der Vater von Husain verbeugte sich umständlich, dann bekundete er, daß er sehr dankbar wäre, uns kennengelernt zu haben. Wenn wir seine Hilfe bräuchten, seine Familie und er stünden uns jederzeit zur Verfügung.
Mir stockte der Atem. Hans schüttelte den Kopf: »Wir müßten Ihnen helfen. - Sie entschädigen.«
Der Vater des Verletzten meinte, es wäre nicht unsere Schuld, sondern Gottes Wille, daß dieser Unfall passiert wäre.

Der Bruder von Husain machte einen mürrischen, verärgerten Eindruck. Ich sprach Gosh Baba daraufhin an. Doch unser Dolmetscher beschwichtigte, der Bruder wäre etwas verstimmt darüber, daß sein Bruder (also der Verletzte) uns nun so viele Umstände und Unannehmlichkeiten bereitet hätte. Das würde auf die gesamte Familie eine große Schuld und Last legen.
»...warum nur sind Sie nicht einfach weitergefahren? So stürzen Sie uns in eine tiefe Schuld, die wir armen Leute nie wieder gutmachen können«, endete die Übersetzung.
»Ach so«, sagte ich und hätte laut losbrüllen können: »Ach so!«

Wir beschlossen, noch einmal zusammen in das Krankenhaus zu gehen. Husain lag immer noch so da wie in der ersten Stunde, komatös und ohne Regung. Es war schrecklich, doch niemand schien dies so zu empfinden. Wir beglichen die Krankenhauskosten für einen Monat im voraus. Bruder und Vater wehrten sich mit Händen und Füßen. Auf keinen Fall wollten sie zudem die zwanzig Goldmünzen annehmen, wovon die gesamte Familie sicher ein Jahr hätte leben können.
Nach langem hin und her nahm der Vater des Unfallopfers drei dieser Krüger-Rand-Münzen an und verbeugte sich mehrmals beinahe bis zur Erde. Es war so etwas von peinlich, daß wir alle danach noch eine Stunde wortlos in unserem Wohnmobil saßen und unseren Gedanken nachhingen.
Dann fuhren wir ohne Schäfchen, die nicht mehr aufgetaucht war, nach Delhi zurück. Eine weitere Überraschung sollte auf uns warten.

Im Tourist Camp war die Stimmung gut. Einige unserer ehemaligen Konvoipartner waren immer noch hier oder eben schon wieder.
Wir fragten nach Gino, aber niemand schien ihn gesehen zu haben. Auch von Schäfchen fehlte jede Spur. Gosh Baba wollte sich plötzlich von uns trennen. Ich merkte genau, daß irgend etwas nicht stimmte, denn der stämmige und ruhige Inder mit seinem Teddybärengesicht machte einen nervösen und angespannten Eindruck. Doch was sollte ich tun? Ich konnte ihn ja schlecht festhalten oder gar einsperren.
Natürlich kam uns auch der Gedanke, daß er vielleicht etwas mit dem Verschwinden der Münzen zu tun hatte. Ich ertappte mich, wie ich ihn argwöhnisch beobachtete, als er seine wenigen Habseligkeiten mitnahm. Doch auch für Gosh Baba traf zu, was für alle anderen ja eigentlich auch zutraf, daß sie von der Existenz der Münzen keine Ahnung haben konn-

ten. Nie hatten Hans und ich darüber gesprochen. Wer machte sich schon die Mühe, Wassertanks zu demontieren, sie vollständig zu entleeren, um nur einmal zu schauen, ob da irgendwo etwas am Grund läge. Niemand. Und trotzdem waren die Münzen verschwunden.
»Und jetzt?« fragte Hans, als wir im Camp vor unserem Mobil saßen und mit Biermüller Karten spielten.
Wir hatten das Für und Wider bereits hundert Mal durchgesprochen, wurden dadurch aber nicht schlauer.
»Angeblich will Schäfchen gar nicht gewußt haben, daß sie diese Münzen besaß«, wiederholte ich mich.
»Und warum hat sie dann nicht einfach gesagt, was sie vermutete?« Hans mischte die Karten neu.
»Fragen wir dich, Uta. Du bist doch eine Frau mit Intuition. Los, erkläre uns das«, forderte ich.
»Schäfchen hat damit nichts zu tun«, sagte Uta bestimmt, »denkt doch nur daran, wie korrekt und genau sie die Habe von ihrem Flickschuster und sich trennte, als sie ihn verlassen hat.«
Ich sorgte mich plötzlich doch sehr um Schäfchen. Und meine Karten waren so schlecht wie noch nie bei diesem Spiel.
»Aber«, gab ich zu bedenken, »sie hat ihn auch eiskalt verlassen. Kalt und berechnend!«
Biermüller hatte drei Trümpfe auf der Hand und klopfte fast die Platte von unserem Campingtisch entzwei.
»Sonderbar«, frotzelte Hans, »beim Kartenspielen zitterst du ja gar nicht.«
»Weißt du denn«, kam unsere Utamaus auf das Verhalten von Schäfchen zurück, »wie oft sie dieser Schlickschuster erniedrigt hat?«
»Schlickmeier!« sagte ich lächelnd.
»Das ist doch egal. Wißt ihr Mannsbilder denn, wie es ist, wenn der Mann sich umdreht, hat er bekommen, was er will?«
»Hans!« machte ich auf empört, aber Uta ließ sich nicht aus dem Konzept bringen: »Was würdet ihr Männer denn sagen, wenn man euch zum Beispiel Trottelchen nennen würde? Ist doch ein schöner Name? Wißt ihr eigentlich, wie es ist, in einer Partnerschaft immer nur als das dumme, niedliche Frauchen hingestellt zu werden?«
»Ist ja gut, Utamaus«, sagte Hans, ohne sie ansehen zu können.
Biermüller meinte verärgert: »Es macht keinen Spaß zu gewinnen, wenn ihr euch nicht darüber ärgert.«
»Biermüller«, lachte Hans, »du bist pervers.«

Nachdem der Zahnarzt von uns im Durchschnitt je 20,- DM abgezockt hatte, lud er uns in das Restaurant ein. Das Essen für alle kostete umgerechnet mit Trinkgeld einen Zehner. Alkohol gab es nicht. Trotz des auch für einen Zahnarzt guten Geschäftes fragte er uns, ob wir denn meinten, man könne seine »notärztliche Versorgung« bei diesem letzten Unfall dem Krankenhaus in Rechnung stellen.
»Wenn du nicht ruhig bist«, schimpfte Hans sofort, »stellen wir dir unsere psychiatrische Betreuung für vier Tage Fliegenfangen in Rechnung.«
Biermüller schüttelte den Kopf: »Das ist ein Verstoß gegen alle Gesetze, da ihr als Ärzte oder Psychiater nicht zugelassen seid.«
Jeder weitere Kommentar erübrigte sich. Wir standen auf und gingen in Richtung Wohnwagen. Irgendwer, wahrscheinlich ich, hatte vergessen, die Türen abzuschließen, aber was sollte schon gestohlen werden, die Goldmünzen waren eh verschwunden.
Hans und Uta schliefen auf den Wassertanks. Biermüller kroch in das Schlafmodul, und ich freute mich, daß ich die Fahrerkabine alleine für mich hatte.
So machte ich die Augen zu und bemühte mich, den Tag nicht Revue passieren zu lassen. Noch 800 Kilometer und wir wären in Katmandu. Ich würde ein paar Tage Urlaub machen, das Auto verkaufen und mit Hans und Uta zurückfliegen. Ob Uta mitkäme, wußte ich nicht so recht, aber Hans müßte genauso wie ich wieder arbeiten. Indien war nicht so, wie ich geglaubt hatte. Was bei uns hart, war dort nicht weich, sondern härter. Was bei uns kalt, dort nicht heiß, sondern kochend. Wir hatten Touristen gesehen, die bis zum Hirn hinauf mit Drogen vollgepumpt waren. Und wir sahen unseren Biermüller, der offenbar eine schwere Alkoholpsychose leidlich überstanden hatte.
Die Wahrheit brauchte man bestimmt nicht in Indien zu suchen, das war mir in den letzten Tagen klar geworden. Wenn es einen Gott gab, dann schaute er in Indien nicht richtig hin, obwohl gerade diese Menschen meinen, sie stünden unter einem besonderen fatalen Schutz dieses Gottes bzw. müßten sich einer göttlichen Ordnung fügen. Vielleicht war mein bescheidenes Leben zu kurz, vielleicht war ich auch nur zu schwer von Begriff, dies alles zu verstehen. Aber eines hatte ich verstanden, egal was uns noch widerfahren würde, gleichgültig welch schöne Stunden ich noch auf dieser Fahrt erleben durfte: Es ist ein verdammtes Glück, die Augen zu öffnen und in einem der reichsten Länder dieser Erde das Licht der Welt zu erblicken.

»Ein verdammtes Glück«, murmelte ich noch, dann schlief ich ein.
Als ich wieder aufwachte, hantierte Uta bereits mit dem Kaffeegeschirr herum. Es dauerte eine Weile, bis ich die neue Situation erfaßt hatte. Doch am Frühstückstisch saß wie selbstverständlich unser Gino. Etwas schräg zur Seite schielend, ein Buch in der Hand und natürlich mürrisch, als sei nichts gewesen.
»Kam der jetzt gerade?« fragte ich Uta leise.
»Nein, der lag wohl schon im Schlafmodul, als wir vom Essen zurückkamen«, raunte das Mädchen.
Nun gut, dachte ich, nichts überstürzen, und ging, meine Morgentoilette zu machen. Hans muß das gleiche gedacht haben, denn er saß behäbig und äußerlich ruhig auf einem der Campingstühle.
»Morgen«, grüßte ich und setzte mich zu ihm. Das süße Zeug, das uns von Uta aufgetischt wurde, verklebte mir bereits beim Anschauen den Magen.
»Gino, kann ich dich einmal etwas recht Unangenehmes fragen?« leitete ich das Gespräch ein.
Er sagte nichts.
»Wir hatten in den Wassertanks Münzen verstaut, so am Zoll vorbei, du weißt schon.«
»So?«
»Ja«, sagte Hans, »und diese Münzen sind nun verschwunden.«
Wir beobachteten ihn beide. Der Italiener zeigte keine Regung, kein Erschrecken, nicht die geringste Verunsicherung.
Eisiges Schweigen.
Uta sagte: »Ginolein, hast du die Münzen gemopst?«
»Ich habe gar nichts gemopst«, ärgerte sich Gino.
»Wer denn dann? Nur du hattest genügend Zeit, die Wassertanks zu entleeren, auszubauen und die Münzen herauszukippen«, konfrontierte ich ihn mit den Tatsachen.
»Na und?« sagte er. »Wo ist eigentlich dieses Flittchen, das mit dem General gebumst hat?«
»Wenn du mich als den General bezeichnest und du unser Schäfchen meinst: Die hat sich in Agra abgesetzt«, klärte ich ihn auf.
»So?« sagte er trocken. Je verächtlicher seine Stimmung, desto deutlicher erkannte man seine schiefe Mundpartie. Er kniff die Augen zu schmalen Schlitzen zusammen: »Wer hier in Delhi zwei Tage länger als abgemacht auf euch wartet, der hat die Münzen geklaut. Die Frau aber, die

ihren sterbenden Mann alleine läßt und abhaut, die ist unschuldig.«
»Schäfchen hat die Münzen nicht gehabt. Du bist gemein, Gino«, rief Uta empört.
»Und was hast du damit zu tun? Gehörten die Münzen dir?«
»Nein, aber es ist fies, wenn jemand in einer Familie etwas klaut«, schimpfte Uta, »und dann noch so eine große Menge.«
Hans fing wieder einmal an zu grinsen, zündete sich eine Zigarette an und blies den blauen Rauch in Richtung Gino: »Hast du nun das Gold oder nicht?«
»Ich habe kein Gold!« sagte Gino knapp und bestimmt.
Hans grinste immer noch und zischte dann: »Ich traue dir alles zu, auch das hier. Wenn ich dahinter komme, daß du mit diesem Diebstahl doch etwas zu tun hast, dann gnade dir Gott.«
»Soll das eine Drohung sein?« Gino schaute verächtlich zu meinem Freund.
»Ja«, bestätigte dieser heiser, »das, mein lieber Gino, ist eine Drohung!«
»Das ist aber auch nicht fair«, meinte Uta mit ihrem ausgeprägten Sinn für Gerechtigkeit.
»Das Leben ist ungerecht. Besonders hier in Indien wurde mir das klar«, meinte ich.
Damit war das Gespräch beendet.

Zu dritt fuhren wir am nächsten Tag mit einem abenteuerlichen indischen Bus nach Fatehpur Sikri. Da es ebenfalls in der Nähe von Agra lag, hatten wir abergläubisch orakelt, würden wir die Strecke nochmals selbst fahren, passiere wieder etwas Schreckliches.
Fatehepur Sikri stellt eine der größten Fehlplanungen des Mittelalters dar, die Stadt mußte damals 16 Jahre nach ihrer Fertigstellung wieder aufgegeben werden, weil die Quellen versiegt waren.
Kaiser Akbar hatte bei dem hier zurückgezogen lebenden Moslemheiligen Salim Christi um die Geburt eines Sohnes gebeten. Der Heilige soll seinen sechs Monate alten eigenen Sohn geopfert haben, damit seine Seele in Akbars Hindu-Frau wiedergeboren werden könne. Als Mariam-zu-Zamani tatsächlich einen Sohn gebar, gaben sie ihm den Namen Salim. Dieser Sohn war der spätere Nachfolger Akbars. Aus Dankbarkeit ließ Akbar Fatehpur Sikri bauen.
»Unrecht Gut gedeihet nicht«, meinte ich zu Uta. Sie war aber noch mit Salims Zeugung beschäftigt und fragte: »Hat die denn diesen Sohn ein-

fach so bekommen?«
»Einfach so«, bestätigte ich.
Pause. Wir liefen ein ganzes Stück. Dann fragte Uta, die Augen zusammenkneifend: »Ohne es zu treiben?«
»Utamaus«, lachte Hans, »außer uns beiden macht so eine Schweinerei doch niemand. Die vielen Menschen hier kommen selbstverständlich alle von der Seelenwanderung, von der unbefleckten Empfängnis, vom heiligen Geist...«
»Ach, du erzählst immer solche komischen Sachen, und nachher stimmen sie gar nicht«, beschwerte sich das Mädchen.
»Der Flick hat die Geschichte doch erzählt«, wiegelte Hans lächelnd ab.
»Euch kann man nichts glauben!«
Der Bus, in dem wir zurückfuhren, war für Menschen und Umwelt bestimmt noch gefährlicher, als wären wir selbst gefahren, doch jetzt war es zu spät.
Zwischen Todesangst, Uta und Hans schaukelte ich in zügiger Fahrt nach Hause.
»Der überholt Ochsenwagen, ohne daß etwas passiert«, stellte Hans fest und hielt sich mit der rechten Hand krampfhaft am Netz der Gepäckablage fest.
»Glaubst du denn, daß dieser Gino unschuldig ist«, wechselte ich das Thema.
»Wenn es du nicht warst und ich nicht..? Uta scheidet aus und Biermüller ebenfalls, dann bleiben doch nur noch Schäfchen oder eben Gino«, faßte Hans zusammen.
Ich sagte: »Wenn wir mal überlegen, wer abgehauen ist: Das sind Gosh Baba und Schäfchen. Alle anderen sind noch da, denn der Schlickmeier war nie in unserem Fahrzeug.«
Hans stöhnte genervt: »Das haben wir nun bereits hundert Mal durchgekaut und sind doch nicht schlauer geworden. Laß uns morgen nach Katmandu aufbrechen. In Nepal gibt es Bier und gutes Essen.«
»Wenn du recht hast, hast du recht. Also, morgen früh geht es los«, entschied ich.

Bei der Lagerverwaltung hinterlegten wir am nächsten Morgen unser Reiseziel und skizzierten die nächsten Etappen. Das Land war für deutsche Verhältnisse riesig. Doch ich war mir sicher, falls Schäfchen zurückkommen wollte, könnte sie uns finden. Allein unser Fahrzeug war

so auffallend, daß man in jedem Dorf, durch das wir fahren würden, noch Tage über uns Bescheid wüßte.
Nach 343 km und ohne besondere Vorkommnisse erreichten wir am anderen Tag Faizabad und übernachteten in einem Motel. Die Moskitos plagten uns die ganze Nacht, so daß ich froh war, sehr früh am nächsten Morgen weiterzukommen.
Nach mühsamen 261 km passierten wir endlich bei Sonauli die nepalesische Grenze. Es gab tatsächlich Bier und gutes Essen zu vernünftigen Preisen. Aber es gelang uns nicht, Biermüller zu überzeugen, »aus gesundheitlichen Gründen« lieber kein Bier zu trinken. Er trank zuerst zitternd, dann immer ruhiger werdend, ein Bier nach dem anderen.
Mit leichten Sprachstörungen legte er sich anschließend zu Gino in das Schlafmodul, weshalb sich dieser lauthals und kräftig beschwerte.
»Wir können ihn ja schlecht in den Wassertank legen«, ärgerte ich mich, weil die Sache ja offensichtlich nicht zu lösen war.
Es ging weiter durch eine wunderschöne Landschaft nach Pokhara. Doch am nächsten Tag fuhren wir gerade einmal 20 km, dann gingen gleich zwei Reifen kaputt.
»Und wir haben nur ein Reserverad«, gab Hans nach Besichtigung des Schadens zu bedenken.
»Mein lieber Freund«, sagte ich, »wir haben gar kein Reserverad. Das gute hat Schäfchen ausgewechselt, und das kaputte ist noch nicht geflickt.«
Auf einem Eselskarren fuhr ich mit den kaputten Reifen alleine nach Pokhara zurück. Einer mußte im Wagen bleiben, es war zu riskant, diesen auf freier Strecke einfach stehen zu lassen, und Gino wollte keine Verantwortung übernehmen. Also blieben Hans und Uta ebenfalls zurück.

Nach 200 km am nächsten Tag hatten wir endlich Katmandu erreicht. Kurz vor der Stadt fuhren direkt vor unseren Augen zwei Nepalis mit einer Honda gegen einen Baum. Langsam bremste ich, hielt zögernd an. Die beiden waren verletzt, aber noch bei Bewußtsein.
»Von den Landsleuten kümmert sich ja schon wieder niemand um die Verletzten«, sagte ich, ganz die Ruhe selbst.
Nach Indien würde mich nichts mehr schocken können.
Hans rieb sich mit beiden Händen über die Augen, als ginge es darum, sich einen bösen Traum aus dem Gesicht zu wischen, dann hatte er die

Erkenntnis: »Das ist deren Geburtenkontrolle! Verhüten und abtreiben sind Sünde, liegen und verrecken lassen ist Gottes Wille.«
Da die beiden jungen Burschen nicht mehr laufen konnten, trugen wir sie ins Wohnmobil. Der eine hatte eine stark blutende Wunde am Kopf, der andere hielte sich die Hand an die Rippen und jammerte fürchterlich.
»Biermüller, Kundschaft für dich«, rief ich.
»Ich bin Zahnarzt und kein Knochenflicker«, kommentierte der mein Ansinnen.
»Dann bin ich ein Arschloch, daß ich dich nicht in der pakistanischen Wüste habe liegenlassen.«
Biermüller schwang sich hoch. »Und alles ohne Krankenschein. Kinder, Kinder, was macht ihr bloß für Dummheiten.«
Lebend und notdürftig versorgt kamen die beiden Jugendlichen im Hospital von Katmandu an.
Wir wollten uns schnellstens wieder verziehen, doch mußten wir uns »zum Dank« auf einem Polizeiposten melden. Interessiert betrachteten etwa zehn Polizisten unser Fahrzeug, schnüffelten alles durch und ließen uns dann wieder einräumen.
»Vielen Dank«, sagte Hans, »daß wir Ihren verletzten Landsleuten haben helfen dürfen.«
Aber die Polizisten gafften nur dumm, jeder hörte die Worte, keiner verstand etwas.
Das Camp, in dem wir Quartier nahmen, hieß ›Happy Inn‹. Ich wäre froh gewesen, hätte es Happy-End geheißen, doch was nicht ist, konnte ja noch werden.
Zehn Tage später war unser Wohnmobil innen und außen gereinigt. Alle Reifen waren ordentlich geflickt, und wir hatten viele Sehenswürdigkeiten in Katmandu besucht. Nach Swayambunath, das war der Affentempel, ging sogar Gino mit.
Zwischen Ekel und Faszination liefen wir über Fußwege des elften Jahrhunderts. Dreck, Dreck, Dreck! Gossen! Müll flog aus den Fenstern in kleine Höfe, die so etwas wie Senkgruben waren.
Auf den Tempeltreppen saßen Schlangenbeschwörer. Ein verkrüppelter Mann robbte sich auf dem Rücken vorwärts, auf dem Bauch hatte er einen Napf für Geldspenden. Ein pockennarbiger Inder wollte sich bei Gino als Ohrenputzer anheuern lassen. Gino schüttelte sich hektisch, und Uta studierte interessiert des Putzers farbiges Referenzbüchlein.

Überall waren zerlumpte Kinder, die uns billigen Schmuck und Haschisch anboten.
Zur Affen-Stupa ging es 365 Stufen hinauf zum Swajambhunat. Der goldene Turm war in der Stadt unübersehbar, es war das bedeutendste und älteste Heiligtum Nepals, was Biermüller nicht daran hinderte die vielen Stufen gotteslästerlich zu verfluchen. Auf dem viereckigen Turm empfingen die allsehenden Augen Buddhas unsere ungläubige Truppe. Rund um die Stupa waren Nischen für 211 Gebetsmühlen angebracht, die von den Gläubigen bei ihrem Rundgang gedreht wurden. In den Nebeltempeln spielte sich das Leben der Hindus und Buddhisten ab. Total entrückt beteten sie vor dem Gottesstandbild. Man zog sich beim Betreten der Tempel die Schuhe aus, manche liefen in Socken durch die regendurchweichte Erde. Überall zertretene Blumen, verstreuter buntgefärbter Reis, lästige Affen und streunende Hunde.
Durch dunkle stinkende Gassen ging es zurück. Biermüller zählte auf: »Thyphus, Amöbenruhr, Tuberkulose, Hepatitis...«
»Ich will nach Hause«, klagte Uta in ihrem hellblauen, einfach geschnittenen Kleid, das jetzt nach den Strapazen an ihr herunterhing, als wäre es ein Sack. Die Säume waren ausgefranst, die Affen hatte für den Rest gesorgt.

Irgendwie, würde Schäfchen sagen, hatten wir diese Goldmünzen vergessen. Natürlich bekamen wir alle wieder Durchfall, nicht so schlimm wie am Anfang der Reise, aber doch lästig. Kein Wunder auch, das Leitungswasser sprudelte manchmal braun aus den Rohren heraus.
Trotzdem wurde Biermüller wieder glücklich, weil ihm das nepalesische Bier wider Erwarten recht gut bekam.
Als wir eines Abends zusammensaßen und dieses Mal sogar Gino Karten mitspielte, rief von weitem eine Stimme: »He, Flick!«
Es war klar, daß dies nur unser Schäfchen sein konnte. Gino war wie elektrisiert, stand auf und wollte fliehen. Ich glaube heute, daß mein Freund Hans die ganze Zeit nur darauf gewartet hatte. Er sprang nämlich sofort auf und packte den Kerl am Arm.
Langsam kam Schäfchen heran. Vorsichtig, als hätte sie selbst Angst, gefangengenommen zu werden. Sie hatte ein rotes Tuch als Kleid gebunden, man hätte sie mit einer Einheimischen verwechseln können, wäre sie nicht blond gewesen.
»Hat er gestanden?« fragte mein Schäfchen unvermittelt.

»Es wird jetzt nur noch eine Frage der Zeit sein«, vermutete ich und stand auf, um sie freudig in die Arme zu nehmen.
»Schön, daß du wieder da bist«, bekannte ich, den Freudentränen nahe.
»Hier«, sagte Schäfchen sichtlich aufgeregt, »hier ist die Kopie der Umtauschbescheinigung. Irgendwo muß Gino die auch haben. Sie trägt seine Unterschrift.«
Das Papier sah reichlich lädiert aus. Als ich es mit spitzen Fingern greifen wollte, schimpfte Schäfchen: »Hab dich nicht so. Mußtest du oder ich dich bis nach Katmandu durchbumsen?«
Dieser Schmerz, als hätte man mir eine Nadel ins Herz gestochen, war größer als der Ekel vor der verdreckten und verschmierten Kopie.
Sie erklärte: »Das Original ist irgendwie kleiner. Als dieser Bankfuzzi das kopierte, kam es ganz groß raus.«
Deutlich konnte man die Headline einer kleinen Bank in Delhi erkennen. Unten rechts stand der Auszahlungsbetrag, es war eine immense Summe, die niemand von uns erwartet hatte.
»Wo ist das Geld?« fragte Hans, der Gino immer noch wie ein Schraubstock umklammerte.
»Laß mich los«, quälte dieser hervor, »ich erkläre euch alles.«
Hans drückte Gino, der sich mit schmerzverzerrtem Gesicht den Oberarm rieb, auf den Stuhl zurück.
Biermüller sagte: »Kinder, was macht ihr denn für Sachen?«
Mein Kollege setzte sich wieder auf einen dieser Campingstühle. Gino stand langsam auf: »Ich kann euch den richtigen Beleg zeigen und alles aufklären.«
Langsam lief er rückwärts zur Wohnmobiltür. Ich sagte: »Da bin ich aber gespannt.«
Schäfchen hatte sich erschöpft neben mich auf den freien Stuhl fallenlassen. Wir waren alle aufgeregt. Doch Gino dachte nicht im Traum daran, den Sachverhalt aufzuklären. Er stand nun zwischen dem Wohnmobil und Biermüller, riß plötzlich dessen Stuhl herum und rannte los. Bis einer von uns reagierte, hatte Gino bereits zehn Meter Vorsprung gewonnen, drehte sich um und rannte wie ein Teufel davon. Eine Frau, deren Campingtisch umgestoßen wurde, schrie erschrocken auf. Hans hechtete hoch, rannte in die gleiche Richtung, stolperte über einen Rucksack, der irgendwo am Boden lag, verlor das Gleichgewicht, fing sich wieder und hetzte weiter.
»Los, zum Ausgang!« brüllte ich. Ich weiß heute nicht mehr, was wir

alles bei unserer Jagd aus dem Gleichgewicht brachten. Wir rissen Girlanden herunter, schmissen Teeservice von den Leichtbautischen, entpflockten Zeltverstrebungen. Wichtig war nur: Gino wieder einzufangen. Doch der Italiener war flink wie das sprichwörtliche Wiesel. Er hätte mit Leichtigkeit den Lagerausgang erreicht und wäre erst einmal verschwunden gewesen...

Ich sah, wie mich seitlich Uta überholte, schrie ihr zu: »Ich dachte, der Kerl wäre halbseitig gelähmt.«

...wenn nicht plötzlich die Jagd abrupt zu Ende gegangen wäre. Gino war nämlich auf das Terrain eines »anständigen« Deutschen gelangt. Seine Frau erledigte gerade den Abwasch, und er hatte es sich vor seinem Wohnmobil gemütlich gemacht, wollte endlich in Ruhe die schon etwas betagte Bildzeitung lesen, da sah er wieder einen dieser »Alternativen«, die in diesem Camp wohl Fangen spielten, wie er meinte. Und tatsächlich, Gino riß gerade die vom Nachbarn gespannte Wäscheleine herunter und steuerte, vom Wahnsinn gelenkt, auf den bierbäuchigen Deutschen zu. Besser waren Allgemeinplätze nicht zu besetzen, denn der eher schmächtige Gino lief ihm direkt in die Arme.

»So, Freundchen«, sagte der Rheinländer und war froh, endlich einen dieser durchgeknallten Freaks gefangen zu haben, »habe ich dich erwischt.«

Gino strampelte wie ein kleiner Lausbub, den man beim Äpfelklauen gefaßt hatte. Dann war Hans eingetroffen. Der Rheinländer rief zu seiner Frau: »Mäuschen, ruf doch mal die Polizei.«

Mäuschen streckte ihren gelockten Kopf aus dem Wohnmobil: »Ach, Rainer, was ist denn jetzt schon wieder los?«

»Ich hasse es nun einmal wie die Pest, wenn einer über mein Grundstück latscht.«

»Ich auch«, sagte Hans außer Atem.

»Wer sind denn Sie?«

»Der Campingplatzwächter«, witzelte Hans.

»Dieses Camp steht unter deutscher Verwaltung?« fragte der Rheinländer ungläubig.

»Wußten Sie das nicht?«

Jetzt hatten auch Uta und ich das »Grundstück« erreicht. Ich ging auf Gino zu, der schräg und elendig in den Klauen dieses Touristen hing.

»So muß man das machen«, sagte ich zum Erstaunen der Umstehenden und nahm Gino die Brille ab. »Sie können ihn jetzt loslassen.«

»Daß mir keiner mehr über meine Decken tappt«, schimpfte der Mann und ließ Gino los.
Hans bedankte sich nochmals für die »Amtshilfe« und übernahm unseren Italiener. Dann gingen wir zurück zu unserem Wohnmobil.
»Diese Rheinländer sind überall«, schüttelte Hans den Kopf. Schäfchen wurde blaß: »Ist Schlickmeier etwa hier?«
Hans lachte: »Er sieht fast so aus, aber seine Frau nennt er Mäuschen.«
»Das sieht dem irgendwie ähnlich.« Schäfchens Augen machten einen gehetzten Eindruck.
»Aber Liebes«, beruhigte ich sie, »Deutschland besteht aus vielen rheinländischen Frohnaturen.«
»Hat er die Bildzeitung gelesen?« Panik stieg in ihr hoch.
Ich schüttelte den Kopf und log: »Nein, sicher nicht, ich glaube er las die Frankfurter Allgemeine.«
Schäfchen atmete tief durch: »Dann war er es nicht. Das hätte mir gerade noch gefehlt.«
Gino bat um seine Brille, doch wir trauten ihm noch nicht.
»O. k.«, kapitulierte er, »das ist nicht euer Geld, wenigstens nicht alles.«
Ich war sofort geneigt, dies zu glauben, denn es war doch eine ganz schöne Summe, die auf dieser Kopie stand.
»Ich habe«, erklärte Gino weiter, »in Österreich kurz vor der Grenze Krüger-Rand-Münzen gekauft, während ihr euch betrunken habt. Dann ging ich ins Wohnmobil und suchte nach einem geeigneten Versteck...«
»Und kamst auf die Wassertanks?« fragte Hans ungläubig.
Gino erklärte: »Es war ganz einfach. Ich mußte nur die jeweiligen Flansche lösen und die Goldmünzen reinschütten.«
Ich verstand. »Darum wolltest du, als du krank wurdest, unbedingt mit und nicht zurück in ein deutsches Krankenhaus.«
»Ja, es war mein ganzes Geld. Ich habe alles verkauft, was ich verkaufen konnte, hatte mir einen Kredit aufgenommen, nur um dieses Geschäft zu machen.«
»Aber wir haben ebenfalls Münzen in diesen Wassertanks versenkt. Ich muß sogar noch irgendwo meinen Umtauschbeleg haben«, erklärte Hans.
»Warum«, fragte ich und gab Gino seine Brille zurück, »hast du uns dies denn nicht einfach gesagt?«
»Ich wußte doch nicht, daß ihr ebenfalls Münzen geschmuggelt hattet.« Gino setzte sich wieder seine Brille auf. »Ich dachte, wenn ich es sage, macht der Flick ein großes Theater. Von wegen: ›Wenn der Zoll das ent-

deckt, wird mein Lastwagen beschlagnahmt‹ oder so.«
»Das war gar nicht so falsch gedacht«, fiel mir Hans in den Rücken.
Uta war fassungslos: »Ich wußte ja von all dem nichts. Aber warum hast du denn dein Leben aufs Spiel gesetzt wegen dieser blöden Münzen?«
Biermüller meinte: »Mit diesem Aspirin hättest du dich auch umbringen können. Ein Schlaganfall wird nicht nur durch ein Blutgerinsel verursacht, sondern auch durch eine Ruptur. Diesen Blutaustritt macht man dann durch das Verdünnen des Blutes mit Aspirin nur noch schlimmer.«
»Egal«, tat der Italiener ab, »entweder tot oder reich.«
»Das ist aber gar nicht gut«, tat Uta fast beleidigt.
»Erzähl weiter«, forderte ich ihn auf.
»Das ist eigentlich schon alles. Als ich feststellte, daß ihr alle im Hotel übernachten wolltet, nutzte ich die Gelegenheit und ließ bei den Tanks das Wasser ab, baute sie mit Hilfe des Parkplatzwächters aus und holte die Münzen heraus. Es mußte alles ganz schnell gehen. Gerade als ich dabei war, die Apparaturen wieder anzuschrauben, kam sie.« Gino zeigte auf Schäfchen. »Eigentlich wollte ich sie einweihen, mit ihr teilen, wenn sie mit mir ins Bett ginge.« Verlegen schaute Gino auf das Resopal des kleinen Campingtisches. »Doch sie mochte mich nicht.«
»O Wunder«, entfuhr es Hans. »Wer mag dich schon?«
Gino rieb sich die Augen. »Es ist immer so. Mit mir geht nie eine Frau ins Bett. Uta nicht und dann sie auch nicht - obwohl sie bestimmt mit vielen schon rumgemacht hat.«
Schäfchen lief rot an.
»Aber es ist jetzt auch egal«, gestand er weiter, »auch der Parkplatzwächter hielt zu ihr. So konnte ich ihn nicht mehr bitten, frisches Wasser in die Tanks zu füllen - und den Rest wißt ihr ja.«
»Hast du denn nicht gemerkt, daß es mehr Münzen waren?« fragte ich.
Gino winkte ab: »Nicht sofort. Erst als ich in Delhi allein war und meinen Gewinn realisieren wollte, merkte ich, daß es mehr war.«
Gino zeigte auf Schäfchen: »Diese Kopie von ihr ist nur die Transaktionsbescheinigung in die USA. Die Münzen und alles habe ich schwarz getauscht.«
»Und woher«, war mir noch unklar, »wußte Schäfchen, daß in diesen Tanks Goldmünzen versteckt waren?«
»Das wußte ich ja gar nicht«, wehrte sie sich sofort. Auch Gino war erstaunt.
Schäfchen erklärte etwas verlegen: »Ich habe bei Hans in den Papieren

geschnüffelt. Und irgendwie diese Quittung gefunden. Den Rest reimte ich mir dann zusammen.«
Hans sagte: »Warum denn das?«
Uta lachte: »Frauen sind neugierig.«
Nach einigem Zögern gestand Schäfchen leise: »Ich wollte nur wissen, ob du verheiratet bist.«
»Und bin ich?« grinste Hans erleichtert.
Schäfchen schüttelte den Kopf: »War ja auch egal. Du wolltest ja sowieso nichts von mir wissen.«
»Und die Münzen in deiner Tasche?« zweifelte ich.
»Ich war genauso überrascht wie ihr. Die hat er mir wohl einfach da reingesteckt, um mich in Verdacht zu bringen.«
Gino wehrte ab: »Ich dachte, wenn ich dir etwas abgebe, würdest du nichts den anderen sagen.«
»Und warum, wenn du nichts von den zwanzig Münzen wußtest, hast du uns nicht gesagt, daß Gino im Wohnmobil herumhantierte?« fragte Hans.
»Weil ich glaubte, daß ihr mich alle verdächtigt hättet, ich würde mit Gino gemeinsame Sache gemacht haben.«
»Und mit wem machtest du gemeinsame Sache?« fragte ich.
»Mit Gosh Baba«, gab sie zu, »er half mir, von Agra zurückzukommen. In Delhi haben wir uns wieder getroffen und so diese Bank gefunden. Ich dachte ja, Gino hätte alle Münzen geklaut, daß der größte Teil von ihm selbst war, wußte ich doch auch nicht. Daß er aber so kaltschnäuzig war, in Delhi auf euch zu warten und einfach alles abzustreiten, da war ich mir irgendwie sicher.«
Ich betrachtete nochmals die Summe auf dem Transaktionsbeleg: »Ich glaube, bei der Anzahl von Münzen haben wir wirklich den kleinsten Anteil.«
»Daß die Wasserversorgung immer so gut funktionierte, hat mich ehrlich gesagt auch gewundert«, meinte Gino und war sichtlich froh, daß sich alles aufklärte.
Etwas war für meinen Freund immer noch nicht klar: »Warum wolltest du unseren Teil auch kassieren und bist bei unserem ersten Gespräch nicht gleich mit der Sprache herausgekommen?«
Gino preßte die Lippen zu einem schmalen Strich zusammen, dann gab er sich einen Ruck und sagte vorwurfsvoll: »Ihr habt mich doch die ganze Reise über behandelt wie den letzten Dreck...«
»Wie man in den Wald hinein ruft...«, verteidigte uns Hans.

Gino nickte nachdenklich mit dem Kopf, dann murmelte er: »Trotzdem!«
»Kinder, Kinder«, meinte Biermüller und mischte aus Langeweile die Spielkarten, »ich kenne da eine Geschichte mit einem Fehlbestand an Weizenbieren bei einer Brauerei...«
»Müllerchen«, sagte Uta, »du sollst nicht immer an Bier denken, das macht dich ganz verrückt im Kopf.«
»Was schlüssig ist, sagte der Narr, bestimme ich, denn das ist wahr, hab ich den Abgrund stets verachtet, hab ich den Absturz schon gepachtet«, zitierte ich einen eingesperrten Psychopathen.
Hans sagte: »Es wird Zeit, daß diese Geschichte zu Ende geht.«
»Warum?« schmollte Uta.
»Weil der Flick immer mehr verdreht, anstatt das aufzuschreiben, was wirklich gewesen war.«
Ich nahm Schäfchen in den Arm und gab ihr einen Kuß.
»So war es wirklich. Gell, mein Liebling?«
»Irgendwie schon«, bestätigte sie.
»In zwei Wochen fahren wir zurück nach Delhi, Gosh Babas Vetter will mein Wohnmobil kaufen.«
»Und dann fliegen wir alle zusammen nach Berlin zurück?« strahlte Uta unsicher, und ihre Sommersprossen waren wieder deutlich zu erkennen.
Dagegen hatte ich nichts einzuwenden.
»Und was wird mit uns?« meldete sich Schäfchen vorsichtig.
»Ich bin mit einer Innenverwaltung verheiratet. Wenn du aber eine offene Dreierbeziehung vertragen kannst, können wir es ja versuchen«, lachte ich.

»Mensch, Werner«, meinte Hans und setzte sich mit einer Pobacke auf meine Schreibtischplatte, »irgendwie bist du seit Katmandu ein schlechter Spekulant geworden.«
»Warum das?« fragte ich und drückte mit der Schuhspitze mein Fernsehgerät unter dem Schreibtisch aus.
»Weil du nichts mehr wagen willst. Der Chef hat mich bereits angesprochen, du möchtest ihm Bescheid sagen, wann das nächste Aktiengeschäft startet.«
»Ich bin froh, daß wir das Geld von Gino wiederbekommen haben«, entschuldigte ich mich.
»Wer wagt gewinnt, alter Freund«, munterte mich Hans auf, »gehst du mit zur Mittagspause?«

Ich stand auf: »Jede Mittagspause mit dir ist im Gegensatz zu unserem Verwaltungsjob eine kleine Reise nach Nepal.«
»Eine kleine Flucht?« lauerte er lächelnd.
»Eine kleine Flucht!«

Kurt Kowalsky

Fliegen müßte man können

Roman

HOLZINGER-VERLAG